古代歷史文化研究輯刊

十六編

王明蓀 主編

第18冊

清代武科舉制度之研究（下）

王曉勇 著

國家圖書館出版品預行編目資料

清代武科舉制度之研究（下）／王曉勇 著 — 初版 — 新北市：
花木蘭文化出版社，2016〔民 105〕
目 4+250 面；19×26 公分
（古代歷史文化研究輯刊 十六編；第 18 冊）
ISBN 978-986-404-763-5（精裝）
1. 科舉 2. 清代
618   105014270

ISBN-978-986-404-763-5

9 789864 047635

古代歷史文化研究輯刊
十六編　第十八冊　　　　　　　　ISBN：978-986-404-763-5

清代武科舉制度之研究（下）

作　　　者	王曉勇
主　　　編	王明蓀
總 編 輯	杜潔祥
副總編輯	楊嘉樂
編　　　輯	許郁翎、王筑　美術編輯　陳逸婷
出　　　版	花木蘭文化出版社
社　　　長	高小娟
聯絡地址	235 新北市中和區中安街七二號十三樓
	電話：02-2923-1455／傳眞：02-2923-1452
網　　　址	http://www.huamulan.tw 信箱 hml810518@gmail.com
印　　　刷	普羅文化出版廣告事業
初　　　版	2016 年 9 月
全書字數	372847 字
定　　　價	十六編 35 冊（精裝）台幣 68,000 元

清代武科舉制度之研究（下）

王曉勇 著

下　冊

第三章　清代武科舉考官研究

　　考官群體是科舉考試的重要參與者，直接決定了科舉取士質量的高低。本章分別從不同層次的武科舉考試入手，探析武鄉試、武會試和武殿試考官的任命委派、類別、職責及其分工情況。根據武鄉試錄、武會試錄和武登科錄的記載，對這三級武科舉考試考官群體的籍貫分佈、科舉出身、職務情況、民族成分等進行量化研究，進而歸納出清代武科舉考官群體的整體特徵。武科舉作爲一項掄才大典，對於考試過程的嚴肅性和取士結果的客觀公正性都有極高的要求，而考官群體是能否實現這兩點的關鍵保障。因此，清廷對科場考官十分重視，在各級武科舉中爲考官群體都制定了嚴密的關防制度。

第一節　清代武科舉鄉試考官

　　在科舉考試中，選任考官是非常重要的一個環節。考官能否忠於職守將直接決定著整個科舉考試是否公正。由於考官所處的特殊地位，因此統治者在選擇考官時十分愼重，「國家掄才大典，首重試官。」〔註1〕在文科舉考試中，官員的個人素質對於取士有著非常重要的影響：「制科取士，全係司衡」〔註2〕。武科舉考試中，對於考官群體同樣有著較高期望：「國家設科取士，武闈與文場並重，每屆三年考試，原冀遴拔眞才，凡派出校試及覆試之人，自應詳愼校閱，分別去取，庶技藝超群者得蒙錄用，弓馬平庸者不致倖進。」

〔註1〕楊學爲編，中國考試史文獻集成（第六卷）〔M〕，北京：高等教育出版社，398。

〔註2〕臺灣省文獻委員會編，臺灣省通志（卷五）教育志考選篇〔M〕，臺北：臺灣省文獻委員會，1973：23。

〔註3〕在清代武科舉考試中，武鄉試是一個省份中最高級別的武科考試，對於選拔各地武備人才有著十分重要的意義。

一、考官資格與委派

清代武鄉試主要分為兩種類型：一是順天武鄉試，二是各直省武鄉試。這兩類武鄉試在考官的任用委派方面各有不同。順治二年（1645年）首次對武鄉試考官的任用資格作出規定：在順天武鄉試內場官員方面，主、副考官二人由吏部將翰林院編修、檢討職名開列、同考官四人由吏部選擇合適的官員「密題請旨簡用」。〔註4〕在順天武鄉試外場考官方面，吏部將「內大臣、大學士和都統職名開列」〔註5〕送交皇帝御覽、外場監試官和外場提調官分別由吏部遴選「滿漢司官」充任、監試御史在送交兵部的「滿漢御史」中選擇、受卷、彌封官由「進士、舉人出身之員外郎、主事、中行、評博、國子監助教、守部進士和舉人，並行取主事職名開列」、〔註6〕監門、巡綽、搜檢等官員，則由順天府咨呈到兵部派巡捕營分發備用。由於順天武鄉試分為「天地黃宇」四闈，因此外場考試官員需要會同兵部侍郎、順天府府尹、府丞及御史分闈進行考試。

在各直省武鄉試中，規定「以總督、巡撫為監臨官、主考官，科甲出身同知、知縣四人為同考官。外場佐以提、鎮大員。」〔註7〕順治三年（1646年）修訂為「巡撫會同布政使、按察使各官監射，同知以下知縣以上，正途出身者，四員為閱卷官」。〔註8〕康熙八年（1669年）曾短暫施行過各省學政充任閱卷官的辦法，後旋即廢除。在清代前期武鄉試中，大多由巡撫自行主持考試。由於各省武鄉試考官主要由巡撫和其屬下同知、知州、知縣等官員組成，這些官員多出身於舉人、進士等文科甲，由於其「多有平日未曾學習

〔註3〕 王澈，乾隆朝武科史料選編〔J〕，歷史檔案，1995（4）：26～30。

〔註4〕 清會典事例，第8冊，卷637～722，兵部盛京兵部〔M〕，北京：中華書局，1991：898。

〔註5〕 續修四庫全書編纂委員會，續修四庫全書，817，史部·政書類〔M〕，上海：上海古籍出版社，1995：29。

〔註6〕 沈雲龍編，光緒《欽定科場條例》卷十三《鄉會試執事官員直省鄉試執事官員例案》〔M〕，臺北：文海出版社，1973：1015。

〔註7〕 趙爾巽，清史稿，卷一百八，志八十三，選舉三〔M〕北京：中華書局，1977：3171。

〔註8〕 清高宗（清）敕撰，清朝文獻通考，卷五十三，選舉七〔M〕，臺北：臺灣商務印書館，1987：5352。

騎射技勇者」，因此在進行外場馬步箭和弓刀石考核時「忽司衡鑒之任」，難以很好地評定舉子外場之優劣。雍正年間為解決這一問題，開始在武鄉試外場考試中增派武官。雍正七年（1729 年）規定「各省巡撫考武舉時，著就近省城之提督、總兵官一人同考外場」，〔註 9〕與巡撫一起秉公拔取人才。在雍正十三年（1735 年）江蘇武鄉試中，由於「督臣趙弘恩以提督駐紮松江，彈壓纂重，不便遠離要地」，曾做出調整方案「令狼山總兵官協同監箭」。〔註 10〕之後各省武鄉試皆照例施行。如果遇到提督、總兵等官員「駐地路遠，或因公他出，則令派副將一員代之。」〔註 11〕雍正朝以後，武鄉試外場考試由來自文官系統的巡撫和來自武官系統的提鎮協同校閱成為定例。在武鄉試最高級別考官——監臨官的人選安排方面，通行的做法是「外場則督撫兼往監臨，內場仍由巡撫主試。」〔註 12〕由於各省之中，總督為封疆第一大臣，統轄文武。為表示對武鄉試的重視，雍正十年（1732 年）下令除只有巡撫的山西和雖有總督卻在隔壁省份駐紮的江西、湖南、廣西、貴州等省依然由巡撫兼任監臨官和主考官之外，其餘總督和巡撫位於同城的江南、福建、浙江、湖北、四川、廣東、雲南等省，除了武鄉試第一場和第二場由巡撫會同提鎮校閱外，特令第三場考試以巡撫為主考官，總督親往監臨，以示重視。表 3-1-1 是清代武鄉試的考官任用情況。

表 3-1-1：清代武鄉試考官一覽表

考官名稱	考官人數	考　官　來　源	負　責　內　容
監臨官	4 人 1 人	順天：領侍衛內大臣大學士、都統 各省：該省總督、巡撫	主考武鄉試外場馬箭、步箭，技勇等考試項目。
外場考試官	4 人 1 人	順天：兵部侍郎、順天府尹、府丞及御史。選派皇子大臣監同閱看 各省：就近省城之提督、總兵，如提督駐地遠或外出，令提督或提鎮遴選副將代替	負責協助閱看外場、馬箭、步箭、技勇及揀選考生。

〔註 9〕　（清）昆岡，欽定大清會典事例，卷七百十六〔M〕，臺北：新文豐書局，1976：14359～14360。
〔註 10〕王澈，乾隆朝武科史料選編〔J〕，歷史檔案，1995，（4）：26～30。
〔註 11〕清高宗（清）敕撰，清朝文獻通考，卷五十三，選舉七〔M〕，臺北：臺灣商務印書館，1987：5356。
〔註 12〕清高宗（清）敕撰，清朝通志，卷七十二，選舉略一〔M〕，臺北：臺灣商務印書館，1987：7181。

內場 主考官	2人 1人	順天：翰林院官員 各省：本省巡撫	主持武鄉試的內場考試、 命題，閱卷等事
內場 同考官	4人 1～4人	順天：進士、舉人出身之同知、知州、知縣 各省：科甲出身之同知、知州、知縣	負責協助閱看試卷及推薦 試卷
監試官	2～4人	順天：都察院御史 各省：本省選員派充	外場稽查點名
提調官	2人	順天：滿漢司官各一人 各省：本省選員派充	調遣吏役
受卷官 彌封官	4人	順天：進士、舉人出身員外郎、主事、中、行 、評、博、國子監助教、進士舉人取主 事職名者 各省：進士、舉人出身的知縣、知州、縣丞	受卷官：受卷及分卷工作 彌封官：負責交卷後試卷 之彌封官
收掌官	2人	順天：兵部咨選中書科中書	負責內場珠卷之收掌 （道光十五年設）
監門官	1～4人	順天：巡捕營分發備用 各省：縣丞、典史、從九品	科場大門監試
巡綽官	1～2人	順天：巡捕營分發備用 各省：使司經歷，巡檢、千總、未入流	武闈內周圍巡察
搜檢官	2～8人	順天：巡捕營分發備用 各省：巡檢、千總、把總	負責考生入場，搜檢懷挾 工作
印卷官	1～2人	各省布政使、儒學學正 使司經歷	內場試卷的印製
校核官	1～5人	知縣、知州、州同	成績核對
監箭官	3～4人	千總、縣丞、巡檢	外場成績監督
報、印、 紀箭官	3～5人	縣丞、使司經歷、巡檢、千總、從九品	外場成績記錄、呈報
供給官	1～5人	各省：縣丞、從九品、同知、通判	考場後勤補給

資料來源：筆者根據《清朝文獻通考》、《清朝通志》、《欽定大清會典事例》、《清史稿》、《清代
考選制度》等史料整理而得。

二、考官數量統計分析

　　由於清代武鄉試錄難以完全收集，清代武鄉試考官的總人數至今尚沒有
確切數字。筆者以國家圖書館藏清代武鄉試登科錄中福建、廣東、江南、江
西、湖北、陝甘、雲南、湖南、四川、浙江等 10 個省的 26 次鄉試錄作爲研
究對象，統計分析而得這些科目的清代武鄉試考官人數爲 1071 人，具體各省
每科武鄉試開設情況和單科武鄉試考官人數如表 3-1-2 所示。

表 3-1-2：清代部分省份武鄉試考官數量情況統計表

科　分	省　份	考官總數	平均人數	考官種類
康熙五十年	福建	29		16
乾隆四十二年	福建	48	37	15
同治九年	福建	34		15
乾隆三十三年	廣東	65	64	18
咸豐十一年	廣東	63		17
道光二十九年	廣西	46		16
道光十九年	廣西	46		16
咸豐十一年	廣西	46	44.8	15
同治六年	廣西	47		16
同治九年	廣西	39		16
同治六年	湖北	32	32.5	17
同治九年	湖北	33		17
同治九年	湖南	33	33	16
同治九年	江南	126	81.5	18
雍正七年	江南	37		14
雍正二年	陝甘	37	27	19
同治九年	陝西	17		10
道光十四年	四川	32		13
道光十五年	四川	32	32.5	13
同治三年	四川	32		14
同治六年	四川	34		13
光緒二十年	雲南	46	46	18
光緒二十年	浙江	15		7
光緒十五年	浙江	25	29.25	12
同治四年	浙江	25		12
同治九年	江西	52	52	15
合　計		1071	41.2	14.9

資料來源：筆者根據《清代武鄉試錄》資料整理而得。

　　如上表所示，在十個省份武鄉試中，考官總人數最少的為光緒二十年浙江武鄉試（15 人）和同治九年陝西武鄉試（17 人），考官人數最多的為同治九年江南武鄉試（126 人），十個省份武鄉試考官平均每科人數為 41.2 人。在26 次武鄉試中，考官人數在 100 人以上的出現過 1 次，占科目總數的 3.8%、考官人數在 50～100 人之間的有 3 次，占科目總數的 11.5%、考官人數在 41～50 人之間的有 6 次，占科目總數的 23%、考官人數在 31～40 人之間的有11 次，占科目總數的 42.3%、考官人數在 30 人以下的有 5 次，占科目總數的19.3%。從單科考官人數上看，清代武鄉試考官大多集中在 30～50 人之間，呈現出三個特點：第一是不同省份間考官人數有較大差異性。在同治年間共計 12 次武鄉試中，不同省份的考官人數從 17 人至 126 人不等，人數最多的江南武鄉試考官數達到了人數最少的陝西武鄉試考官數的 7.4 倍。第二是同一省份內考官人數變化幅度不大，基本保持了考官規模的穩定性。除江南武鄉試外，浙江、四川、湖北、廣西、福建、廣東等省武鄉試在不同皇朝中，考官總數波動不明顯，與各考官數量的均值差距不大。第三是各省的考官種類基本相同，除光緒二十年浙江武鄉試僅設 7 類考官外，其餘所有 25 科武鄉試中，考官類型都在 10 類以上，有 18 科鄉試考官種類在 14～18 類之間，占所有統計科目的 69.2%。由此可見，雖然各地武鄉試在考試規模方面存在著顯著差異，但在考官結構分佈方面卻基本保持一致，體現出武鄉試規制在全國各個行省之間的一致性。

　　科舉考試從宋代開始就陸續建立起一整套包括主試官、封彌官、謄錄官、監試官、對讀官、監門官、點檢試卷官在內的考官體系。經過明代的發展，到清代時科舉考試已經形成了內簾考官和外簾考官兩大群體。根據考官職責的不同，又可以分為考官和場官兩類，其中考官主要負責考試工作，包括主考官和同考官、場官主要是負責場務工作，如提調官、收掌官、彌封官等。武科舉考試由於考試內容豐富，除了與文科舉考試類似的策、論或默寫武經等內場程文考試外，還有大量的騎射、步射、開弓、舞刀、掇石等外場考試內容，因此在武鄉試中存在著很多特有的考官類型。從目前查到的十個省份武鄉試錄匯總來看，清代武鄉試常設的考官類型主要有以下 18 種，分別為：監臨官、考試官（包括內場同考官）、監試官、提調官、印卷官、收掌官、受卷官、彌封官、巡綽官、校核官、監箭官、報、紀箭和印臂官、掌號官、搜檢官、監門官、管馬官（管馬畫道和放馬官）、供給官、唱名官等，以

上這些考官爲大多數省份的武鄉試所共設。此外在個別省份的武鄉試中，還存在一些特有的考官類型，如管理弓刀石官、填寫親供官、挈簽官、彈壓官、瞭望官等等。下面就根據不同的考官類別，分別對這些武鄉試考官進行分析。

1、監臨官

監臨官是科舉考試中鄉試的外場監考官員，也是一省鄉試考務的總負責人。「清制鄉試時除派主考官外，另派大員一至二人爲監臨，監察考試全部工作，以防止營私舞弊之事。」〔註13〕在所統計各省武鄉試中，各省都設有監臨官一人，共計 26 人。在官職方面，監臨官多爲各省總督、巡撫以及提督。在 26 名監臨官中，有 8 人擁有兵部尙書銜，10 人爲各省的專職總督，9 人爲各省專職巡撫，2 人身兼總督與巡撫職位，1 人身兼布政使和巡撫職位，4 人爲各省陸軍提督。還有一部分監臨官兼任中央官員兵部、吏部尙書、侍郎、都察院都御史等職務，其中 8 人擁有兵部尙書銜，5 人擁有吏部侍郎銜，7 人擁有兵部侍郎銜，在所有 26 名考官中有 21 人擁有都察院都御史和副都御史職銜。監臨官作爲武鄉試考官中級別最高、職位最重的官員一般有較高的榮譽職銜，其中不乏太子太保、太子少保、頭品頂戴、一等輕車都尉等一品榮譽職銜，在所有的監臨官中，共計有 10 名監臨官擁有榮譽稱號，占所有考官的 38.46%（表 3-1-3）。

表 3-1-3：高級職銜武鄉試監臨官一覽表

省份	科　　目	稱　　　　　　　號	考官姓名	出身
廣東	乾隆三十三年	太子太保	李侍堯	漢軍
福建	乾隆四十二年	太子少保、世襲一等輕車都尉	鍾　音	滿洲
四川	道光十四年	太子少保、頭品頂戴	鄂　山	滿洲
四川	道光十五年	太子少保、頭品頂戴	鄂　山	滿洲
廣東	咸豐十一年	頭品頂戴	勞崇光	漢族
四川	同治三年	太子太保、頭品頂戴、世襲一等輕車都尉	駱秉章	漢族
湖北	同治九年	頭品頂戴	李瀚章	漢族

〔註13〕　（清）陳康祺撰，郎潛紀聞（上冊）〔M〕，中華書局，1984：87～88。

江西	同治九年	頭品頂戴	劉坤一	漢族
浙江	光緒二十年	頭品頂戴	廖壽豐	漢族
雲南	光緒二十年	頭品頂戴	譚鈞培	漢族

資料來源：筆者根據《清代武鄉試錄》資料整理而得。

在籍貫方面，清代武鄉試監臨官的人數分佈較為分散，分佈在順天、奉天、湖南、湖北、福建、浙江、安徽、貴州、雲南、江西、廣東、江蘇、山東、湖廣等 14 個省份，其中順天籍的監臨官人數最多，共有 8 人，湖南和貴州籍考官各 3 人，安徽籍考官 2 人，其餘省份均為 1 人。值得注意的是，由於監臨官總攬考場考務且官職最高，在武鄉試的士子錄取方面擁有很大的權力。為防止監臨官徇私導致舞弊現象發生，在各省的監臨官任用時儘量避免考官回本籍主持考試。從統計的 26 科武鄉試來看，沒有一次出現監臨官為本省籍貫的現象。也印證了這一點。科舉出身方面，所有的監臨官都擁有科舉功名，其中進士 14 人，占總數的 53.84%，舉人 4 人，貢生 4 人，各占總數的 15.38%，此外還有蔭生 2 人，監生和廩生各 1 人。

2、考試官

考試官主要總體負責武鄉試的內場考試。主考官並非每次考試都單獨設立，其中 10 次武鄉試由監臨官兼任主考官，如雍正二年陝甘兩河武鄉試，康熙五十年、乾隆四十二年福建武鄉試，咸豐十一年、同治六年和九年的廣西武鄉試、道光十四和十五年、同治六年的四川武鄉試，光緒十五年的浙江武鄉試等。在單獨設立主考官的 16 次武鄉試中，考官人數從 1 人至 3 人不等，其中同治九年陝西武鄉試為 3 人，同治九年福建和湖北及光緒二十年雲南的武鄉試主考官為 2 人，其餘科目均為 1 人。主考官的官職結構主要以各省的提督為主，其中巡撫 3 人，提督 10 人，總督 1 人，兵部侍郎 1 人，副將 3 人，總兵官 4 人，布政使、按察使、同知各 1 人。主考官作為武科內場考試官員中地位最為尊崇的官員，也擁有高級職銜，但是相比於監臨官就低了許多，僅有咸豐十一年廣東武鄉試、同治九年江南武鄉試和光緒二十年雲南武鄉試這三科的考試官擁有「頭品頂戴」或者「一品輕車都尉」這樣的職銜。作為武鄉試內外場考試的主管官員，考試官和監臨官在考官級別的差距對比也能在一定程度上反映出武鄉試內場考試相對不受重視的地位。

3、監試官

監試官是隸屬於監臨官的一類考試官員群體，主要負責協助監臨官監督考場事務，維持考場的紀律，大多以提刑按察使為主，並輔佐以各地的道員或者知府。〔註14〕在統計的清代武鄉試中，監試官共計 48 名，每科的考官人數在 1～4 名之間。在職務分佈方面監試官以提刑按察使和各地知府為最多，其中按察使 14 人，占考官總人數的 29.16%；知府 10 人，占考官總人數的 20.83%。此外還有鹽運使 7 人，通判 2 人，知州、知縣、同知各 1 人。從籍貫分佈看，考官來源較為廣泛，分佈在十四個省份以及順天和直隸地區，其中以順天和浙江、安徽、江蘇等江南地區的人士居多（表 3-1-4）。

表 3-1-4：清代部分武鄉試監試官籍貫分佈表

省份	順天	江西	四川	江蘇	貴州	湖南	浙江	山西
人數	9	3	4	4	2	2	5	2
省份	河南	直隸	湖北	廣西	安徽	福建	奉天	山東
人數	1	2	2	2	4	1	3	2

資料來源：筆者根據《清代武鄉試錄》資料整理而得。

從科舉出身看，共有進士 15 人、舉人 12 人、廩生 4 人、貢生 4 人、監生 4 人、生員 1 人、拔貢 2 人、歲貢 3 人、官學生 1 人、孝廉 1 人、軍功 1 人，其中擁有進士和舉人等科場功名的考官共計有 27 人，占總體考官的 56.25%，表明監試官群體的整體科第層次相對較高。從民族情況來看，監試官的民族來源呈現出成份多樣、漢族為主的特點。漢族考官的人數最多，共計 37 人，占 77.08%，來自滿洲的考官人數也相對較多，共計有 9 名考官，蒙古和漢軍各有 1 人。

4、提調官

提調官是調度協理武鄉試各類考務的高級官員，在統計的武鄉試考官中，提調官人數為 48 人，平均每科 1～2 人。充當武鄉試提調官的大多為各省承宣布政使和按察使，在一些省份中各地的道臺、知府也是提調官的來源之一。從提調官的職務分佈來看，共有布政使 19 人，提刑按察使 6 人，提刑

〔註14〕顧明遠，教育大辭典〔M〕，上海：上海教育出版社，1991：193。

按察副使 2 人，各省道臺 8 人，此外還有知府 1 人，同知 1 人，鹽運使 8 人。從科舉出身來看，共有進士 20 人、舉人 5 人、監生 9 人、貢生 8 人，此外還有軍功 3 人，廩生、議敘和官學生各 1 人。與監試官一樣，提調官整體也保持了高水準的科舉出身，擁有進士、舉人的考官共計 25 人，占考官總數的 52.08%。從籍貫分佈來看，提調官的來源分佈較廣，省份間人數分佈不均衡（表 3-1-5）。

表 3-1-5：清代部分武鄉試提調官籍貫分佈表

省份	順天	浙江	江蘇	廣東	廣西	江西	安徽
人數	14	6	3	5	4	2	2
省份	福建	四川	山西	雲南	湖南	奉天	湖北
人數	3	2	1	1	1	1	2

資料來源：同表 3-1-4。

所統計的提調官來自十五個省份，其中以順天、江浙和兩廣一帶的人士居多，占考官總數的 66.67%。從民族出身來看，漢族人和滿洲人共同構成了提調官的主體，48 名提調官中，漢族 37 人，滿洲 10 人，漢軍 1 人。

5、印卷官

印卷官是清代武鄉試中為專門負責內場考試試卷印製的官員。由於武鄉試考試以外場考試為主，內場考試的試卷印製工作不似文科鄉試那樣繁重，因此印卷官的人數並不多。在統計的武鄉試中，印卷官總人數為 37 人，一般每科設置 1～2 名。印卷官的官職，大多為使司經歷，共計有 22 人，此外還有布政使 6 人，理問和倉庫大使各 2 人，典史、司獄、同知各 1 人。在科舉出身方面，印卷官大多數也是科舉出身，37 名考官中有 30 人擁有科場功名，比重達到了 81.08%。但比之於提調官和監試官，印卷官整體的功名層次相對較低，除 2 名進士、2 名貢生和 1 名增生之外，其餘大部分為監生，共計有 25 人，占考官總體數量的 67.57%。此外還有 4 名吏員、1 名謄錄、1 名軍功和 1 名供事。在籍貫分佈方面，共分佈在 13 個省，其中以浙江省籍的印卷官人數最多，達到了 13 人，此外，順天和江蘇的印卷官各有 5 人和 4 人，具體情況如表 3-1-6 所示。

表 3-1-6：清代部分武鄉試印卷官籍貫分佈表

省份	直隸	順天	浙江	陝西	江蘇	江西	湖北
人數	2	5	13	1	4	1	3
省份	雲南	廣東	江西	河南	四川	湖南	
人數	1	2	1	2	1	1	

資料來源：同表 3-1-4。

6、收掌官

收掌官又稱收掌試卷官，負責武鄉試硃卷、墨卷的編號、包封和遞送等事務。根據工作區域的不同，收掌官一般分爲在外簾工作的外收掌官和在內簾工作的內收掌官，由「督撫於所屬進士、舉人、正途貢生出身之州縣委充。」〔註15〕所統計的武鄉試中收掌官共計 19 人，平均每科 1～2 人。收掌官的職務來源主要是鄉試所在地或附近州縣的知縣，19 名收掌官中知縣有 13 人，佔據了絕對的優勢比例，此外還有州判和縣丞各 2 人，訓導和知府各 1 人。在籍貫方面，收掌官來自十四個省份（表 3-1-7），籍貫分佈較爲平均，每個省份平均有 1～2 名，其中陝西、浙江、山東、江西、河南五個省各 2 人，而廣東、直隸、順天、四川、湖廣、甘肅、江蘇和奉天則各 1 人。在科舉功名方面，涵蓋了從監生到進士多個層次，分佈相對平均，其中進士 6 人、舉人 4 人、副榜 2 人、貢生 5 人、監生 2 人。在民族出身方面，漢族考官佔據絕大多數，有 18 名，僅有 1 人出身滿族。

表 3-1-7：清代部分武鄉試收掌官籍貫分佈表

省份	廣東	直隸	順天	浙江	陝西	四川	湖廣
人數	1	1	1	2	2	1	1
省份	江西	甘肅	山東	河南	廣西	江蘇	奉天
人數	2	1	2	2	1	1	1

資料來源：同表 3-1-4。

〔註15〕沈雲龍主編，欽定科場條例，卷十三，鄉會試執事官員〔M〕，文海出版社，1973：1030-1031。

7、受卷官

受卷官是負責受理武舉人試卷的官員，在士子完成內場程文考試後，由受卷官親自接收士子的試卷，同時對試卷做出最初步的檢查，將明顯「違式本例」的試卷貼出之後，將試卷在「卷面戳印，經管官一員銜名，送彌封所發謄。」〔註16〕所統計的武鄉試受卷官人數為 36 人，平均每科 1～2 名。由於武科考試內場程文在整個考核中所佔比重相對較小，因此與印卷官類似，受卷官的工作壓力不似文鄉試中那樣大。在職務分佈方面，受卷官多由各地的知縣組成，其中 28 名知縣，知州、縣丞各 2 名，同知、主簿、典史和鹽大使各 1 名。從民族成分來看，受卷官仍以漢族人為主體，其中有 32 名為漢族，另外還有 3 名滿洲考官和 1 名漢軍考官。在受卷官的籍貫方面，受卷官員的來源達到十六個省，分佈較為廣泛（表 3-1-8）。科舉出身方面，清廷規定鄉試中受卷官由「督撫於所屬進士、舉人、正途貢生出生之州縣官中委充。」〔註17〕在 36 名考官中，有進士 15 人，舉人 11 人，監生 3 人，歲貢 2 人，副榜、廩生、拔貢和吏員各 1 人，其中進士和舉人的比重達到 72.21%，可見儘管受卷官平均職務不高，但科甲功名卻並不低。

表 3-1-8：清代部分武鄉試受卷官籍貫分佈表

省份	直隸	順天	浙江	湖廣	湖北	廣西	山東	四川
人數	3	4	4	1	3	2	1	1
省份	甘肅	山西	陝西	貴州	安徽	江蘇	河南	福建
人數	1	1	2	4	2	2	3	1

資料來源：同表 3-1-4。

8、彌封官

彌封官是對考卷進行彌封的官員。在科舉考試中對試卷進行彌封糊名的做法在唐武則天時期就已經開始施行，之後作為科舉考試的一項重要防弊制度被保留下來，彌封官的工作主要是在受卷官完成試卷的戳印封固之後，對考

〔註16〕沈雲龍主編，欽定科場條例，卷三十七，外簾所官，受卷所〔M〕，文海出版社，1973：2655。

〔註17〕沈雲龍主編，欽定科場條例，卷十三，鄉會試執事官員〔M〕，文海出版社，1973：1030-1031。

卷進行仔細核對，在硃卷的接縫處用土紅色的關防印記。在統計的清代武鄉試中，彌封官總數為 30 人，平均每科 1～2 人。在科舉出身方面，所有的彌封官均有功名，其中進士 6 人、舉人 13 人、監生 2 人、歲貢 9 人。從職務來看，大多數是鄉試所在地知縣，30 人中共有 20 人為知縣，此外有知州 4 人，同知、主簿、訓導、儒學教授、縣丞、鹽場大使各 1 人。從籍貫上看，考官來自 13 個省份，其中以順天、浙江和江蘇的居多，具體情況如表 3-1-9 所示。

表 3-1-9：清代部分武鄉試彌封官籍貫分佈表

省份	福建	順天	浙江	湖南	廣西	山東	四川
人數	1	6	4	1	2	1	3
省份	江西	山西	陝西	貴州	廣東	江蘇	
人數	4	1	2	1	1	3	

資料來源：同表 3-1-4。

9、巡綽官

巡綽官是科舉考試中貢院內外巡查、警戒的官員，一般由兵部負責選派，主要負責協同監臨、監試官管理考場號舍、稽查考生有無私相往來。〔註 18〕巡綽官是武鄉試中一個重要的考官群體，在統計的 25 科武鄉試中，巡綽官人數達到 144 人，占考官總數的 13.44%，是所有考官類型中人數最多的群體之一。在不同的科目間，巡綽官的人數設置差別比較大，在乾隆三十三年廣東武鄉試和道光二十九年廣西武鄉試中巡綽官的人數達到 15 人以上，而雍正二年陝甘武鄉試和光緒二十年雲南武鄉試中僅有 1～2 人。在科舉出身方面，以監生為最多，共計 86 名，占考官總數的 59.72%。值得注意的是，在巡綽官中不僅有出身文科舉的考官，也有出身武科舉的考官，共有武舉人 8 名、武生 1 名。在官職分佈方面，其中巡檢 19 人，縣丞 15 人，典史 14 人，千總 12 人，未入流和司經歷 11 人，雲騎尉和吏目各 7 人，守備、所大使、州同各 5 人，把總、主簿和照磨各 2 人，知縣、副將和佐領各 1 人，級別普遍較低。從籍貫來看，提調官的來源分佈也比較廣泛，遍及全國的二十個省，其中以直隸、廣東和江浙一帶為最多，具體分佈情況如表 3-1-10 所示。

〔註 18〕顧明遠，教育大辭典〔M〕，上海：上海教育出版社，1991：194。

表 3-1-10：清代部分武鄉試巡綽官籍貫分佈表

省份	直隸	四川	山西	山東	順天	浙江	江西	安徽	河南	甘肅
人數	5	4	2	2	11	18	8	11	2	2
省份	江蘇	福建	湖南	湖北	廣東	陝西	廣西	雲南	貴州	奉天
人數	17	6	5	4	21	5	2	1	8	4

資料來源：同表 3-1-4。

10、校核官

校核官是武鄉試中負責士子試卷核對的官員。在統計的武鄉試中並非所有的省份都有校核官，主要在廣東、廣西、湖北和湖南等省份的武鄉試中出現，每科為 1～5 人不等，總計有 21 人。在職務分佈方面，大部分的校核官都由考試所在省份的知縣、同知等地方官員充任，其職務分配為：知縣 10 人、經歷 2 人、州判 2 人、州同 1 人、同知 3 人、縣丞 1 人、鹽大使 1 人、通判 1 人。由於校核官負責的是士子試卷校對工作，對其文化素質要求較高，因此 21 名考官均擁有科舉功名，其中有進士 3 人、舉人 6 人、副榜 1 人、監生 3 人、貢生 6 人、廩生 1 人。校核官也成為了武鄉試中整體科第功名較高的考官類型之一。從籍貫來看，校核官來自 12 個省份，具體情況如表 3-1-11。

表 3-1-11：清代部分武鄉試校核官籍貫分佈表

省份	四川	山東	順天	浙江	江西	安徽
人數	1	1	1	1	1	1
省份	江蘇	福建	湖南	湖北	廣東	貴州
人數	4	1	1	1	2	1

資料來源：同表 3-1-4。

11、監箭官

監箭官是負責武鄉試外場考試中馬射和步射成績監督與認定的官員。由於武科舉的外場考試地位相對重要，因此監箭官在武科場的考官群體中地位相對較高，這一點從考官的高級別可以看出，如在咸豐十一年廣東武鄉試中，監箭官為漢軍正白旗人、太子少保、提督廣東陸路全省等處地方軍務節

制各鎮喀勒春巴圖魯崑壽，是該科除監臨主考官外職務最高、地位最爲尊崇的官員。雖然這種情況並非普遍存在，但是在武鄉試中出現如此高級別的官員充任監箭官，也體現出監箭官地位之重要。在統計的武鄉試中，共有監箭官 66 人，不同科目間考官人數差異較大，每科 1～7 名不等，其中大多數科目人數在 3～4 人之間。從科舉出身來看，有進士 1 人、武生 4 人、監生 27 人、歲貢 1 人、官生 1 人、勇目 1 人、此外還有捐職 1 人、行伍 22 人、雲騎尉 2 人、軍功 3 人、侍衛 1 人。在考官的職務方面，由於主持的是外場考試，大部分官員都是武官，具體來看，有千總 12 人、巡檢 3 人、把總 8 人、副將 1 人、提督 1 人、守備 11 人、州判 1 人、縣丞 9 人、從九品 3 人、未入流 3 人、典史 4 人、吏目 2 人、州同 1 人、游擊 3 人、知府 1 人、使司經歷 3 人。籍貫分佈遍及 14 個省份（表 3-1-12），呈現出明顯不均衡的態勢，其中來自廣西的官員人數遠超其它各省。這可能是統計數據的約束所致，監箭官大多選取本省的武職官員充任，而統計的武鄉試中廣西武鄉試有 5 科，因此造成來自廣西的考官人數眾多的現象。

表 3-1-12：清代部分武鄉試監箭官籍貫分佈表

省份	直隸	順天	浙江	湖南	四川	廣西	雲南
人數	3	6	3	1	1	17	6
省份	甘肅	江西	陝西	貴州	安徽	江蘇	河南
人數	2	1	6	3	2	8	1

資料來源：同表 3-1-4。

12、報、印、紀箭官

在武鄉試的考官群體中，還有一類專門負責外場考試士子射箭之後登記、彙報成績的官員，分別爲報箭官、印箭官和紀箭官，這類官員在監箭官的領導下直接負責外場士子考試的各項具體工作。此類考官人數在所統計的武鄉試中最多，共計有 155 人，每科人數在 3～10 人之間。在一些考試人數眾多的科舉大省，報、印、紀箭官人數達到 15 人以上，如同治九年江南武鄉試共有 19 人，乾隆三十三年和咸豐十一年的廣東武鄉試也分別有 15 人和 16 人。由於這類考官屬於外場考試中最基層的官員，無論考官的職務還是科舉功名都相對不高。在職務分佈方面，共有吏目 7 人、司獄 1 人、州判 3 人、

外委 2 人、千總 9 人、把總 5 人、巡檢 18 人、知府 2 人、同知 5 人、典史 16 人、使司經歷 15 人、所大使 3 人、府知事 1 人、雲騎尉 4 人、恩騎尉 2 人、入流 10 人、通判 2 人、縣丞 20 人、知縣 4 人、從九品 24 人。在科舉功名方面，共有歲貢 8 人、附貢 2 人、筆帖式 1 人、武舉 6 人、監生 95 人、蔭生 1 人、承襲 5 人、副榜 1 人、議敘 3 人、俊秀 1 人，此外還有行伍 10 人、吏員 9 人、軍功 6 人和供事 4 人。籍貫分佈十分廣泛，具體情況如表 2-1-13 所示。在民族出身方面，絕大多數考官爲漢族人，有 149 名，還有 3 名滿洲人，2 名蒙古人和 1 名漢軍。

表 3-1-13：清代部分武鄉試報、印、紀箭官籍貫統計表

省份	直隸	貴州	廣東	廣西	順天	浙江	雲南	福建	四川	山西
人數	3	3	21	3	23	22	3	8	2	3
省份	江蘇	湖北	江西	湖南	陝甘	安徽	河南	山東	雲南	奉天
人數	16	6	8	11	3	5	2	4	2	1

資料來源：同表 3-1-4。

13、掌號官

掌號官是負責武鄉試內場考試中各個考棚號舍士子管理工作的官員，在福建、廣西、廣東和雲南等省份的武鄉試中都曾經設立。一般每科在 1～3 人之間，共計有 18 人。在職務方面，所有的掌號官均爲武官，其中把總 10 人、外委 1 人、雲騎尉 1 人、千總 6 人。在科舉出身方面，不少掌號官出身武科舉，其中有武舉 2 人、武生 1 人。在考官籍貫分佈方面，陝西 1 人、福建 1 人、廣東 2 人、江西 3 人、廣西 10 人、奉天 1 人。

14、搜檢官

搜檢官是負責鄉試考試入場時對士子進行搜查，防止出現懷攜作弊情況的官員。搜檢官通常率領搜役在貢院門內進行嚴格的搜檢。〔註 19〕在所查的武鄉試中均有設立，每科人數 2～8 人不等，共計有 81 人。從職務來看，主要有巡檢 8 人、把總 11 人、千總 10 人、吏目 2 人、從九品 12 人、未入流 2 人、州同 1 人、州判 1 人、通判 3 人、都司 1 人、知縣 2 人、縣丞 7 人、同

〔註 19〕顧明遠，教育大辭典〔M〕，上海：上海教育出版社，1991：194。

知 4 人、知州 2 人、知府 2 人、司獄 1 人、典史 2 人、主簿 1 人、守備 2 人、使司經歷 7 人。在科舉出身方面，搜檢官群體擁有的科場功名比較龐雜，有吏員 2 人、舉人 7 人、武生 1 人、武舉 7 人、監生 42 人、進士 2 人、貢生 2 人，此外還有軍功 4 人、捐職 2 人、供事 1 人、侍衛 1 人和行伍 10 人。在民族成分方面，以漢族人為主，有漢族 78 人、滿洲 2 人、蒙古 1 人。搜檢官的籍貫主要分佈在浙和廣東一帶（表 3-1-14）。

表 3-1-14：清代部分武鄉試搜檢官籍貫分佈表

省份	直隸	順天	山東	江蘇	浙江	福建	陝西	湖北	雲南	奉天
人數	1	3	1	8	11	7	1	8	1	1
省份	四川	廣西	廣東	江西	貴州	山西	湖南	安徽	河南	
人數	2	1	10	8	3	3	4	2	2	

資料來源：同表 3-1-4。

15、監門官

監門官負責考場貢院的大門監察，與搜檢官互相配合，主要防止出現士子冒名頂替的現象。在武鄉試中監門官也是一個普遍設立的官員類型，平均每科 1～4 人，共有 49 人。監門官的整體職務水平都不高，有通判 1 人、把總 2 人、典史 3 人、從九品 9 人、外委 4 人、庫大使 1 人、縣丞 10 人、照磨 1 人、千總 1 人、把總 2 人、巡檢 6 人、吏目 1 人、經歷 4 人、州同 1 人、驛丞 1 人、未入流 2 人。在科舉出身方面以監生為主，有監生 25 人、文童 1 人、供事 3 人、吏員 3 人、謄錄 1 人、軍功 1 人、附生 1 人、議敘 2 人、武舉 1 人、增生 1 人、俊秀 2 人，此外還有行伍 8 人。監門官的籍貫分佈在十二個省，如表 3-1-15 所示。

表 3-1-15：清代部分武鄉試監門官籍貫分佈表

省份	順天	山東	江蘇	浙江	湖北	福建
人數	5	1	9	6	7	6
省份	四川	廣東	江西	貴州	湖南	安徽
人數	2	4	2	2	3	2

資料來源：同表 3-1-4。

16、管馬官

武鄉試進行外場考試時的一項重要內容是外場的騎射考試，考試所需用馬由專人進行管理，負責管理的官員就是武鄉試的管馬官。在所統計的武鄉試中，管馬官全部為漢族，共計有58人。從職務來看，管馬官和掌號官有些類似，大部分為武官，其中有把總16人、千總12人、參將1人、都司7人、副將1人、游擊2人、守備5人、雲騎尉1人、巡檢2人、理問1人、典史1人、外委1人、縣丞4人，此外還有未授職的武舉人2人。在科舉出身方面，有進士1人、附貢1人、供事1人、監生9人、承襲1人，相當一部分管馬官都擁有武科功名，其中武進士2人，武舉8人，武生2人，此外還有軍功10人，行伍23人。籍貫來源共有十三個省，以江蘇、江西和廣東一帶的人士居多，具體情況見表3-1-16。

表3-1-16：清代部分武鄉試管馬官籍貫分佈表

省份	直隸	山東	江蘇	山西	甘肅	湖北	雲南
人數	1	3	13	1	1	4	3
省份	廣西	福建	江西	貴州	湖南	安徽	
人數	11	2	8	1	3	6	

資料來源：同表3-1-4。

17、供給官

武鄉試的供給官是科舉考試中有關生活管理方面的官員，主要負責內外場考官和士子的生活與考試必需品的分配和供應。在統計的武鄉試中，共有供給官82人。在職務方面，大部分是考試所在地的地方官，有知縣30人、通判6人、巡檢3人、千總1人、知州4人、同知10人、未入流2人、縣丞9人、從九品8人、知府3人、州同1人、典史2人、司獄1人、經歷2人。在科舉出身方面，有進士4人、舉人9人、武舉1人、副榜1人、監生39人、貢生11人、廩生2人、生員3人、翻譯生員1人、附生2人，此外還有供事1人、吏員3人、議敘4人和軍功1人。供給官共來自十五個省，具體情況如表3-1-17所示。

表 3-1-17：清代部分武鄉試供給官籍貫分佈表

省份	直隸	順天	山東	江蘇	浙江	陝西	湖北	雲南
人數	3	10	2	8	9	1	6	1
省份	四川	廣東	江西	貴州	湖南	安徽	河南	
人數	5	1	7	3	4	10	2	

資料來源：同表 3-1-4。

18、唱名官

唱名官是對參加考試的士子進行點名的官員，爲了顯示儀式的隆重，考生入場時，唱名官一般將士子的名字喊得響亮，且要拖著長音，因此被稱爲唱名官。在統計的武鄉試中，唱名官共計有 43 人，每科人數爲 2～4 人。唱名官的職務分佈情況爲：知府 8 人、知州 3 人、同知 12 人、庫大使 1 人、使司經歷 1 人、司獄 1 人、通判 4 人、縣丞 2 人、典史 4 人、知縣 8 人。唱名官的科舉出身爲：進士 3 人、舉人 6 人、監生 19 人、吏員 9 人、歲貢 1 人、廩生 1 人、生員 1 人、拜唐阿 1 人、俊秀 1 人、軍功 1 人。唱名官的籍貫分佈情況如表 3-1-18 所示。

表 3-1-18：清代部分武鄉試唱名官籍貫分佈表

省份	直隸	順天	山東	江蘇	浙江	四川	廣西
人數	1	9	1	5	2	3	1
省份	湖南	安徽	河南	廣東	江西	貴州	
人數	2	5	1	4	3	4	

資料來源：同表 3-1-4。

除了以上這些絕大多數武鄉試共同設立的考官，在個別省份中還存在一些特有的考官類型，如監督士子塡寫親供的親供官，雍正二年陝甘武鄉試中出現的寫題官，光緒二十年雲南武鄉試中出現的挈籤官，江西同治九年出現的接榜官，同治九年江南武鄉試的彈壓官等等。所有這些考官集合在一起，共同構成了清代武鄉試考官群體。

三、清代武鄉試考官特點

由於清代各省之間的武風興盛程度不同，科舉發展水平不一，清代武鄉試考官在不同的省份之間，人數多寡不同。在考官類型設立存在著很多的差異性，但各省還是有一定的共性，主要表現在以下三方面。

（一）考官任職來源本地化和籍貫分佈多樣化

清代武科舉分為童、鄉、會、殿四級，武鄉試是處於承上啟下關鍵位置的一級考試，其地位相當重要。對於一個省的習武士子來說，武鄉試是其從平民階層真正步入仕途最關鍵的一場測驗。正是由於武鄉試所具備的如此重大的意義，在考試過程中的各個環節都要盡量做到完備。而武鄉試中最為重要和最受關注的群體之一是考官，考官能否客觀公正、恪於職守地進行人才選拔，是決定武鄉試能否成功的重要因素。因此，武鄉試在考官選派時在職務與籍貫分佈上會有多重的考慮。

表 3-1-19：清代武鄉試考官職務與籍貫分佈表

省份	考官人數	科目數量	考官職務		一類考官籍貫		二類考官籍貫		三類考官籍貫	
			本省	外省	本省	外省	本省	外省	本省	外省
福建	111	3	111	0	0	6	0	13	23	69
廣東	128	2	128	0	0	4	0	13	30	81
廣西	224	5	224	0	0	7	4	35	21	157
湖北	65	2	65	0	0	5	0	14	9	37
湖南	33	1	33	0	0	2	0	7	2	22
江南	163	2	151	12	0	3	2	9	40	109
陝甘	54	2	54	0	0	9	6	5	9	25
四川	130	4	130	0	0	5	0	20	0	105
雲南	46	1	46	0	0	3	6	4	2	31
浙江	65	3	65	0	0	4	0	19	0	42
江西	52	1	52	0	0	2	0	4	4	42
合計	1071	26	1059	12	0	50	18	143	140	720

資料來源：筆者根據《清代武鄉試錄》資料整理而得。

　　清代武鄉試考官群體由不同類別的考官構成，根據地位重要程度和職責不同大致可以分爲三類：第一類是負責總理內外場考試的官員，即監臨官和考試官，這類官員是武鄉試的核心、第二類爲直接負責和監督內外場考試具體工作的官員，如提調官、監試官和監箭官，地位與重要性僅次於第一類考官、第三類是爲其它類型官員，爲武鄉試考試的運行提供各項服務的官員，如管馬官、報箭官、搜檢官、監門官、供給官等，是重要程度最輕的考官隊伍。從表 2-1-19 可以看出武鄉試考官在任職和籍貫分佈方面，呈現出以下兩個特點：

　　首先，考官任職來源的地方化。清代各省武鄉試無論哪種類型的考官，在考官任職地點方面具有很高的相似性。除了江南武鄉試外，絕大多數省份武鄉試考官均由本省任職的官員充任。這種主要任用本省官員執掌考試的做法，一方面可以減少跨省調派官員給日常政務工作帶來負面影響，如果調派其它省份的官員出任考官，由於武鄉試一般需要持續一周，再加上來回路途之中的時間，對於他們的本職工作難免會產生消極影響、另一方面，由本省的官員主持考試，可以增強武鄉試的權威性，更便於考場各項事務的協調和突發事件的管理。

　　其次，考官籍貫的多樣化。在武鄉試考官籍貫分佈方面，不同類型的考官各具特色，呈現出較爲明顯的差異性：在第一類考官監臨官和主考官等武鄉試主管官員群體中，所有的 50 名考官均爲外省籍貫，本省的籍貫率爲 0、第二類考官共計有 161 人，其中本省籍貫考官 18 人，占第二類考官總數的 11.18%、外省的籍貫率爲 88.92%。在第三類考官中，本省籍貫考官人數爲 140 人，占此類考官總數的 16.28%。從不同考官類別的籍貫分佈可以看出，在武鄉試中，考官級別與本省籍貫的考官人數之間呈現出負相關，即考官群體級別越高，本省籍貫率越低。這一籍貫分佈主要是出於科場防弊的考慮：前兩類考官群體，是由統領整個武鄉試和直接負責考試運行的考官組成，尤其是第一類考官在士子成績的評定和選取上發揮著重要的作用，如果使用本省籍貫的考官，在取士時，其籍貫所在府州縣的武科士子容易成爲潛在的獲益對象，從而影響考試的公平與公正性，而第三類考官級別相對較低，主要負責考場的維護與管理，在取士方面產生的影響相對較小，因此對其籍貫的要求不像前兩類考官那麼嚴格。

（二）武職官員與出身武科官員人數眾多且地位重要

武鄉試在考試內容上比文鄉試更爲豐富，主要體現在武鄉試不僅需要對士子進行策問等內場程文考試，還設立馬射、步射和弓刀石技勇等考量士子勇力與技藝的外場考試，爲了能夠更好地對士子的外場考試表現作出更爲客觀準確的評價，避免出現文職官員因受制於自身水平而難以有效拔取眞才的現象，武鄉試的外場考試中需要武職官員的參與，呈現出武職官員與武科出身官員人數眾多地位重要的特點。

其一是部分武職官員充任武鄉試最高考官。在26科武鄉試中，共有五科的監臨官和八科的主考官由武職官員充任。如表3-1-20所示，在監臨官和主考官這兩種考官類型中，武職官員出現的比重分別爲15.38%和30.76%，雖然從比例上看仍與文官有一定的差距，但是監臨官和主考官這兩類考官作爲武鄉試之中的主管官員，能夠有如此比例的武官充任，從一個側面體現出武職官員在武鄉試中的地位。

表3-1-20：清代武鄉試最高武職考官情況表

科　　目	省　份	考官類型	職　　務	姓　名
同治四年	浙江	監臨官	浙江提督	馬新貽
同治九年	湖南	監臨官	湖南提督	劉　琨
光緒十五年	浙江	監臨官	浙江提督	崧　駿
光緒二十年	浙江	監臨官	浙江提督	廖壽恒
同治九年	福建	主考官	福建提督	王凱泰
乾隆三十三	廣東	主考官	廣東提督	鍾　音
道光十九年	廣西	主考官	廣西提督	薛　陞
道光二十九年	廣西	主考官	廣西提督	閔正鳳
雍正七年	江南	主考官	江南提督	栢之蕃
同治九年	陝西	主考官	鎮安總兵官	魏添應
同治九年	湖南	主考官	永州總兵官	朱洪章
同治九年	江南	主考官	長江水師提督	梅啓照
雍正七年	江南	監臨官	江南提督	栢之蕃

資料來源：筆者根據《清代武鄉試錄》資料整理而得。

其二是武官充任直接負責和監督內外場考試具體工作的官員。在所查的武鄉試中，武官出任主要集中在監箭官和同考官這兩類中，如雍正七年江南武鄉試的監箭官千總楊彥臣和丁其祥、同治六年湖北武鄉試同考官副將鳳昌、同治九年湖北武鄉試的同考官總兵許朝琳和朱洪章、同治九年江南武鄉試的同考官副將周良才和參將尉純等等。這些武官直接參與武科士子的成績考核，其自身具備一定的騎射水平，有助於較準確地拔取士子。

其三是武官充任武鄉試執事官員。一些職務相對較低的武官，如都司、守備、千總、把總等，在武鄉試的管馬官、巡綽官、監門官等崗位中大量出現。以雍正七年和同治九年江南武鄉試，同治九年廣西武鄉試、同治九年湖北武鄉試為例，大量的武職官員充任武鄉試執事官，如表 3-1-21 所示。

表 3-1-21：清代武鄉試部分武職考官表

年　份	省份	官名	職務	姓　　　　　名
同治六年	廣西	發馬官	把總	沈魁元
			千總	謝志安
		巡綽官	千總	錢浩、孫殿元
		搜檢官	千總	楊得勝、阿穆古朗
同治九年	廣西	掌號官	把總	白繼元、江紹傑
		管馬官	千總	曹正鈞
			把總	江文煥
同治九年	湖北	發馬官	把總	梅連魁
			千總	韓大忠
		巡綽官	守備	伊忠阿、額勒金
		搜檢官	把總	葉文太、楊天錫、楊承春
同治九年	江南	彈壓官	都司	姜德、費開山、劉長泰、陳恩浩
			守備	鄭國榜、韋長清、賈光榮
			千總	賴錦標
			把總	王啓貴、吳文、張德龍、鄭鴻彪、田玉美
		印臂官	雲騎尉	沈鎔
		收馬官	副將	馮鍾

			游擊	倪容
			都司	艾榮彪、朱俊、程大球、陸昆池、熊槐齡、李長年
			守備	俞恩魁、王錦標
			千總	陳永年
			把總	楊萬泰、楊長貴、戴錫蕃
		抽驗弓刀官	游擊	朱錦，劉承霖
			千總	張燮、劉恩培
		巡綽官	雲騎尉	阿克敦布
		供給官	雲騎尉	方書紳
雍正七年	江南	紀箭官	千總	李均
		印卷官	千總	羅鋐
		搜檢官	千總	馬負圖、劉元英
		巡綽官	千總	毛溥、張開基

資料來源：筆者根據《雍正七年和同治九年江南武鄉試》，《同治九年廣西武鄉試》、《同治九年湖北武鄉試錄》相關資料整理而得。

　　除了以上三類武職官員，清代武鄉試的考場中還存在不少出身武科舉的考官，如雍正二年陝甘兩河武鄉試的考官武舉人李鼎、龍揚銘、雍正七年江南武鄉試考官武舉人羅鋐、馬負圖、毛溥、張開基、乾隆三十三年廣東武鄉試考官武舉人陸超、佘之極、道光十九年廣西武鄉試考官武舉人沈德英、王德明、咸豐十一年廣西武鄉試考官武舉人李紹祖、同治九年湖北武鄉試考官武舉人伊忠阿、這些官員分佈在考試官、監箭官、巡綽官、掌號官、管馬官、報箭官、紀箭官等諸多考官群體中。由於這些考官自身是武科舉的親歷者，在管理和參與武鄉試考試的過程中會比其它考官多一些經驗，能為武鄉試的順利運行提供更好的保障。

第二節　清代武科舉會試考官

　　武會試是由中央主持的科舉考試，主要是對各省選派來的武舉人進行考核，以確定進入武殿試的人選。由於武殿試的人才選拔性質相對較弱，基本上不會對士子進行任何黜落，除非士子自身發揮失常，因此遴選各省選派的

武舉人、從中拔取體現帝國最高水平武科士子群體的重任主要由武會試承擔。由於武會試這種獨特的位置，清廷對於負責管理和拔取士子的武會試考官，非常重視，在考官的種類設置、數量安排、選派任命等諸多方面，都作出了詳盡的規定。

一、考官的委派與任用

在清代武會試考官任用和委派方面，有些考官採取差額選派法，如武會試提調官的選派，順治二年（1645 年）規定提調會試事務官員由兵部遴選滿漢司官各二人將其職名開列，然後從中題請簡用滿、漢各一人充任提調官。有些考官則用海選法，如武會試設立知武舉一人，將所有的兵部左右漢侍郎職名開列，從中進行挑選，如果兵部侍郎不能滿足條件，則從吏、戶、禮、工、刑五部中選派一名漢侍郎、外場考試官四人，由兵部將領侍衛內大臣、大學士、都統職名開列、監試御史四人，由兵部將滿漢御史職名開列、內場正副考官二人，由內閣〔註 20〕、六部、都察院、翰林院、詹事府各堂官職名開列、同考官四人，由進士、舉人出身之中書、給事中、郎中、員外郎、主事職名開列、收掌試卷官由「中書科中書職名開列、而受卷、彌封、印卷等官各一人則由兵部在漢族司官之中遴選、其它的監門、巡綽、搜檢、供給官等則從京城門千總及順天府送到各官之中遴選委派。

在考官任用方面，所有的考官均在會試考期臨近之時，由兵部密題奏請欽定，以防止出現考官人名泄露而導致舞弊現象。武會試考官人數和來源在清初確定後，在之後的皇朝中也作過一些調整。例如，武會試中的監試官有滿漢御史四人，同為外場監試。進入內場後，由於沒有專門負責的內簾監試御史，內場稽查點名散卷等事務由主考官兼任，但由於主考官還需要校閱試卷策論，不便兼管此項事務，因此在乾隆四年（1739 年）仿照文科會試中監試滿漢御史六人，其中內簾監試二人的做法，在武會試增加監試御史一人，專門負責內場考試時內龍門的啟閉和稽查一切事務。同時考慮到武會試中受卷官和彌封官各只設一人，數量過少，因此各調整增加一人。〔註21〕表 3-2-1

〔註20〕順治三年（1646 年）定武會試事宜內三院官二員為主考官，科臣二員、部臣二員為同考官，御史二員為監試官，其受卷、彌封、謄錄、對讀、關防及巡視等官俱於兵部各司官內差委。
〔註21〕（清）昆岡，欽定大清會典事例，卷七百十七〔M〕，臺北：新文豐書局，1976：14371。

是清代清代武會試考官的設置情況。

表 3-2-1：清代武會試考官情況分佈表

考官名稱	人數	來　　源	職　　責
知武舉	1	兵部左、右漢侍郎、各部侍郎	協助閱示外場馬步箭弓刀石考試
監射大臣	4	領侍衛內大臣、滿洲大學士、都統	主持外場馬步箭、弓刀石考試
較射大臣	3～6	兵部尚書、侍郎，各部、都察院滿漢堂官	協助主持外場馬步箭弓刀石考試
監試官	4～5	都察院、各地滿漢監察御史	外場考試的稽查與點名
提調官	2	兵部滿漢主事、員外郎、郎中	調遣吏員，協調考務
內場主副考官	2	內閣、六部、都察院、翰林院、詹事府等各處堂官	內場考試、命題、閱卷、成績評定等工作
內場同考官	4	進士、舉人出身之中書、給事中、郎中、員外郎、主事	協助閱看內場考試試卷
收掌官	1～2	中書科中書	試卷的收掌
受卷官	1～2	兵部主事、員外郎、京官	試卷的受卷和分卷
彌封官	1～2	兵部主事、員外郎	試卷交卷後的彌封
印卷官	1～2	兵部漢司官選派	試卷的印製
監門官	2	京師門千總、各部司官	武闈大門的啓閉
巡綽官	2	京師門千總	武闈內場巡查
搜檢官	2	京師門前總	考生和入場時搜檢
彈壓官	1	都統、副都統	考場安全秩序維護
進題官	1	兵部郎中、主事、司務、員外郎	試卷的呈遞
管箭官	8	兵部主事、筆帖式	箭枝的管理
管轄官	8	兵部主事、郎中、筆帖式	外場考試紀律管理
監箭官	4～73	兵部主事、司務、郎中、筆帖式	外場成績的記錄與彙報
監鼓官	12	兵部筆帖式	外場成績的記錄與彙報
放馬官	8	兵部主事、郎中、員外郎	外場考試馬匹的管理
內簾供事官	7～8	六部書吏	內簾雜物協調

翻譯官	4	兵部筆帖式	試卷翻譯爲滿蒙文字
瞭望官	4	使司經歷、照磨、典史、州判等	考場觀察防弊
供給官	3～17	各部門前總	武闈內外物資供應

資料來源：筆者根據《清朝文獻通考》、《清朝通志》、《欽定大清會典事例》、《清史稿》、《清代考選制度》等資料整理而成。

　　除了武會試考官人數的調整之外，對於兵部奏請參加武會試考官遴選的官員資格也有一定的規定。武會試題派的「監射、較射大臣，監試御史，內場正副主考，彈壓，內簾監試御史等」等官員由兵部先期諮取，需要將「無差假事故者全行開列具題」。如果出現官員「有差假事故者，即將銜名扣除」，不能夠籠統地上報，並特別規定在「題本送閣後，如續有事故者」〔註22〕應由該官員自行知照軍機處。在每科武會試提請考官選派之時，將上一屆提請選派的考官列表「開列比較單」，〔註23〕呈請御覽以便皇帝做出比較。由於武會試三年舉行一次，在兩次武會試期間如果出現病故的考官，嘉慶十九年曾規定將其職名扣除，後由於將病故各員扣除容易導致無從比較的現象，因此在咸豐八年又恢復舊制，將「上屆原派人員於比較單內全數開列不得因有事故率行扣除。」〔註24〕

　　清代武會試的考官全部由兵部秘密題請皇帝欽定，在得到任命和赴任時也有一定的儀制要求，其基本過程如下：在任命考官之日，武會試監射大臣、所有正副考官及同考御史等官等官由兵部提前通知，所有開列職名的官員「常服掛珠齊集午門外祗候」，跪聽「大學士拆封宣旨」，之後行三跪九叩禮，同時鴻臚寺和鳴贊官均站列兩旁，但並不需舉行鳴贊禮儀，在謝恩之後，隨即不做停留，「俱赴德勝門內附近廟宇住宿。」〔註25〕對於有些武會試內場的正副考官和同考御史「在家得信徑赴貢院」的行爲，由於「非敬事縝密之道」，爲防止滋生弊端，嘉慶十五年（1810年）規定增派御史稽察，「如有無故不到

〔註22〕　（清）景清等：《欽定武場條例》四庫未收書輯刊玖輯玖冊，北京出版社，2000版，9-398。
〔註23〕　（清）景清等：《欽定武場條例》四庫未收書輯刊玖輯玖冊，北京出版社，2000版，9-398。
〔註24〕　（清）景清等：《欽定武場條例》四庫未收書輯刊玖輯玖冊，北京出版社，2000版，9-399。
〔註25〕　（清）景清等：《欽定武場條例》四庫未收書輯刊玖輯玖冊，北京出版社，2000版，9-354。

者，即將該員參奏扣除，不准入場仍交部議處。」〔註26〕

二、考官數量統計分析

相比於各個省份自行組織的武鄉試，武會試無論從考試級別、規模還是朝廷的重視程度來看，都處於更高的層次。從武會試考官群體數量來看，無論從總人數、平均每科考官數還是考官種類等諸多方面都比武鄉試有了較大幅度的提升，符合其中央一級武科舉考試的地位。

（一）武會試考官的總量探析

在記錄武會試考官群體諸多歷史文獻中，武會試錄是最爲詳盡和完整的，筆者從國家圖書館、臺灣「國家」圖書館等地搜集到從康熙二十四年至光緒二十一年間共計 25 科武會試登科錄，科份涉及康熙、乾隆、嘉慶、道光、咸豐、同治、光緒七個皇朝，基本上能夠較爲完整地反映清代武科舉考官群體的概況。通過已有的資料統計，匯總得到清代部分科份武鄉試考官人數情況，如表 3-2-2 所示。

表 3-2-2：清代部分武會試考官人數情況表

朝　　代	科　　目	考官總人數	考官設科數
康熙朝	二十四年	65	17
	二十七年	64	17
	三十三年	113	17
	四十二年	102	18
	四十五年	88	18
	四十八年	94	17
乾隆朝	十年	94	14
	十三年	116	19
	十九年	103	21
	二十二年	99	19
	三十四	94	20

〔註26〕（清）景清等：《欽定武場條例》四庫未收書輯刊玖輯玖冊，北京出版社，2000 版，9-354。

嘉慶朝	元年	90	27
	七年	94	26
	十三年	88	27
	二十四年	88	27
道光朝	十三年	88	27
	二十一年	88	27
	二十五年	95	28
	三十年	88	27
咸豐朝	六年	90	28
	九年	90	28
	十一年	90	28
同治朝	元年	89	28
光緒朝	二十年	90	28
	二十一年	93	28
合　　計		2297	581

數據來源：筆者根據《清代武進士登科錄》整理而得。

　　從上表可知，25 科武會試的考官總人數爲 2297 人。從考官分佈來看，不同時期武會試考官人數差距不大，單科總人數最少的是康熙二十七年武會試（66 人）和康熙二十四年武會試（67 人），人數最多的一次爲乾隆十三年武會試（120 人），25 科武會試中平均考官人數爲 91.88 人。在所統計的武會試中，考官人數在 100 人以上的出現過 6 次，占比 24%、考官人數在 90～100 人之間的有 17 次，占比 68%、考官人數在 90 人以下的有 2 次，占比 8%。從歷朝武會試考官平均人數上看，除了乾隆朝人數較多、平均每科武會試考官人數在 105 人以上以及康熙朝人數略少、平均每科武會試考官人數剛到 90 人外，其餘五個朝代的武會試考官人數平均人數大多集中在 90～100 人之間。而從單科武會試的考官人數上看，人數最多的乾隆十三年武會試（120 人）考官數僅爲人數最少的康熙二十四年武會試（66 人）和二十七年武會試（67人）考官人數的不到兩倍，其它 22 科武會試，考官人數都在 90～115 人之間，與武鄉試中單科最高考官數達到最低考官數的 7 倍的差距之大相比，武會試的考官群體總體人數變化幅度相對較小，體現出了更強的穩定性。

在武會試考官的種類設置方面，單科最多設立 28 種官員，分別在道光二十五年，咸豐六年、九年、十一年，同治元年，光緒二十年、二十一年時出現。單科種類設置最少的是乾隆十五年設立的 14 種考官。所有的 25 科武會試之中，平均設立考官類型爲 24 種，考官類型的數量呈現出階梯狀增長的趨勢，清前期的康熙、乾隆兩朝武會試考官平均在 17～18 種，自嘉慶朝起，武會試考官的種類增至 26～28 種，自嘉慶中期開始，武會試考官類型就基本穩定下來。

（二）武會試考官的種類與分析

武會試的考官種類在清代四級武科舉考試中是最多的，這主要是由會試本身的地位和性質決定的，武會試屬於中央級別的考試，其層次要高於各省舉行的鄉試，而作爲對地方士子的第一次集中選拔，需要面對來自全國各個省份的武舉人，考試的規模相對較大。在表 2-2-2 中可以看出，清代武會試考官的類型數量隨著時間的推移而逐漸增加，在清代前期和中前期的考官類型在 20 種以下，到清代後期達到 27～28 種。將其中一些類似的考官類型如提調官和協辦提調官及內提調官、主考策論官和同考策論官等進行合併之後，清代武會試的主要考官種類共計有 23 種，具體種類名稱如下所示：知武舉、監射大臣、教射大臣、監試官系列（包括外簾監試官、內簾監試官）、提調官、策論官、供給官、印卷官、彌封官、進題官、受卷官、收掌官、內簾供事官、監箭官、司門官、搜檢官、巡綽官、翻譯官、管箭官、監鼓官、放馬官、瞭望官、彈壓官、醫官。根據武會試考官的不同種類，下文對武會試考官群體進行分析：

1、知武舉

武會試中的「知武舉」，是仿照文科會試「知貢舉」所設立，知貢舉在唐代科舉考試中就已經出現，唐代考選明經進士起初「皆考功員外郎主試事。」〔註 27〕後在「開元二十四年，考功員外郎李昂爲舉人詆訶，帝以員外郎望輕，遂移貢舉於禮部，以侍郎主之，後世禮部知貢舉自此始。」〔註 28〕知貢舉在設立之初是負責主掌貢舉考試的官員，到明清時期在科舉考試中別命其它大臣主持，知貢舉則改爲管理場務的官員。清代武會試的知武舉在職責上

〔註27〕 尹德新主編，歷代教育筆記資料，第四冊，清代部分〔M〕，中國勞動出版社，1993：413。
〔註28〕 （清）趙翼著，陔餘叢考，四十三卷〔M〕，北京：商務印書館，1957：590。

與知貢舉相類似，屬於總理武會試場務的官員。在所查的 25 科武會試中，共計有 25 名知武舉，每科由 1 人充任。知武舉官員一般由兵部將「左、右漢侍郎職名開列」報請皇帝欽定，在漢侍郎有出差等事故不能夠開列名單時，從其它五個部中選取漢侍郎恭請欽點。知武舉從官職結構來看較爲單一，所有的 25 名官員均爲各部侍郎，其中禮部侍郎、刑部侍郎、戶部侍郎、工部侍郎、倉場侍郎各有 1 人，各占總數的 4%、兵部侍郎有 20 名，占總數的 80%，其中康熙四十五年武會試知武舉，兵部左侍郎曹鑑倫同時還兼任兼任翰林院學士。從考官的科第功名來看，25 名知武舉中 20 人爲進士出身、占總數的 80%，3 人爲舉人出身、占總數的 12%；另有貢生和廩生各 1 人。從籍貫結構來看，知武舉來源遍佈全國十三個行省，其中出身直隸和東南沿海省份的人數居多，其中人數最多的爲山東和江蘇，俱爲 4 人、其次爲浙江和直隸，各有 3 人、奉天、湖南各有 2 人、順天、四川、廣東、江西、雲南、安徽、湖北各有 1 人。從民族成分來看，知武舉官員大多由漢族官員充任，共有 24 名，僅有康熙二十四年知貢舉馬世濟 1 人爲鑲紅旗漢軍。

2、監射大臣

監射大臣是負責統領整個武會試考試的官員，其地位與鄉試中的監臨官類似，屬於整個武會試中級別最高、最具權威的考官群體。由於監射大臣的重要地位，朝廷對其的選派也頗爲重視。外場監射大臣選派一般由兵部行文值年旗再轉行各旗，將「領侍衛內大臣、滿洲大學士、都統等」官職名開列，呈送欽點，與兵部滿漢尚書侍郎等共同主持分闈考試。在 25 科武會試中監射大臣共有 96 人，除在康熙二十四和二十七年兩科監射大臣爲 2 人外，其它所有 23 科武會試中監射大臣的人數都爲 4 人。從官職結構上看，都統 66 人，其中滿洲都統 16 人、蒙古都統 21 人、漢軍都統 29 人、領侍衛內大臣 19 人、六部尚書 3 人，其中禮部尚書 2 人、吏部尚書 1 人、六部侍郎 6 人，其中禮部侍郎 4 人、吏部侍郎 1 人、刑部侍郎 1 人、此外還有軍機大臣和內閣大學士各 1 人。〔註29〕在考官籍貫方面，監射大臣以順天、滿洲和蒙古籍爲主。

3、較射大臣

較射大臣具體負責考試的監督和考核，是眞正意義上負責主持武科舉外

〔註29〕 注：監射大臣中多有兼職情況，其中有 3 人兼任大學士，2 人兼任宗人府主管，1 人兼任輔國公，1 人兼任左都御史，1 人兼任理藩院總管。

場考試的官員。較射大臣首先從兵部的滿漢尚書侍郎中選取，如果遇到兵部堂官有出差等事故而不能夠分闈主持考試時，則從其它各部、都察院滿漢堂官中選拔。在所查到的 24 科武會試記錄中〔註30〕，較射大臣共計有 102 人，在康熙中前期每科武會試較射大臣人數為 3～6 人不等，自康熙後期開始，較射大臣的人數固定為每科 4 人。從考官任職情況來看，主要由六部尚書和侍郎充任，其中尚書 29 人，占總數的 28.43%，主要包括兵部尚書，禮部尚書、吏部尚書等、侍郎 72 人，占總數的 70.58%、大學士 1 人。從考官科第出身情況來看，共有 56 名考官科第情況可考，其中進士 46 名，舉人 1 名，官學生、廩生和監生各 2 人。在考官的民族成分方面，共有 94 名考官的民族成分可考，其中滿洲人 39 名、漢族人 49 名、蒙古和漢軍人各 3 名。在考官的籍貫分佈方面，漢族考官中的 48 人籍貫可考，以江浙和直隸一帶人數居多，其中江蘇 10 人，直隸 9 人，浙江 7 人，山東 5 人，湖南 3 人，奉天、安徽、河南、雲南、湖北各 2 人，福建、順天、江西、四川各 1 人。

4、監試官

武會試的監試官主要分為外監視官和內監試官兩種，分別負責武會試的外場考試和內場考試的監督工作。

（1）外監試官。外監試官又稱監試御史，是負責考場監督工作的官員。在 25 科武會試中共有監試官 88 人，康熙年間每科設置 2 名，康熙朝後每科增至 4 名。在考官任職方面，大多由各地的監察御史充任，88 名監試官中 87 名為各地的監察御史，僅有道光三十年監試官 1 名由兵部給事中充任。這些監察御史來自全國各個行省，其中江南道 17 人，山東道 13 人，河南道 10 人，山西道 9 人，湖廣道 8 人，陝西道 7 人，浙江道和江西道各 5 人，京畿道和廣東道各 3 人，貴州道、雲南道和四川道各 2 人，福建道 1 人。監試官的科第出身整體水平較高，身為進士者共計 48 名、占出身資料可考的 53 名考官總數的 90.56%，此外還有監生 2 名，貢生、翻譯生員和舉人各 1 名。在民族出身方面，滿洲人 39 名、占總人數的 44.31%、漢軍人 4 名、占總人數的 4.55%、漢族人 45 名、占總人數的 51.14%。在考官籍貫方面，出身漢族的 45 名考官中，順天 5 人、河南 5 人、安徽 4 人、浙江 4 人、江西 4 人、江蘇 3 人、直隸 3 人、四川 3 人、山西 3 人、湖南 2 人、陝西 2 人、貴州 2 人、山東 1 人、湖北 1 人、雲南 1 人、福建 1 人。

〔註30〕 注：其中乾隆十年武會試記錄缺失。

（2）內監試官。清代武會試以外場為重，起初並沒有在內場設立監試官。乾隆三十三年御史覺羅敦岱上奏：「內場監試啟閉並防考試各事宜，若不設立監試專司其事，難昭慎重」，主張武會試派滿漢御史各一員，入內場監試。此後武會試中開始出現內監試官。在統計所得的 19 科武會試中，共有 34 名內簾監試官，一般每科1～2 名。內簾監試官最初由內閣選派中書舍人充任，如乾隆十年武會試監試官為內閣中書科中書舍人查其昌，乾隆十三年武會試內簾監試官為內閣中書科中書舍人孟琇，此後大多為各地監察御史充任，來源分佈廣泛，有京畿道 2 人、四川道 1 人、雲南道 2 人、廣東道 2 人、江西道 4 人、江南道 7 人、陝西道 3 人、浙江道 2 人、湖廣道 4 人、山東道 3 人、貴州道 1 人、河南道 1 人。在考官的民族成分方面，滿洲 16 人，漢族 18 人。從科舉功名來看，有進士 14 人、舉人 4 人、監生 2 人、貢生 1 人。其籍貫分佈為：江蘇 2 人、浙江 3 人、直隸 3 人、湖北 2 人、山東 1 人、湖南 1 人、順天 2 人、江西 1 人、廣西 2 人、廣東 1 人。

5、提調官

武會試的提調官是負責協調考場內外事務的官員，在順治朝規定，提調官由兵部從滿漢司官中各選派二名，然後從中各選一人提調會試事務，剩餘的兩名官員則負責「幫辦外場列張兩闈」事務。到咸豐年間，改為將所有開列的滿漢司官四人全部派遣充任提調官。在 25 科武會試中有 78 名提調官，其中來自兵部的占絕大部分，有 77 人，還有工部 1 人。武會試提調官的官職普遍不高，在統計的官職分佈情況中，有主事 1 人、額外主事 3 人、員外郎 16 人、筆帖式 20 人、郎中 37 人、候補郎中 1 人。儘管官職不高，但提調官整體科舉功名水平卻不低，有進士 15 人、舉人 6 人、監生 3 人、廩生 4 人、貢生 6 人。從民族成分來看，有滿洲人 43 人、蒙古 4 人、漢族 24 人、漢軍 7 人。在考官籍貫方面，提調官來自十二個省份，其中福建 1 人、江蘇 6 人、浙江 3 人、直隸 2 人、湖北 1 人、山東 1 人、河南 1 人、順天 1 人、江西 2 人、雲南 1 人、陝甘 1 人、山西 3 人。

到嘉慶年間，武會試中開始出現提供輔助工作的協辦提調官和專門負責內場的內提調官，這些官員均來自兵部。其中，協辦提調官每科 2 人，共計 24 人。協辦提調官的職位分佈情況為：主事 4 人、候補主事 3 人、候補員外郎 1 人、員外郎 8 人、郎中 7 人、候補郎中 1 人、科舉功名情況為：進士 4 人、舉人 2 人、監生 2 人、貢生 2 人、廩生 1 人、在民族出身方面，有滿洲

11 人、蒙古 3 人、漢族 8 人、漢軍 2 人，24 人中 8 名出身漢族的考官籍貫分佈爲江蘇 3 人、浙江 3 人、江西 2 人。內提調官每科設立 1 人，共計 13 人。內提調官的職位分佈爲：兵部主事 1 人、兵部員外郎 4 人、兵部郎中 5 人、兵部候補郎中 3 人、科第功名情況爲：進士 6 人、舉人 4 人、監生 3 人、籍貫分佈情況：江蘇 3 人、浙江 2 人、直隸 1 人、湖北 1 人、山東 2 人、順天 1 人、江西 2 人，山西 1 人。

6、策論官

會試主考官是負責內場考試的試卷評審、管理、錄取的官員，一般每科設立 2 人，分爲正考官和副考官兩類。在清代會試中，正、副考官由兵部從內閣、吏、戶、禮、刑、工等部及都察院、翰林院和詹事府等部門選取漢族堂官奏請欽定。所統計的 25 科武會試中，共有 50 名正、副考官。在考官的部門來源分佈爲：都察院 2 人、兵部 2 人、刑部 5 人、戶部 5 人、禮部 8 人、吏部 1 人、工部 6 人、內閣 2 人、詹事府 3 人、翰林院 16 人。從官職結構上看，武會試正副考官的級別相對較高，有侍讀侍講學士 12 人、給事中 1 人、學士 6 人、詹事 3 人、尚書 6 人、侍郎 18 人、都御使 2 人。由於要主持武士子內場的程文考試，因此對考官自身的科舉出身情況要求較爲嚴格，有進士 49 人，另有博學鴻詞科 1 人。從考官的籍貫分佈來看，以江浙一帶的考官人數居多，其中江蘇 12 人、浙江 10 人、江西 7 人、直隸 3 人、雲南 3 人、安徽 3 人、湖北 2 人、河南 2 人、四川 2 人、湖南 1 人、福建 1 人、順天 1 人、貴州 1 人、陝西 1 人。

在武科會試的內場考試中，除了有主考官和副考官之外，還存在另一類輔助其閱看士子試卷的官員——同考策論官，每科設立 4 人，共有 52 人。這些考官的來源遍佈內閣和中央六部，其中戶部 12 人、吏部 12 人、禮部 11 人、內閣 7 人、刑部 6 人、工部 3 人、兵部 1 人。從官職上看，有主事 1 人、學士 1 人、中書 1 人、典籍 1 人、侍讀學士 4 人、員外郎 6 人、給事中 13 人、郎中 25 人。同考官由於直接負責閱看士子試卷，因此對其自身的科舉出身也有一定的要求，同考官一般從進士出身者中選拔，如果進士不敷用，則從舉人中選拔。從科舉功名來看，有進士 37 人、舉人 9 人，監生 1 人。雖然其功名情況整體上不及主副考官，但在清代武會試考官群體中也屬於平均科舉功名較高的一類考官。從民族分佈來看，漢族 51 人、漢軍 1 人。在籍貫的分佈情況上，同考官與主副考官類似，以江浙一帶的人士居多，其中江蘇

13 人、浙江 7 人、直隸 5 人、湖北 2 人、福建 1 人、山東 1 人、河南 3 人、順天 1 人、江西 3 人、安徽 4 人、陝甘 4 人、山西 3 人、貴州 1 人、奉天 1 人、廣東 2 人。清代武會試的同考策論官並非一直存在，嘉慶十二年（1807 年）後武科考試內場程文測試改爲默寫武經七書一段，考試內容的簡化使得內場考試不再需要大量考官參與，同考策論官也因此從武會試考官群體中永久地消失。

7、供給官

供給官〔註31〕是負責保證會試考務供應的官員。在不同的皇朝，武會試供給官有不同的分類，主要有總理供給官，總理內供給官，供給官和幫辦供給官四種：

首先是總理供給官。總理供給官在康熙中前期每科 4 人，康熙中後期至乾隆朝時期年份達到 6～12 人，自嘉慶朝後每科固定爲 1 人，所有科目考官共計有 99 人。總理供給官的供職來源有四個部門，人數最多的是兵部，有 80 名總理供給官出自這裏，其餘三個部門來源人數分別爲：順天府 15 名、大興縣 4 名、宛平縣 5 名。從官職結構來看，有兵部筆帖式 31 人、兵部主事 1 人、兵部司務 1 人、治中 13 人、章京 8 人、委署章京 7 人、吏目 15 人、副指揮 1 人、知縣 3 人、通判 2 人、郎中 1 人、員外郎 6 人、巡檢 4 人、典史 2 人。從考官科舉功名來看，有進士 3 人、舉人 4 人、監生 17 人、貢生 6 人、廩生 1 人。從考官民族成分來看，有滿族 53 人、漢族 39 人、漢軍 2 人、蒙古族 5 人。從考官籍貫來看，有江蘇 9 人、浙江 11 人、山東 4 人、河南 1 人、湖南 1 人、江西 2 人、雲南 1 人、陝西 4 人、直隸 3 人、湖北 1 人、安徽 1 人、山西 1 人。

其次是總理內供給官。總理內供給官在乾隆中期之前存在，每科設立 4～5 名，共計有 46 人，主要負責內簾的考務後勤服務。考官全部爲漢族，多來自順天府和大興、宛平兩縣，其中順天府 12 人、大興縣 16 人、宛平縣 18 人。從官職結構來看，有司獄 1 人、府經歷 1 人、通判 2 人、治中 8 人、縣丞 14 人、巡檢 4 人、典史 16 人。總理內供給官的科舉出身相對較低，僅有舉人 1 人、監生 9 人、貢生 7 人、廩生 3 人。從籍貫分佈上看，有福建 4 人、

〔註31〕注：此供給官是指所有負責考場考務供應的官員總稱，後文中供給官是指在總理供給官領導下的一類輔助性官員，雖名稱相同，但所包含的範圍不一樣。

浙江 12 人、江南 8 人、直隸 3 人、山東 2 人、河南 3 人、江西 1 人、山西 5 人、陝西 3 人、貴州 1 人。

再次是供給官。武會試供給官從嘉慶朝開始單獨設立，是總理供給官領導下的官員群體，每科設置 2 人，共計 30 人。主要來自大興縣和宛平縣，其中大興縣 16 人、宛平縣 14 人。供給官的官職結構中有一個明顯的特點，就是大部分為大興、宛平兩縣的知縣，在 30 名考官中有 27 人為知縣，另有典史 2 人和巡檢 1 人。在科舉出身方面，供給官中共有進士 8 人、舉人 8 人、監生 4 人、貢生 6 人，還有 1 名供事和 1 名吏員。從籍貫分佈上看供給官來源廣泛，其中江蘇 6 人、浙江 5 人、湖北 2 人、山東 3 人、河南 3 人、江西 2 人、安徽 1 人、四川 2 人、山西 3 人、陝西 1 人、貴州 1 人、廣西 1 人。

最後是幫辦供給官。幫辦供給官是輔助總理供給官和供給官的考官群體，從咸豐年間開始出現，每科人數為 2～3 人，共計 13 人。大部分從順天府和大興、宛平兩縣選派，其中順天府 8 人、大興縣 5 人、宛平縣 1 人，幫辦供給官的職責特點決定了其考官職務相對較低，其中試用縣丞 1 人、候補縣丞 1 人、候補府經歷 4 人、巡檢 3 人、吏目 1 人、未入流 3 人。從科舉出身來看，有 5 名貢生、3 個監生、1 名議敘、2 名吏員。在籍貫分佈方面，江蘇 1 人、浙江 9 人、安徽 2 人、四川 1 人。

8、印卷官

武會試的印卷官主要負責考試試題的印製工作。由於武科會試的主要考核內容為外場馬步箭、弓刀石等，內場的考試要求和規模相對文科會試要減少很多，因此武會試的印卷官人數並不多，在 24 科武會試中〔註32〕，僅在乾隆十三年出現過 2 名印卷官的情況，其餘每科均只設立 1 名。從官職情況來看，所有印卷官員均來自兵部，其中主事 4 人、候補主事 5 人、額外主事 7 人、員外郎 4 人、額外員外郎 1 人、郎中 3 人、司務 1 人。在印卷官的科舉出身方面，雖然官員整體品級不高，但是所有考官均為科舉出身且科第高者為數不少，共有進士 9 人、舉人 5 人，二者合計占總數的 56%，另外還有副榜 1 人、貢生 4 人、監生 3 人、蔭生 3 人。從民族成分看，以漢族為主，有 22 人、漢軍 3 人。從籍貫分佈來看，有江蘇 5 人、浙江 1 人、直隸 3 人、湖北 1 人、山東 1 人、河南 1 人、順天 3 人、江西 1 人、安徽 1 人、陝西 1 人、廣東 3 人、貴州 1 人。

〔註32〕注：乾隆十年印卷官資料缺失。

9、彌封官

彌封官是負責武會試內場考試試卷封存的官員，在武會試中彌封官全部使用兵部的漢族官員。乾隆朝之前每科用 1 名，從嘉慶朝起每科 2 人，共計 44 人，其中兵部主事 15 人、額外主事 12 人、候補主事 12 人、額外員外郎 3 人、候補員外郎 2 人。從科舉出身來看，有進士 25 人、舉人 8 人、監生 9 人。在籍貫分佈方面，有福建 1 人、江蘇 5 人、浙江 4 人、直隸 2 人、湖北 2 人、山東 5 人、河南 2 人、順天 1 人、江西 4 人、安徽 4 人、山西 1 人、廣西 1 人、陝西 2 人、甘肅 1 人、貴州 2 人、四川 4 人、廣東 1 人。

10、進題官

武會試的進題官是專門負責士子內場考卷呈送的官員。進題官每科 1 人，共計 21 人，全部來自兵部，其中兵部郎中 4 人、額外郎中 2 人、候補郎中 1 人、主事 5 人、司務 1 人、額外主事 2 人、員外郎 5 人。從考官的科第上看，有進士 8 人、舉人 3 人、貢生 2 人、蔭生 2 人、監生 1 人、議敘 1 人。從民族出身來看，以漢族和漢軍人為主，其中漢族 14 人、滿洲 1 人、漢軍 6 人。在考官籍貫分佈方面，有江蘇 5 人、浙江 2 人、直隸 2 人、山東 2 人、江西 1 人、貴州 2 人、山西 1 人、山西 1 人。

11、受卷官

受卷官是武會試中在士子完成內場考試後接受試卷的官員。武會試的受卷官每科 1～2 人，共計有 42 人，受卷官全部來自兵部，其中兵部郎中 3 人、兵部主事 13 人、額外員外郎 4 人、員外郎 2 人、額外主事 8 人、候補主事 7 人、七品京官 5 人。從科舉功名上看，有進士 22 人、舉人 5 人、監生 4 人、貢生 9 人。在籍貫分佈方面，有江蘇 4 人、浙江 1 人、江南 2 人、直隸 3 人、山東 4 人、河南 3 人、湖南 2 人、順天 3 人、江西 4 人、安徽 2 人、湖廣 1 人、貴州 3 人、廣東 1 人、山西 4 人、廣西 1 人、陝西 1 人。

12、收掌官

收掌官負責武會試的掌卷工作，在受卷官接受試卷之後交由收掌官統一管理。一般每科人數在 1～2 人，乾隆之前為每科 1 人，嘉慶朝之後每科 2 人，共計 37 人，官員都來自中書科，其中中書 33 人、中書舍人 4 人。在考官科第層次方面，有進士 1 人、舉人 6 人、副榜 3 人、貢生 21 人、監生 4 人、蔭生 2 人。在考官籍貫方面，有江蘇 5 人、浙江 3 人、江蘇 3 人、直隸 8 人、湖北 2 人、山東 2 人、河南 1 人、順天 4 人、安徽 4 人、山西 4 人、四

川 1 人。

13、內簾供事官

內簾供事官是負責協助內簾考官查閱試卷的官員，在乾隆和道光年間出現，共在 11 科武會試中存在，每科人數為 7～8 人，共計 86 名。從內簾供事官的職務分佈情況看，所有內簾供事官均為中央六部書吏，其中戶部 11 人、禮部 11 人、吏部 11 人、刑部 11 人、工部 11 人、都察院 11 人、通政司 11 人、大理寺 9 人。在考官的籍貫分佈方面，有江蘇 7 人、浙江 39 人、直隸 4 人、山東 4 人、河南 1 人、江西 1 人、安徽 9 人、順天 21 人。

14、監箭官

監箭官是武會試中人數最多的一類考官，共計有 537 人，占所有考官人數的 23.37%，在乾隆朝之前人數較多，從 28 人至 73 人不等。從考官的民族成分看，除了康熙三十三年 73 名考官籍貫信息遺漏無法詳考外，其它 464 名考官中以滿洲人數最多，共有 333 人、占 71.77%；漢族 81 人、占 17.46%；蒙古 28 人、占 6.03%；漢軍 22 人、占 4.74%。從考官的官職分佈情況看，有兵部司務 5 人、候補司務 1 人、兵部章京 48 人、委屬章京 37 人、兵部筆帖式 255 人、兵部郎中 49 人、候補郎中 1 人、額外郎中 5 人、兵部主事 44 人、候補主事 27 人、額外主事 12 人、兵部員外郎 46 人、兵部額外員外郎 5 人、候補員外郎 2 人。從考官的科舉出身看，有 72 名考官出身科舉，其中進士 27 人、舉人 11 人、貢生 17 人、監生 12 人、蔭生 1 人、議敘 1 人。

15、司門官

司門官是負責貢院門口守衛工作的官員；每科由 2 人充任，所有的 25 科武會試中共計有 50 名司門官。從官職結構來看，除了康熙二十四年武會試的兩名司門官為燕山右衛和彭成衛的衛經歷之外，其餘官員全部為千總，其任職地點在京城各個城門，具體分佈情況為：廣安門 3 人、廣寧門 4 人、左安門 5 人、右安門 8 人、永定門 5 人、西便門 9 人、東便門 8 人、廣渠門 6 人。從考官的民族出身來看，以漢軍居多有 34 人、滿洲 3 人，另有蒙古 1 人、漢族 12 人。自道光後期開始，司門官大多從漢軍中選派。雖然司門官官職較低，但其中有一些官員擁有科舉功名，包括武舉人 5 人、蔭生 1 人、監生 2 人、拔貢 1 人。

16、搜檢官

搜檢官主要負責士子入場時的搜身，防止懷攜夾帶，同時為了防止官員

與士子溝通舞弊，在武會試考官入場時，對其隨行吏員也要進行搜檢。搜檢官每科人數為 1～2 人，除了乾隆十三年人數不詳外，其餘 24 科武會試共計有 47 人。搜檢官的官職來源情況為永定門千總 7 人、廣寧門千總 1 人、廣渠門千總 6 人、神武左衛守備 1 人、彭城衛守備 1 人、廣安門千總 5 人、左安門千總 8 人、右安門千總 7 人、西便門千總 6 人、東便門千總 5 人。從搜檢官的民族出身看滿洲 1 人、漢族 11 人、漢軍 35 人。值得注意的是，在清代前期的康熙朝，搜檢官多為漢族或者滿洲人，其中有一部分為武科出身、而自乾隆朝之後，搜檢官全部來自漢軍各旗，絕大多數出身行伍，再沒有任何搜檢官擁有武科舉的功名。

17、巡綽官

巡綽官負責在武會試內外考場進行巡查，維持考場紀律。所統計的武會試中共計有 50，平均每科有 2 名。在考官來源方面，除騰驤右衛和神武左衛的守備各有 1 人外，大多是京城各個城門的千總和把總，其中左安門 6 人、右安門 5 人、永定門 8 人、東便門 8 人、西便門 7 人、永安門 1 人、廣安門 3 人、廣寧門 6 人、廣渠門 4 人。在民族分佈方面，有滿洲 3 人、漢族 10 人、漢軍 37 人。與搜檢官類似，在清代前期武會試巡綽官中存在一些武科出身者，如康熙朝曾出現武進士 2 人，武舉人 4 人。

18、翻譯官

由於武科舉准許滿、蒙士子參加考試，為了使不同民族出身的考生能夠在相對平等的環境下進行考試，自嘉慶年間開始，武會試中特設立翻譯官，主要負責將外場指令或者內場試卷翻譯成滿文或蒙文。翻譯官每科設置 4 人，總共 56 人，全部為兵部筆帖式。在考官的科舉功名方面，有舉人 1 人、監生 9 人、蔭生 1 人、生員 4 人、貢生 1 人。從民族成分上看，有滿洲 35 人、蒙古 11 人、漢軍 10 人。

19、管箭官

管箭官主要負責管理外場考試中士子馬射和步射所需要用到的箭矢。管箭官在道光晚期開始設立，共有 8 科存在管箭官，每科人數為 8 人，共計 64 人。所有的管箭官均出自兵部，其中有兵部筆帖式 32 人、兵部主事 16 人、候補主事 1 人、郎中 3 人、員外郎 11 人、司務 1 人。在考官的民族出身方面，有滿族 55 人、蒙古 6 人、漢軍 3 人。從科舉出身來看，共有監生 10 人、貢生 3 人、生員 4 人、官學生 6 人、俊秀 1 人。

20、監鼓官

武會試的監鼓官類似於武鄉試中的報、印、紀箭官，是負責外場考試時士子成績登記和宣告的官員。武會試外場考試時，在箭靶處設有一面鼓，通過鼓聲來向監射大臣通告士子的射箭成績。監鼓官在嘉慶年間開始設立，所有的 14 科中，每科有 12 人出任，共計 168 名。監鼓官全部為兵部筆帖式。從民族成分來看有滿洲 130 人、蒙古族 17 人、漢軍 21 人。從科舉出身看有蔭生 2 人、監生 26 人、貢生 5 人、生員 11 人、官學生 2 人。

21、放馬官

放馬官是管轄外場騎射所用馬匹的官員。在嘉慶年間開始設立，所有的 14 科中，每科有 8 人出任，共計 112 名，全部來自兵部，其中兵部郎中 12 人、兵部主事 16 人、候補主事 10、額外主事 5 人、員外郎 11 人、額外員外郎 1 人、候補員外郎 1 人、筆帖式 56 人。從民族成分來看，放馬官以滿洲人為主，其中滿洲 84 人、蒙古 18 人、漢軍 10 人。

22、瞭望官

瞭望官是負責考場貢院四周巡視監察、防止有士子通過翻越貢院圍牆進行作弊的官員。自乾隆朝時開始設立，每科會試有 4 人充任，共計 76 人，民族成分都為漢族。從考官職務看，有閘關 4 人、照磨 2 人、州判 4 人、未入流 17 人、府經歷 3 人、縣丞 8 人、吏目 4 人、主簿和候補主簿 2 人、巡檢 20 人、典史 5 人、從九品 6 人、驛丞 1 人。從考官的籍貫看，有福建 3 人、江蘇 12 人、浙江 32 人、湖北 1 人、山東 2 人、河南 1 人、湖南 1 人、江西 4 人、安徽 8 人、奉天 1 人、廣西 1 人、四川 2 人、廣東 5 人、山西 2 人、甘肅 1 人。

23、彈壓官

彈壓官主要負責發榜之後舉行會試宴和張掛榜文時候維持秩序、防止士子喧嘩鬧事的官員。從嘉慶年間開始設立，每科 1 人，共計 15 人。為了能夠有效地維持秩序，防止士子喧嘩鬧事，彈壓官的級別相對較高，在 15 名彈壓官中有都統 1 人、副都統 13 人、印務章京 1 人。從考官的民族來源看，分佈較為均勻，有滿洲 4 人、蒙古 6 人、漢軍 5 人。

由於武會試外場考試馬步箭和弓刀石考試存在一定的風險，因此設有醫官以保障參加武會試士子的人身安全。醫官主要由太醫院選派吏目參加，如乾隆十三年武會試，太醫院派出兩位吏目羅世煐、張祐新參與武會試考試。

三、清代武會試考官特點

　　作為對全國各個省份武舉人進行選拔的考試，武會試考官的種類豐富，人數眾多，考官群體也呈現出了中央一級考試的特點，在考官的籍貫分佈，科第水平和類型等諸多方面都存在很多與武鄉試考官不同之處，具體來看，有以下幾點。

（一）籍貫來源豐富

　　武會試作為中央一級的考試，考官人數眾多，其中大部分為京官。為體現出中央考試的特點，同時為避免考官集中於某一省或者幾省而導致取士過程傾向性過於嚴重的問題，在武會試考官群體選拔中特別注意考官的籍貫問題。

　　首先在考官的籍貫分佈方面，除了監射大臣、放馬官、監鼓官等少數類型的官員外，大部分武會試考官來源於多個省份，具體情況如圖 3-2-1 所示。從圖中可以看出，考官的籍貫分佈較為分散，在所有的武會試考官中，籍貫分佈在 7 個省份以上的考官有 13 類，其中內場考官、監試官、受卷官和彌封官等考官來源超過 15 個省，這些官員直接負責士子考卷的管理和成績的評定，籍貫的分散有利於考官的秉公執法。

圖 3-2-1：清代武科舉會試考官籍貫來源數量統計圖

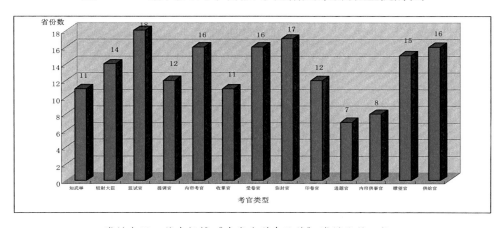

資料來源：筆者根據《清代武科會試錄》資料統計而得。

　　其次在不同類別的考官籍貫上體現出省際間不同的特徵：

　　第一類考官以知武舉、較射大臣、外場監試官等負責外場考試的官員為代表，其考官的籍貫分佈如圖 3-2-2、3-2-3、3-2-4 所示。

圖 3-2-2：
知武舉官員籍貫省份統計圖

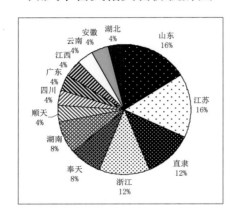

圖 3-2-3：
較射大臣籍貫省份統計圖

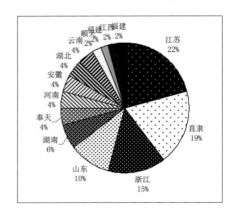

圖 3-2-4：外監試官籍貫省份統計圖

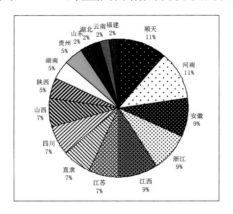

資料來源：筆者根據《清代武科會試錄》資料統計而得。

　　從以上三幅圖可以看出，這些與外場考試相關的考官群體，以來自直隸、山東、河南、順天等省份的考官數量居多。其中在知武舉和外場監試官中，籍貫為山東、順天、河南的考官人數分別位列第一。較射大臣中，除江浙籍貫考官外，山東直隸等地的考官人數也名列前茅。在考察士子外場成績的時候，儘量多地選派這些武風興盛，武備人才培養有著傳統優勢的省份的官員，對於更好地完成取士任務，能起到一定的幫助作用。

　　第二類考官以主副考官、內簾供事官等負責內場考試的官員為代表，其考官籍貫的分佈情況如圖 3-2-5、3-2-6、3-2-7 所示。

圖 3-2-5：內場主副考官籍貫統計圖　圖 3-2-6：內場同考官籍貫統計圖

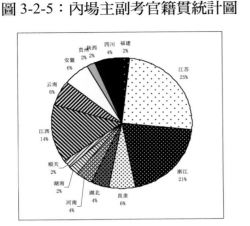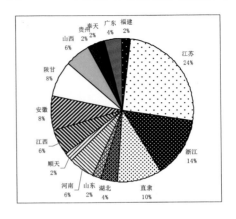

圖 3-2-7：內簾供事官籍貫統計分佈圖

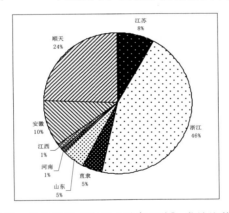

資料來源：筆者根據《清代武科會試錄》資料統計而得。

　　從以上三幅圖可以看出，在與內場考試緊密相關的考官類別中，來自浙江、江蘇等江南地區省份的考官數量居多。其中在內簾主、副考官中，來自江蘇和浙江的考官人數幾乎佔據所有考官數的一半，遙遙領先於其它省份的考官人數。而內簾供事官中，浙江、江蘇和安徽的考官人數之和更是達到所有考官人數的 65%。由於武會試內場考試形式為策論和默寫武經，主要考核士子的文化素質和軍事理論修養，選派來自文風興盛的江浙地區考官無疑有利於更好地衡文、選拔文武兼備的武科士子。

　　第三類考官以受卷官、彌封官為代表，其考官的籍貫分佈情況如圖 3-2-8、3-2-9 所示。

圖3-2-8：受卷官籍貫分佈圖　　　圖3-2-9：彌封官籍貫分佈圖

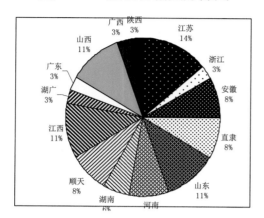
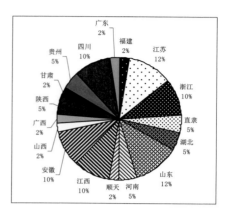

資料來源：筆者根據《清代武科會試錄》資料統計而得。

　　如圖所示，在與武會試考風、考紀相關的第三類考官中，考官的籍貫來源比較平均。在受卷官中，考官來源人數最高的江蘇省在所有考官整體中所佔比重沒有超過15%，其它省份人數也相對平均，比重在6%～11%的省份有8個，占所有來源省份數量的57.14%。在彌封官中，江蘇、江西和四川省的考官人數最多，但所佔比例也都在15%以下。武會試中的受卷官和彌封官，主要為防止考場作弊而設立。如果集中選取一個或者幾個省份的官員充任，容易出現潛在的少數省份士子獲益的弊端。盡量使官員的籍貫分佈趨於平均，是使這類考官更好地發揮防止科場舞弊行為、保證武會試公平公正的必要舉措。

（二）科舉出身層級較高

　　相對於武鄉試而言，武會試級別更高，對於考官的科第出身要求也更為嚴格。在內場考試的考官中，無論是主考官還是同考官，其科舉出身的平均科舉功名都非常高。在內場主副考官共計50名中，有進士49人、博學宏詞科1人、在同考策論官共計52名中，有37名進士、9名舉人、1名監生，進士考官比例達到71.15%。

　　外場考官群體的科舉出身也保持了相對較高的水準，其中較射大臣中有46名進士、1名舉人，外場監試官中48名進士、1名舉人，甚至彌封官和受卷官這種中層級別的考官進士出身者也分別達到22人和25人。（詳情見表3-2-3）。

表 3-2-3：清代武會試考官科舉出身統計表

	進士	舉人	貢生	監生	廩生	其它	合計	進士率
知武舉	20	3	1	—	1	—	25	80%
較射大臣	46	1	2	—	2	5	56	82.14%
外監試官	62	5	2	4	21	28	122	50.82%
提調官	25	12	8	8	5	56	114	21.93%
內場主副考	49	—	—	—	—	1	50	98%
內場同考	37	9	—	1	—	5	52	71.15%
供給官	11	13	24	33	4	68	153	7.19%
印卷官	9	5	4	3	3	1	25	36%
進題官	8	3	2	1	2	5	21	38.1%
受卷官	22	5	8	4	—	—	39	56.41%
彌封官	25	8	—	9	—	2	44	56.82%
監箭官	27	11	17	12	1	13	81	33.33%

資料來源：筆者根據《清代武科會試錄》資料統計而得。

　　爲了能夠有更直觀地瞭解，根據上表數據，繪得清代武會試考官科舉出身份佈圖 3-2-10。

圖 3-2-10：清代武會試考官科舉出身份佈圖

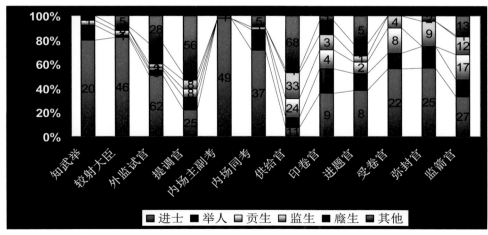

資料來源：筆者根據《清代武科會試錄》資料統計而得。

從圖表中可以看出，清代武會試考官群體的整體科舉出身相對較高，進士出身的考官分佈在內場和外場的諸多考官類型中，且佔據了不低的比重，這些擁有進士功名的考官由於自身素質和文化水平較高，能夠勝任閱卷評定士子成績的任務。而且其擁有參加會試乃至殿試的經歷，熟悉會試的流程與考試要求，對於在主持和管理會試時如何更好地發揮考官作用更有心得體會。

在會試考官群體中還出現了一些出身武科舉的考官。在武進士考官方面，有康熙二十四年武會試巡綽官騰驤右衛掌印守備、丙辰科武進士傅姓、康熙二十七年武會試巡綽官右安門千總、丙戌科武進士陳維新等等。在武舉人考官方面，有康熙二十七年武會試司門官東便門千總陳斌、西便門千總婁如岱、巡綽官永定門千總吳捷、搜檢官廣渠門千總李肇龍和孫鉞、乾隆十年武會試巡綽官廣寧門千總金起、東便門千總蔡璠、乾隆十三年武會試司門官永定門千總張廷和、右安門千總徐珖、巡綽官廣渠門千總王鎧、西便門千總金銓等。武會試考官中擁有武科舉功名的考官呈現出兩個明顯的特點：一是人數極少，充任的也僅僅為巡綽官或者司門官之類並不重要的官職、二是僅在清代中前期的康熙乾隆年間出現，之後的歷朝武會試中未再發現有武科出身考官的記錄。相比於武鄉試，武科舉出身者在更高級別的科舉考試中所佔比例反而下降，不僅沒有在考量士子馬步箭、弓刀石的外場考官中謀取到一個位置，甚至從乾隆中期以後難以出現在武會試考場之中，這也反映出武科出身者在科舉取士領域不受重視。

第三節　清代武科舉殿試考官

武殿試是清代武科舉中最高級別的考試，在武科取士中實行殿試的做法始於唐武則天時期，到宋代時開始逐漸制度化，明朝卻長期未能開展，僅在崇禎年間舉行過四次，武殿試到清代才進入真正發展成熟與完備的時期。與之前各個朝代或偶而為之或長期未設有所不同的是，清代武殿試自順治初年開武科時即確定設立，貫穿整個清代武科舉發展歷程，到光緒末年廢止時共舉行了超過一百科。大多數武殿試由皇帝親自主持或參與，在考試內容、取士名額等諸多方面都有完備的規制，在考官方面更是有詳盡細緻的規定。

一、考官委派與任用

清代雖然在順治三年即確立開設武科舉取士，但是與武鄉試和武會試的正式程度相比，武殿試的形式相對簡略。在順治初期皇帝並未親自主持殿試，殿試的作用僅在於武會試後御批會試取中之試卷以確定名次，如《清實錄》中記載，順治三年（1646 年）丙戌科武殿試在「武會試出榜後取中武舉於次日見朝。武會試取中二百卷。應進御前。擬一甲三卷。二甲二十七卷。三甲一百七十卷。發內院書寫黃榜。傳臚赴宴畢。主席官考試官、并武進士次日謝恩。」〔註33〕因此武殿試與其說是一級單獨的考試，不如說是對會試取士結果的一個重新排序和任命過程。

由於在清初武殿試並沒有成爲眞正意義上的一級考試，所以對於武殿試考官的任命和設置未發現有詳盡的記錄。武殿試考官群體的出現始自順治十二年（1655 年）乙未科武殿試，順治帝認爲：「國家選舉人材，其襄治文武，允宜並重。」〔註34〕提出「今科中式武舉應照文進士例一體殿試」，並且決定「親行閱視，先視馬步箭，後視策文，永作爲例。」〔註35〕隨後在十月親試會試中式武舉騎射於景山，命大學士巴哈納、車克、金之俊、陳之遴、劉正宗、成克鞏、傅以漸、學士能圖、葉成格、石圖、禪代、張長庚、麻勒吉、鏗特、胡兆龍、張懸錫、李霨、白允謙、尚書王永吉、戴明說、胡世安、衛周祚、侍郎袁懋功、左都御史龔鼎孳、左通政董國祥、大理寺少卿楊義、充武殿試讀卷官。要求將武殿試考試規程參照文殿試設計，讀卷、提調、執事官、俱依文場例賞賚。

皇帝親自參與到武科殿試的人才選拔之中，使武殿試的地位得到極大提升，此後雖然在個別的科目中曾出現過反覆，如順治十八年（1661 年）「十月癸亥。兵部題、請殿試天下武舉。得旨、武闈已考過步箭、及策論。又經內試選定。著停止殿試。」〔註36〕但皇帝親自閱示武舉士子逐漸成爲慣例，即使遇到皇帝因爲自身原因無法親臨主持，也會派由王大臣考試，如乾隆元年

〔註33〕鐵玉欽主編，清實錄教育科學文化史料輯要〔M〕，瀋陽：遼瀋書社，1991：278。

〔註34〕熊承滌編，中國古代教育史料繫年〔M〕，北京：人民教育出版社，1985：752。

〔註35〕清高宗（清）敕撰，清朝通志，卷七十二，選舉略一〔M〕，臺北：臺灣商務出版社，1988：7180。

〔註36〕（清）高宗敕撰，清朝通典〔M〕，北京：商務印書館，1935：2135。

（1736 年）由於新登基的乾隆帝尚在三年服制之內，其考試弓馬等項，著派王大臣在紫光閣閱看，並且在考試結束之後將身處前列者，帶至養心殿候其親定。隨著武殿試在武科舉考試中地位的確立，選擇和委派武殿試考官就顯得十分必要，為此兵部專門呈上《武殿試則例》，對武科殿試考官的類型和來源範圍以及人數情況作出詳盡的規定，主要有以下幾個方面的內容。

在讀卷大臣方面，考官的來源為大學士、學士、及吏、戶、禮、刑、工五部、都察院、通政使司、大理寺堂官，由兵部在殿試前一日開列名單奏請欽點，並通知各員在殿試當日齊赴午門聽候宣旨、在提調官方面以兵部滿漢堂官職名開列，從中選取兵部尚書、侍郎二員、在監試官方面以都察院送到滿漢御史職名開列由兵部進行選派、在掌卷、受卷、彌封官方面以內閣、翰林院、詹事府、六科給事中、兵部司官筆帖式等官名開列，由兵部在殿試前一日分開清單，奏請欽點。並於殿試當天赴午門聽候宣旨、在印卷官方面，選派兵部職方司理官、郎中、他赤哈哈番、筆帖式哈番等官員。此外，武殿試考官群體中還包括由內閣中書充任的填榜官、由鑾儀衛充任的巡綽官和由光祿寺官充任的供給官等等。表 3-3-1 是清代武殿試的考官任用情況列表。

表 3-3-1：清代武殿試考官情況一覽表

考官名稱	人　數	來　　　源	職　　責
讀卷大臣	4～14 人	大學士、學士，吏、戶、禮、刑、工五部、都察院、通政使司、大理寺堂官	協助武殿試考試
提調官	2 人	兵部滿漢尚書、侍郎	協調武殿試各項考務
監試官	4～8 人	都察院、各省督察御史	外場點名，稽查。陪同考試
掌卷官	5～15 人	翰林院學士、內閣學士、詹事府詹事、六科給事中	負責考生試卷的編號包封和遞送
受卷官	5～18 人	翰林院檢討、編修，六部給事中、內閣學士、典籍，詹事府中允等	受理士子試卷
彌封官	5～20 人	內閣、翰林院學士、修撰編修，各科給事中，兵部郎中、主事、員外郎等	考試試卷的封固
巡綽官	1～5 人	鑾儀衛	考場秩序維護
填榜官	13～23 人	內閣中書、兵部員外郎、筆帖式、主事、郎中	大小金榜榜文的撰寫

| 印卷官 | 4～8 人 | 兵部員外郎、郎中、主事、筆帖式等 | 負責考題印製 |
| 供給官 | 1～16 人 | 光祿寺司務、典史、署正，兵部郎中、主事、筆帖式、司庫等 | 負責殿試應用各項物資補給 |

資料來源：筆者根據《清朝文獻通考》、《清朝通志》、《欽定大清會典事例》、《清史稿》、《清代考選制度》等史料整理而成。

二、考官數量統計分析

　　清代對於武殿試考官信息記錄較為完整的是武科進士登科錄。筆者對目前搜集到的 25 科武進士登科錄進行統計分析後，得出這 25 科武殿試考官總人數為 1942 人〔註37〕，平均每科殿試考官為 77.68 人，遠高於鄉試考官的平均每科人數 41.2 人，但比武會試考官的平均每科人數 91 人略低，具體的人員數量統計如表 3-3-2 所示。

表 3-3-2：清代武殿試考官總數統計表（單位：人）

朝代	科目	考官總數	平均人數	朝代	科目	考官總數	平均人數
康熙朝	九年	131	123.5	道光朝	九年	52	51.4
	十二年	130			十三年	51	
	三十九年	125			十六年	53	
	四十五年	125			二十一年	49	
	五十一年	120			二十七年	52	
	五十七年	110		咸豐朝	二年	51	51
乾隆朝	十三年	105	93.2	同治朝	元年	54	51
	十六年	105			四年	48	
	十七年	97		光緒朝	九年	47	47.6
	二十二年	96			二十年	48	
	四十五年	63			二十一年	48	
嘉慶朝	六年	67	60.6	合　計		1942	77.68
	十年	59					
	二十四年	56					

資料來源：筆者根據《清代武殿試登科錄》統計整理而得。

〔註37〕注：康熙四十二年提調官人數不詳。

　　從上表看出，在康熙九年至光緒二十一年這二百年間的 25 科武殿試中，每科殿試考官數量差異巨大。考官人數最少的一次爲光緒九年（1883 年）的 47 人，人數最多的爲康熙九年（1670 年）的 131 人，單科考官人數在 100 人以上，及 51～100 人之間的次數均爲 12 次、在 50 人以下的爲 5 次。從各朝考官設置的總人數來看，清代前期的康熙朝平均單科考官人數爲 123.5 名，所統計六科康熙朝武殿試單科人數均在 110 人以上、清代中期的乾隆朝每科平均考官人數超過 93 人，除乾隆四十五年人數爲 63 人外，其餘的科目人數都在 95 人以上、嘉慶朝時考官平均人數下降到 60.6 人、道光朝考官人數反降至 50 人左右、光緒年間只有 47 名考官，僅占清朝前期康熙朝單科考官人數的三分之一強。在武殿試考官類別沒有明顯減少的情況下，考官人數總體卻呈現出勻速下降的趨勢。值得注意的是，清代武殿試作爲最高級別的考官，其參與的各類執事官員不僅限於進士登科錄所列，很多官員由於級別比較低，未被統計進入考官序列中。但受資料所限，筆者目前尚未能將所有武殿試考官情況呈現出來，所做分析僅依據現有史料所列出的主要武殿試官員群體。

　　武殿試考官從總體數量上看，遠超武鄉試考官數，與會試相比也並不算少，甚至在有些時期還高於武會試考官人數，如康熙四十五年武會試考官 88 名，武殿試考官 125 名。但是在考官種類方面，武殿試的類別則少了很多。從本章前兩節可以得知，清代武鄉試考官大致分爲 18 類，在個別武鄉試大省如江南、陝甘等，考官的種類將近 20 種、武會試考官爲 24 種。而武殿試在考官種類上設置較少，只有讀卷大臣〔註 38〕、提調官、監試官、受卷官、彌封官、掌卷官、巡綽官、寫榜官、印卷官，供給官等 10 種。

1、讀卷大臣

　　讀卷大臣是殿試中的主考官員，類似於鄉試中的監臨主考官或者會試中的監射大臣。由於殿試由皇帝親臨主持，因此殿試主考官不能自稱爲主裁，而武殿試的策問題目和士子名次由皇帝親自判定，因此主考大臣不能稱爲閱卷官，而被稱爲讀卷大臣。在武殿試中，讀卷大臣的地位是除皇帝之外最高的，其官員出身和所任官職也最爲尊貴。讀卷大臣在順治十二年皇帝殿試親自主持之後開始出現，目前所查的 25 科武殿試中，讀卷大臣共計有 158 人，占所有考試官員的 8.1%。讀卷大臣的人數和品級在不同皇朝之間差別明顯，

〔註38〕注：與武鄉試的主考官，會試的主考官類似。

在康熙朝的殿試中，讀卷大臣的人數為 14 人，而在乾隆朝以及之後的朝代中，讀卷大臣人數銳減為每科 4 人。不僅讀卷大臣的人數明顯減少，其職務品級也呈現出明顯的下降趨勢。

表 3-3-3：康熙十二年和乾隆二十二年和同治元年讀卷大臣官職對照表

清代前期		清代中期		清代後期	
康熙十二年		乾隆十七年		道光十六年	
官　職	姓名	官　職	姓名	官　職	姓名
太子太傅都統吏部尚書中和殿大學士	圖　海	經筵講官領侍衛內大臣武英殿大學士內務府兼管兵部事務	來　寶	吏部右侍郎	恩　桂（宗室）
太子太傅戶部尚書保和殿大學士加二級	李　霨	內閣大學士	史貽直	吏部右侍郎	陳官俊
刑部尚書文華殿大學士	馮　溥	協辦大學士	阿克敦	都察院左都御史	李宗昉
內閣學士兼禮部侍郎	郭四海	經筵講官太子少保戶部尚書世襲一等輕車都尉	蔣　溥	都察院左副都御史	李振祜
經筵講官內閣學士兼禮部侍郎	史大成	乾隆四十五年		光緒二十年	
經筵講官內閣學士兼禮部侍郎	李仙根	官　職	姓名	官　職	姓名
經筵講官翰林院掌院學士兼禮部侍郎加三級	熊賜履	內閣學士	嵩　貴	兵部左侍郎	巴克垣布
吏部左侍郎兼翰林院學士	陳敳永	禮部尚書	德　保	署兵部左侍郎	陳學棻
經筵講官戶部右侍郎翰林院學士加一級	宋德宜	兵部尚書	周　煌	兵部右侍郎	榮　惠
經筵講官禮部尚書	吳正治	兵部左侍郎	曹文植	兵部右侍郎	徐樹銘
禮部右侍郎兼翰林院學士	張洪甄				
兵部督捕左侍郎即管右侍郎	姚文然				
通政使司右通政	楊雍建				
通政使司右參議	張永祺				

資料來源：筆者根據《清代武殿試登科錄》統計整理而得。

由表 3-3-3 可見，清代出任武殿試讀卷大臣的人員在康熙年間數量眾多，所任官職和地位也頗高，其中不乏太子太保、內閣大學士、六部尚書等官員、在乾隆朝，雖然人數由 14 人減少為 4 人，但官職仍基本保持了高品級，其中包括內閣大學士、六部尚書等官、到道光朝中後期，讀卷官的職務大多僅為內閣學士、六部侍郎和副都御使等官，與之前的讀卷大臣品級相去甚遠。儘管如此，縱觀整個清代武科舉，讀卷大臣的整體層次仍較高，在目前查到的 25 科殿試 158 名讀卷大臣中，從榮譽官銜和爵位來看，有 2 人擁有太子太保頭銜、2 人為太子太傅、3 人為太子少保、2 人為一等輕車都尉、22 人充任經筵講官。從具體職務來看，有 2 人為都統、領侍衛內大臣 1 人、內閣和中和殿、保和殿、文華殿大學士共計 26 人，此外還有協辦大學士 6 人、翰林院學士 8 人、內閣學士 41 人、六部尚書 46 人、侍郎 60 人、通政使 4 人、通政副使 2 人、都御使 5 人、副都御史 7 人、詹事府詹事和少詹事 5 人、大理寺卿 1 人。讀卷大臣任職所在部門涉及內閣和六部，其中來自吏部 22 人、禮部 46 人、戶部 14 人、刑部 8 人、工部 12 人、兵部 3 人、通政使司 7 人、詹事府 5 人、都察院 12 人、大理寺 1 人。

2、提調官

提調官主要負責武殿試各種考務工作的協調。在 25 科武殿試中，提調官共計 155 人。與讀卷大臣人數相類似的是，提調官在不同時期的人數安排差異也較大，在乾隆年間人數較少，每科僅設 4 名提調官，其它皇朝提調官人數為 6～10 名不等，同治元年的提調官人數達到最高，共有 11 名。在考官的身份方面，提調官整體上的品級和職位比較高，有尚書 46 人、侍郎 98 人、都統為 4 人、內閣大學士 8 人、翰林院學士 1 人。在考官的職務來源較為簡單，除大學士外，其餘考官均從兵部選派。

有一個值得注意的現象：在清代中後期，與讀卷大臣職務開始出現下降不同，提調官的官職仍保持較高的水準，一些科目的提調官擁有太子太保、太子少保等榮譽稱號，所任官職也為六部侍郎以上的高官（表 3-3-4）。在道光、咸豐年間提調官的官職品級仍然相當高，其中官職最低者為兵部侍郎，最高者有太子太保、大學士等正一品職銜的官員。從道光十六年的武殿試讀卷大臣與提調官的對比可以看出，提調官官員的整體品級甚至超越了讀卷大臣。

表 3-3-4：道光十六年和咸豐二年提調官情況表

道光十六年		咸豐二年	
職　　官	姓　名	職　　官	姓　名
經筵講官太子少保大學士管理兵部事務	阮元	太子太保大學士管理兵部事務	裕誠
經筵講官太子太保兵部尚書	禧恩（宗室）	兵部尚書	桂良、魏元烺
經筵講官兵部尚書	王宗誠	兵部左侍郎兼署戶部右侍郎	趙光
兵部左侍郎	寶善、祁寯藻	兵部左侍郎	恩華（宗室）
兵部右侍郎	溥治、潘錫恩	兵部右侍郎	李嘉端、潘會瑩、春祐（宗室）

資料來源：筆者根據《道光十六年武進士登科錄》、《咸豐二年武進士登科錄》統計整理而得。

3、監試官

監試官主要負責外場考試成績的監試和閱看。25 科武殿試監試官人數除了乾隆十七年為 8 人外，其餘科目均為 4 人，共有 104 人。與提調官相比，監試官的來源更為單一，均由監察御史充任，其中監察御史 58 人、掌監察御史 42 人、協理監察御史 4 人。監察御史的來源遍及從中央都察院、京畿道到地方陝西、江南、山東、山西等 15 個行省。從表 3-3-5 可以看出，武殿試的官員選派範圍較廣，大量來自地方各個省份的監察御史充任考官，共有 93 人，占所有考官的 89.42%。而在所有監試官中來自中央的京官人數為 11 人，占所有考官的 10.58%。

表 3-3-5：清代武殿試監試官來源統計表

中	央		地			方		
部門	人數	比重	部門	人數	比重	部門	人數	比重
都察院	9	8.65%	山東道	20	19.23	陝西道	5	4.81
京畿道	2	1.93%	江南道	19	18.27	江西道	4	3.85
			山西道	10	9.61	廣東道	3	2.88
			浙江道	8	7.69	貴州道	2	1.93
			福建道	7	6.73	廣西道	2	1.93
			河南道	6	5.76	四川道	1	0.96

			湖廣道	5	4.81	雲南道	1	0.96
合計	11	10.58			93			89.42

資料來源：筆者根據《清代武殿試登科錄》統計整理而得。

　　地方官員的人數遠多於京官，這在武殿試的 10 類考官中絕無僅有。考官來源的豐富性在一定程度上提高了監試的效率，有助於防止舞弊的發生。

4、受卷官

　　受卷官是負責受理士子闈墨的官員。在文殿試中，中式舉子主要憑藉文章被取中，因此有大量的試卷需要受卷官處理。在武科舉中，清代前期內場考試受到重視，需要士子進行策、論等多項考試，考生的試卷數量較多，受卷官的人數設置也比較多，但到清代中後期，特別是嘉慶朝改革武殿試內場考試內容之後，隨著內場考試內容的日漸減少，所需考官人數也隨之銳減。在 25 科武殿試中，共有受卷官 238 人，其中乾隆二十二年之前的 10 科的考官平均人數多在 10 人以上，而自乾隆後期和嘉慶朝開始，人數逐漸減到 5 人並一直持續到清末。具體各朝受卷官員人數見表 3-3-6。

表 3-3-6：清代武殿試受卷官人數分佈表

康熙朝	乾隆朝	嘉慶朝	道光朝	咸豐朝	同治朝	光緒朝	合　計
16～18 人	5～17 人	5 人	5 人	5 人	5 人	5 人	238 人

資料來源：筆者根據《清代武殿試登科錄》統計整理而得。

　　從職務分佈來看，238 名受卷官員中有內閣侍讀、侍講學士 15 人、內閣典籍 6 人、內閣中書 2 人、翰林院編修 46 人、翰林院修撰 6 人、翰林院檢討 7 人、翰林院侍讀學士 23 人、翰林院典簿 1 人、六部各科給事中 40 人、兵部員外郎 10 人、兵部主事和額外主事 23 人、兵部筆帖式 19 人、兵部郎中 14 人、兵部司務 3 人、兵部京官 1 人、詹事府中允 5 人、贊善 2 人、庶子 6 人、洗馬 5 人、諭德 1 人、太常寺卿 1 人、光祿寺少卿 1 人。從任職部門分佈來看，以兵部 44 人為最多，翰林院官員 37 人居其次，此外是內閣 19 人，吏部 13 人，戶部 11 人，詹事府 8 人，禮部、太常寺和光祿寺各 1 人。

5、彌封官

　　彌封官主要負責將武殿試的內場試卷進行封固，防止閱卷官員通過看見

士子姓名信息從而進行舞弊行為。一般在受卷官完成受卷後，彌封官在彌封所內對試卷進行核對，並在試卷接縫處加蓋土紅色關防。武殿試中彌封官和受卷官同為外簾所官，工作密切相關，在考官人數設置上也非常接近，清代武殿試的彌封官共計 240 人，在具體各個朝代人數的增減方面，也呈現出與受卷官幾乎完全相同的軌跡，如表 3-3-7 所示。

表 3-3-7：清代不同朝代間武殿試彌封、受卷官人數分佈表

序號	科　目	人　數		序號	科　目	人　數	
		受卷	彌封			受卷	彌封
1	康熙九年	17	20	9	乾隆十七年	11	11
2	康熙十二年	18	18	10	乾隆二十二年	14	13
3	康熙三十九年	18	18	11～25	乾隆四十五年、嘉慶六年、十年、二十四年、道光九年、道光十三年、十六年、二十一年、二十七年、咸豐二年、同治元年、四年、光緒九年、二十年、二十一年	5	5
4	康熙四十五年	18	18				
5	康熙五十一年	17	17				
6	康熙五十七年	16	17				
7	乾隆十三年	17	16				
8	乾隆十六年	17	17	合　計		238	240

資料來源：筆者根據《清代武殿試登科錄》統計整理而得。

　　為了對武殿試中受卷官和彌封官在人數設置上的密切關係有更為直觀的印象，根據上表製成圖 3-3-1。

圖 3-3-1：清代不同朝代間武殿試彌封、受卷官人數分佈圖

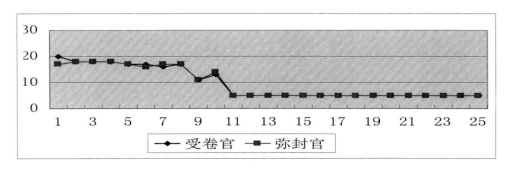

資料來源：筆者根據《清代武殿試登科錄》統計整理而得。

彌封官的官職分佈較爲廣泛，有內閣侍讀 13 人、中書 2 人、典籍 5 人、翰林院侍讀 22 人、編修 48 人、修撰 1 人、詹事府中允 13 人、洗馬 2 人、贊善 2 人、庶子 5 人、各科給事中，刑科 7 人、禮科 14 人、兵科 13 人、戶科 6 人、吏科 3 人、兵部郎中 7 人、員外郎 13 人、主事和額外主事 32 人、兵部筆帖式 19 人、兵部京官 1 人、太常寺卿和少卿共計 2 人。從部門分佈來看，有內閣 20 人、翰林院 71 人、詹事府 22 人、太常寺 2 人、兵部 85 人、刑部 7 人、禮部 14 人、戶部 6 人、吏部 3 人。

6、掌卷官

掌卷官又稱作收掌試卷官、收掌官，是負責對試卷進行編號、包封和遞送等事務的官員，試卷經過受卷官和彌封官的處理之後，由掌卷官進行移送和提交。25 科武殿試的掌卷官員共計 240 名，人員分佈與受卷官和彌封官類似，以乾隆中期爲分界，之前每科掌卷官人數大多在 15 人以上，之後掌卷官的人數固定爲 5 人。從官職分佈情況看，有翰林院侍讀學士 20 人、翰林院編修 51 人、翰林院檢討 13 人、翰林院孔目 2 人、內閣侍讀學士 4 人、內閣中書 2 人、內閣典籍 7 人、詹事府中允 5 人、贊善 12 人、洗馬 3 人、崇德 1 人、庶子 3 人，各科給事中共計 37 人，（其中禮科 4 人、工科 15 人、刑科 10 人、兵科 3 人、戶科 4 人、吏科 1 人），兵部郎中 18 人、兵部員外郎 13 人、兵部主事和額外主事 25 人、兵部司務 2 人、兵部筆帖式 19 人、太常寺少卿 1 人、光祿寺少卿 2 人。從考官的部門分配來看，有翰林院 86 人、內閣 13 人、詹事府 24 人、兵部 80 人、禮部 4 人、工部 15 人、刑部 10 人、戶部 4 人、吏部 1 人、光祿寺 2 人、太常寺 1 人。作爲外簾考官中高度專業化的三類考試官員，受卷官、彌封官和掌卷官同爲內場程文考試服務，除了在人員數量安排上基本相同外，考官的部門來源分配、品級等也有相當高度的相似性，考官多爲四、五品以下的中低級別官吏，考官所在部門大多爲翰林院、兵部和詹事府等。

7、巡綽官

巡綽官是負責考試的安保工作維持考場秩序的官員。在 25 科武殿試中，巡綽官共計 72 名，在嘉慶中期之前，人數基本穩定在 4～5 名，自嘉慶中後期起，巡綽官的人數降至 1～3 名，到同光年間，則未見有巡綽官的記錄。巡綽官的來源是鑾儀衛。鑾儀衛是設置於皇宮的中央機構，其職能是爲皇宮處理禮儀雜務，也負責典禮的安全維護規劃，主要分爲鑾儀使、冠軍使、雲麾

使、治儀使和整儀使五類。清代前期武殿試巡綽官的選派分佈均勻，基本上是每類各出一人，中期之後，主要從鑾儀使和冠軍使中派出，具體的人員分佈如表 3-3-8 所示。

表 3-3-8：清代武殿試巡綽官數量分佈表

合　計	鑾儀使	冠軍使	雲麾使	治儀使	整儀使
72	14	19	16	13	10

資料來源：筆者根據《清代武殿試登科錄》統計整理而得。

8、寫榜官

武殿試寫榜官主要負責對於榜文的謄寫，是唯一不直接參與武進士錄取過程的官員，相對而言武殿試的寫榜官員品級較低，但考官人數並不少，在此統計的 25 科武殿試中，寫榜官共計有 432 人，占所有殿試考官 1942 人的五分之一強。從年代的分佈情況看，寫榜官的數量呈現出自清代中期以來的遞減趨勢，在嘉慶中期之前，人數多為 20～23 人，嘉慶中期之後固定為 13 人。從具體的官員職務上看，內閣中書人數最多，嘉慶中期之前每科有 18 人，嘉慶中期以後改為每科 12 人，共計 376 名，占考官總數的 80% 以上。此外還有內閣侍讀學士 1 人、兵部員外郎 4 人、中書 1 人、筆帖式 20 人、郎中和額外郎中 9 人、主事和額外主事 19 人、兵部司務和京官各 1 人。考官來源的部門分佈相對簡單，是除巡綽官、印卷官外來源部門數最少的考官類型，僅有內閣和兵部兩個部門，以內閣為主，有 377 人，兵部有 65 人。

9、印卷官

印卷官是負責殿試考題印製的官員。25 科武殿試中共有印卷官 135 人，其中每科人數在 4～8 人不等。印卷官和巡綽官一樣都來自同一個部門——兵部，其中兵部員外郎 30 人、兵部郎中 42 人、兵部主事 11 人、額外主事 3 人、兵部筆帖式 49 人，由於印卷官直接與考試的策論相關，雖然武科舉考試不像文科舉考試對內場程文有那麼強烈的依賴性，但是作為最高層次的考試，武殿試內場程文試題編製和保密的重要性同樣不容忽視，因此將所有參與印卷的官員集中於同一個部門，這在一定程度上可以起到降低試題泄露風險、防止舞弊的作用。

10、供給官

供給官負責整個殿試的運行、尤其是各類考官的生活和工作必需品的分配和供應以及各類宴會，如上馬宴和會武宴等。在鄉會試中，供給官多為舉行考試當地的知縣、縣丞、巡檢等官。武殿試的供給官員則主要來自兵部和光祿寺。25 科武殿試的供給官總計有 168 名，在不同皇朝中供給官員人數差異巨大，康熙中期之前供給官人數在 15～16 名之間，乾隆中前期供給官人數有所減少，但一般仍在 9 人以上，自乾隆中期至道光前期，人數降至 5～7 人，道光中期之後進一步降至僅為 1～3 人，同治年間之後一般僅設 1 人。從供給官員的官職分佈來看，有兵部郎中和額外郎中 8 人、兵部主事 18 人、兵部筆帖式 29 人、員外郎 11 人、光祿寺司務 5 人、典簿和額外典簿 11 人、署正 34 人、署丞 9 人、筆帖式 40 人、司庫和庫使 5 人。

三、清代武殿試考官特點

武殿試是武科舉考試的最高一級，經過之前三級武科考試的層層甄選，特別是武會試對於各省武舉人的嚴格考核之後，武殿試所需要面對的武科士子人數並不算很多。從整體上看，武殿試的規模相對較小，不僅無法與武會試相提並論，單從每一科的考官類型設置和人數來看，甚至不如一些省份的武鄉試。然而武殿試由於其自身級別在武科各級考試中最高，因此武殿試考官群體整體呈現出「少而精」的特點，在考官榮譽頭銜、任職情況和來源分佈等諸多方面都體現了這一特點。

（一）職位品級高

武殿試是童鄉會殿四級武科考試的頂點，在所有清代武科考試中級別最高。考試本身的高級別性和皇帝的親自參與，決定了武殿試考官群體的品級也是所有武科舉考官中最高的。武殿試考官種類相對較少，其中主要的考官群體為讀卷大臣、提調官和監試官等，這些考官的品級明顯呈現出以下兩個特點。

首先，在武殿試的考官群體中，擁有高品級官銜的官員人數眾多。在武殿試考官中，不乏擁有太子太保、太子太傅、太子少保等一品榮譽官銜者，如康熙九年太子太保工部尚書內閣大學士加二級李霨、康熙十二年太子太傅都統吏部尚書中和殿大學士加一級圖海、乾隆十三年太子少保協辦大學士十五吏部尚書陳大受、乾隆十六年太子太保大學士兼工部尚書陳世倌、太子少

保戶部尚書世襲一等輕車都尉蔣溥、乾隆十七年太子太保議政大臣領侍衛內大臣武英殿大學士內務府總管兼管兵部事務來寶、道光十六年太子少保大學士管理兵部事務阮元、咸豐二年太子太保管理兵部事務裕誠等。

其次，武殿試的考官整體職務較高。如果以正三品及其以上的級別官員作爲高級官員，在武殿試的讀卷官和提調官中，高級官員的比重非常高，如讀卷官共計 158 人，其中一品的官員人數達到 35 人，占讀卷官總人數的 22.15%，二品和三品官員人數達到了 120 人，占讀卷官總人數的 75.94%，高級官員總計比重高達 98.09%、提調官共計 155 人，所有的考官均在正三品以上，高級官員比重達 100%，其中一品的官員人數爲 12 人，占提調官總人數的 7.74%，二品和三品官員人數爲 143 人，占提調官總人數的 92.26%、巡綽官共有 72 人，其中擁有高級官員職務者 14 人，占巡綽官總體的 19.4%。從考官全體來看，25 科武殿試共計有考官 1942 人，其中擁有高級官員職務者 324 人，占全部考官的 16.68%。

（二）來源相對集中

武殿試作爲最高級別的武科舉考試，不僅對考官的級別要求相較於武鄉會試更高，對考官群體組成的穩定性也有一定的需求。武殿試大多數情況下由皇帝親自主持，如何保證考官群體的相對穩定性進而提升主持和管理選拔的安全性和有效性，是考官選拔時需要考量的一個問題。考官群體的穩定性主要通過選拔考官時的調控來實現。武殿試的考官群體呈現出地域來源和部門來源雙重的集中性。

從地域來源看，清代武殿試的考官大多集中在京城，所任官職也絕大多數爲京官，僅有監試官中存在地方官員，在所有 104 名監試官中，地方官員人數達到了 93 人，占所有監試官群體的 89.42%。除此之外的所有武殿試考官，上至讀卷大臣、提調官下到印卷官、寫榜官等均爲京官。從總體人數上看，25 科武殿試考官共計 1942 名，其中京官 1849 名，占考官總體的 95.41%，地方官員僅爲 93 人，占所有武殿試考官的 4.59%。

從考官任職的部門來源看，武科舉作爲選拔武備人才的一項考試，主要由兵部負責組織和管理，在殿試的考官群體中，除了監試官全部由都察院選派監察御史充任，巡綽官全部由鑾儀衛選派官員充任之外，其它類型考官，大多數集中於兵部，如圖 3-3-2、3-3-3、3-3-4、3-3-5、3-3-6、3-3-7 所示：

圖 3-3-2：
武殿試讀卷大臣部門來源分佈圖

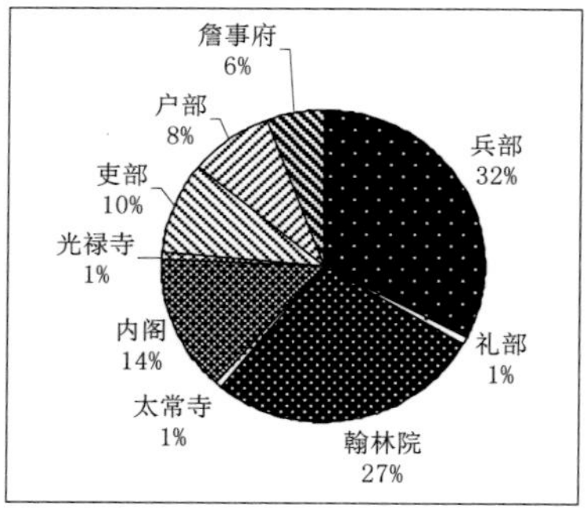

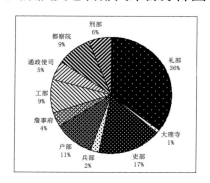

圖 3-3-3：
武殿試提調官部門來源分佈圖

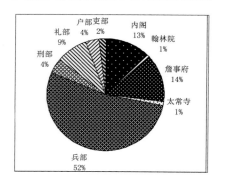

圖 3-3-4：
武殿試受卷官部門來源分佈圖

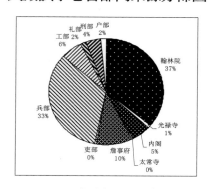

圖 3-3-5：
武殿試彌封官部門來源分佈圖

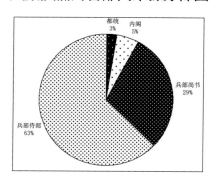

圖 3-3-6：
武殿試掌卷官部門來源分佈圖

圖 3-3-7：
武殿試供給官部門來源分佈圖

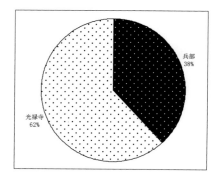

資料來源：筆者根據《清代武殿試登科錄》統計整理而得。

　　從以上統計圖可以看出，除了讀卷大臣兵部官員所佔比重較低、僅占 2%外，其它類型的考官群體中兵部官員的比重都很高，提調官、受卷官、彌封官中兵部官員的比重在各自群體中都是最高，具體而言，92%的武殿試提調官、32%的武殿試受卷官、52%的武殿試彌封官、35%的武殿試掌卷官和 38%武殿試供給官均由來自兵部。從總體上看，所有 1942 名武殿試考官中來自兵部的官員人數達到了 630 人，占考官總體的 32.44%。根據考官在武殿試中地位和重要性的不同，兵部選派了不同的考官參與其中。從表 3-3-8 可以看出，兵部堂官上至尚書、侍郎，下至筆帖式、司務、中書，所有的人員均參與武殿試的考核，並且根據品級的不同分別在殿試中充任不同層級的考試官員。兵部堂官在武殿試中的參與廣泛、級別豐富和人數眾多的特點，也體現出武科舉考試中兵部官員的重要作用和地位。

表 3-3-8：武殿試中兵部堂官人員分佈情況表

職　務	尚書	侍郎	員外郎	主事	郎中	筆帖式	司務	京官	中書
讀卷大臣	3	—	—	—	—	—	—	—	—
提調官	46	98	—	—	—	—	—	—	—
受卷官	—	—	10	23	14	19	3	1	—
彌封官	—	—	13	32	7	19	—	1	—
收掌官	—	—	13	25	18	19	2	—	—
印卷官	—	—	30	14	42	49	—	—	—
寫榜官	—	—	4	19	9	20	1	1	1
供給官	—	—	11	18	8	29	—	—	—

資料來源：筆者根據《清代武殿試登科錄》統計整理而得。

（三）考官數量呈現整體下降態勢

　　從武科舉各個層級的橫向比較來看，武殿試的考官群體在考官總人數和職務中都佔據一定的優勢。清代武科舉考試是一個長期動態的過程，它歷經順治到光緒的十個朝代，舉辦次數超過百餘科次，運行時間超過二百年。在如此長的時間範圍內，武殿試考官群體的數量有何變化？通過對不同朝代 25 科武殿試考官數量的統計可以看出清代武殿試考官數量呈現整體下降態勢（表 3-3-9）。為了更為直觀瞭解考官群體數量變化趨勢，根據表 3-3-9 製成折

線圖 3-3-8。

表 3-3-9：清代不同皇朝武會、殿試考官人員情況表

朝　　代	武殿試平均考官人數	武會試平均考官人數
康熙朝	123.5	87.6
乾隆朝	93.5	101.2
嘉慶朝	60.5	90
道光朝	51.4	89.2
咸豐朝	51	90
同治朝	51	89
光緒朝	47.6	91.5

資料來源：筆者根據《清代武進士登科錄》相關內容統計整理而得。

圖 3-3-8：清代不同皇朝武會、殿試考官人員情況圖

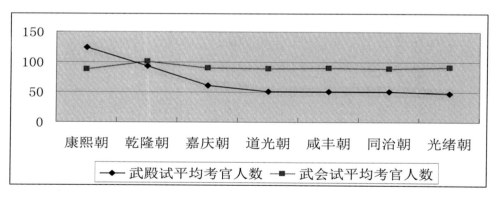

資料來源：同表 3-3-9。

　　從圖表可以看出，相較於武會試考官群體整體人數基本穩定在 90～100
人之間，武殿試考官群體人數從乾隆朝開始呈現出明顯的下降態勢，從康熙
年間每科 120 人左右，降至道光朝之後每科 50 人左右，降幅達 58.31%。武殿
試考官人數出現下降趨勢，一方面與內場考試內容減少有關，乾隆三十六年
曾認為殿試中內場負責試卷的官員如收掌官、受卷官、彌封官等，每項派至
十人或十餘人，殊覺過多。因此降低了這些考官的人數、另一方面，巡綽官
和供給官人數的降低成為考官整體數量減少的重要因素，其中巡綽官在嘉慶

之前每科設置 5 人，到道光朝之後每科僅有 1 名，供給官也從康乾時期的 15 名以上銳減至道光年間的 1～3 名，巡綽官和供給官作爲負責考場紀律整肅和物資供應的官員，其人數的降低也反映出武殿試在清晚期的衰頹之勢。

第四節　清代武科舉考官的防弊

在「官本位」的清代，作爲民間士子步入仕途的重要途徑，科舉制度無疑有著極大的吸引力，不少士子爲了能夠順利通過考試，採用各種舞弊手段，由此滋生很多弊端，而科舉製作爲一項以公正、公平、公開爲基本原則的取士制度，要做到考試過程的相對公平，就必須採取相應的舉措來防止舞弊行爲的出現，其中有效的一條是對考試參與人員行爲進行規範，而由於考官在取士過程中佔據重要地位，發揮著極大作用，因此針對武科舉考試的考官群體制定各種防弊規定，就顯得尤爲重要。對於武科舉中考官的科場防弊，主要有以下幾個方面的內容：

一、考官的迴避

武科舉在防止考官的作弊方面，最主要的一點是考察武科舉考官的籍貫和家庭的情況，並有針對性地限制其主持考試時出現本家族或者本省內武科士子的情況，將家庭和籍貫作爲任命武科舉考官的一個重要約束手段。這種做法符合中國的具體國情，因爲中國是一個人情社會，家族和親緣關係相當牢固，甚至同鄉同省的情誼也會在很多場合產生強烈的影響〔註39〕。這種牢固的感情和鄉情在科舉考試中容易產生一些弊病，包括出現「科甲朋黨」或者取士過程中爲了照顧親情和鄉情而不秉公校閱，這也是長久以來對科舉考試公平公正性衝擊的諸多力量中最不可忽視的力量之一。爲了防止這種現象的出現，早在唐、宋、元、明時期，就開始出現科舉考官的迴避制度，到清代這種迴避制度的規定更爲嚴格。在武科舉考試中，與內外簾官員有親緣或者地緣關係的應試舉子，或者與應試舉子有著親緣或者地緣關係的官員都要在科考中儘量迴避，以免出現錄取不公的現象。武科舉考官的迴避主要包括親屬迴避和籍貫迴避兩大類。

首先是親屬迴避。爲了防止考官因自身或者同僚親屬參與科舉考試而導致舞弊現象，對武科舉的考官及其同僚提出了姻親迴避的規定，主要有以下

〔註39〕姜傳松，清代江西鄉試研究〔M〕，武漢：華中師範大學出版社，2006：138。

三類情況：

其一是有親屬參加考試的官員不能獲得出任鄉會試主考、同考和監試官的資格。嘉慶五年九月軍機大臣就考官問題會同兵部議奏：「開列武鄉會試主考、同考官及監試御史、提調、收掌等官時，各處應送人員，如有本族及有服姻親考試者，即自行呈明不必開送。」〔註40〕送交審核備選的考試官員「均於文內聲明並無應行迴避之人，始列入本內。」〔註41〕如果出現因為考官本人沒有自行呈明卻經皇帝欽點入場主持考試，最終出現本「應行迴避之人因而中式者」的情況，則「照例將本官革職，該生褫革。」〔註42〕

其二是對武鄉會試的部分考試官員規定限制參加武科舉考試的親屬範圍。在武會試和順天武鄉試中「內場主考、監試、知武舉、提調、收掌等官及場內辦理供給之順天府治中、通判，其子弟姻親俱令迴避。」〔註43〕在具體的親屬限制範圍劃分上，也有較詳盡的規定，除了「官員子弟及同族分派遠散，居各省各府籍貫迴異者」毋庸迴避之外，其餘雖分居外省、外府，但「在五服以內及服制雖遠聚族而處之各本族」均在迴避人員之列。不僅如此，迴避的範圍還由直系親屬擴大到母系姻親，規定「外祖父、翁、婿、甥、舅，妻之祖、妻之嫡兄弟、妻嫡姊妹之夫、妻之胞侄、嫡姊妹之夫、嫡姑之夫、嫡姑之子、舅之子、母姨之子、女之子、孫女之夫」〔註44〕也同樣需要遵守迴避原則，甚至「本身兒女姻親」也不可以參加。但由於武科考試的特殊性，士子應試年齡相對較小，最後一條在實際考試中影響相對較小。值得注意的是，以上對於考官的姻親迴避要求並非針對所有參與武鄉會試的考官，主要是針對主考、監試、提調、同考等官員。之所以劃定這些考官，是因為他們「均有承辦試卷之責」〔註45〕，如果允許其子弟姻族入場應試，容

〔註40〕（清）景清等：《欽定武場條例》四庫未收書輯刊玖輯玖冊，北京出版社，2000版，9-367。

〔註41〕（清）景清等：《欽定武場條例》四庫未收書輯刊玖輯玖冊，北京出版社，2000版，9-367。

〔註42〕（清）景清等：《欽定武場條例》四庫未收書輯刊玖輯玖冊，北京出版社，2000版，9-367。

〔註43〕（清）景清等：《欽定武場條例》四庫未收書輯刊玖輯玖冊，北京出版社，2000版，9-368。

〔註44〕（清）景清等：《欽定武場條例》四庫未收書輯刊玖輯玖冊，北京出版社，2000版，9-368。

〔註45〕（清）景清等：《欽定武場條例》四庫未收書輯刊玖輯玖冊，北京出版社，2000版，9-368。

易出現「字句舛錯而代爲改竄、甚至代人傳遞」〔註46〕等關照之事。而對於非主持考試的官員則沒有要求，如「兩翼副都統、參領、章京等官及順天府所委巡綽等官之子弟姻親俱不迴避。」〔註47〕巡綽官屬於考場秩序保障的官員，因爲其工作職責不直接涉及考生的成績評定和管理，故允許其子弟姻親參加考試，此舉屬於一種儘量降低科場迴避章程給考官親屬帶來負面影響的辦法之一。

其三是對各省官員子弟參加武科舉作出限制。清代早期規定較爲嚴格，康熙五十一年（1713 年）御史段曦就上奏表示各省武鄉試起送兵丁參加考試時「務查果係兵丁實在行間効力之人會同文職官員公同出具印結保送」，「各省武闈凡本省文武官員子弟不准頂食兵糧入場考試」，〔註48〕如果出現「現任本省官員子弟臨期頂食兵糧冒濫入場」的現象，則將「入場中式者察出」、「保送出結官會同吏部照例議處。」〔註49〕奏議得到康熙帝批准並遵照施行。到清中期乾隆年間，規定有些鬆動，「籍隸他省官員隨任子弟，概不准就現任本省應試，並不准其入伍食糧有占該省兵額」，而對「籍隸本省員弁游擊都司係五百里以外」者和「籍隸本省的守備係隔府別營」〔註50〕者，允許其弟子「令各歸本縣」應試。

其次是籍貫迴避。主要指參與武科舉鄉試的考官，其籍貫應當在自己所參加的武鄉試所在省份之外。在文科鄉試中，要求主考官迴避本省，同考官也要嚴格遵循地區迴避政策。〔註51〕而在武科鄉試中，不僅負責內簾的主考官和同考官需要遵守不能回歸本省主持考試的規定，對於其它一些考官，如統領武鄉試考務的監臨官、主要負責外簾考務的監試官和提調官等，均同樣需要執行嚴格的地區迴避政策。武鄉試考官的地區迴避情況從表 3-4-1 中，清

〔註46〕　（清）景清等：《欽定武場條例》四庫未收書輯刊玖輯玖冊，北京出版社，2000 版，9-368。

〔註47〕　（清）景清等：《欽定武場條例》四庫未收書輯刊玖輯玖冊，北京出版社，2000 版，9-368。

〔註48〕　（清）景清等：《欽定武場條例》四庫未收書輯刊玖輯玖冊，北京出版社，2000 版，9-368。

〔註49〕　（清）景清等：《欽定武場條例》四庫未收書輯刊玖輯玖冊，北京出版社，2000 版，9-368。

〔註50〕　（清）景清等：《欽定武場條例》四庫未收書輯刊玖輯玖冊，北京出版社，2000 版，9-368。

〔註51〕　郗鵬，試論清代前期科舉迴避制度〔J〕，南開學報哲社版，2004（3）：31～36。

代十一個省份的武科舉鄉試考官之籍貫可見一斑。

表 3-4-1：清代十一省武鄉試考官籍貫詳情表

考官類別 科目省份		監臨、主考官 姓名	籍貫	同考官 姓名	籍貫	提調官 姓名	籍貫	監試官 姓名	籍貫
江西	同治九年	劉坤一	湖南	普承	雲南新平	文輝	滿洲正藍旗	王必達	廣西臨桂
						喬廷櫆	山西徐溝	王之	安徽鳳陽
浙江	光緒二十年	廖壽車	江蘇嘉定	曾清遠	湖南桂陽	惠年	滿洲正藍旗	桂榮	江西臨川
						丁彥	雲南鶴慶		
雲南	光緒二十年	譚鈞培	貴州鎮遠	張鳳鳴	河南西平	岑毓寶	廣西西林	普津	滿洲鑲白旗
						英奎	滿洲正藍旗		
						李肇錫	山東諸城		
四川	同治三年	駱秉章	廣東花縣	—	—	鍾峻	浙江海寧	尹國珍	漢軍鑲紅旗
		崇實	滿洲鑲黃旗						
陝甘	雍正二年	傅德	滿洲鑲藍旗	熊學烈	江西南昌	彭振翼	正白旗漢軍	王玨	滿洲鑲白旗
				馮念祖	浙江錢塘				
				張仕渾	湖廣黃州				
				趙繼抃	江南休寧				
湖南	同治九年	劉琨	雲南景東	—	—	王文韶	浙江仁和	李廷樟	廣西陸川
湖北	同治六年	朱洪章	貴州開泰			謝廷榮	四川內江	朱候	安徽涇縣
福建	同治九年	英桂	滿洲正藍旗	文煜	滿洲正藍旗	潘霨	江蘇吳縣	傅觀海	直隸盧龍
		王凱泰	江蘇寶應			葉永元	廣東南雄州	裕寬	滿洲正白旗
廣東	乾隆三十三年	李侍堯	正藍旗漢軍	—	—	歐陽永裲	廣西馬平	富勒渾	滿洲正藍旗
		鍾音	鑲藍旗滿洲	—	—	李緒	順天宛平	富松	滿洲鑲白旗

廣西	道光十九年	梁章鉅	福建長樂	薛　陞	貴州畢節	郭文匯	江西新建	達薩布	蒙古鑲藍旗
						林　紱	福建候官		
						許惇書	浙江仁和縣		
江南	雍正七年	彭維新	湖南長沙			劉宋鑌	鑲紅旗人漢軍	高　淳	山西朔平
		栢之蕃	漢封正黃旗					李如蘭	山西太原
								包　括	浙江杭州

資料來源：筆者根據《道光十九年廣西武鄉試錄》相關內容統計整理而得。

　　由上表可以看出，在清代各個直省的武鄉試中，所有監臨官、主考官和同考官、提調官等考務官員，除了部分由滿洲和蒙古人員擔任外，其餘均由其它省份人員充任，可見對於考官籍貫的地域迴避管理相對嚴格。除各省武鄉試外，還有一個地位較為特殊的武鄉試，即地處京畿重地的順天武鄉試。從乾隆三十五年（1770 年）起，對武鄉試主考官和同考官作出一項特殊規定：「順天武鄉試內場，於開列主考官及同考官名單內，將直隸人員扣除。」〔註52〕為更直觀的瞭解這一規定，將清代順天武鄉試主、副考官的籍貫情況列表 3-4-2。由於直隸在清代一直是武科舉大省，士子的整體水平較高，從地理位置上看，直隸環繞在順天周圍，因此，負責順天武鄉試的主考官籍貫排除直隸能夠在一定程度上降低直隸士子因地緣關係而獲得特殊照顧的可能性。

表 3-4-2：清代順天武鄉試主、副考官籍貫詳情表

年　份	科　目	主　考　官		副　主　考	
		姓　名	籍　貫	姓　名	籍　貫
1663 年	康熙二年	蕭惟豫	山東德州	張貞生	江西廬陵
1672 年	康熙十一年	孫在豐	浙江德清	李天馥	河南永城
1675 年	康熙十四年	周之麟	貴州貴陽	葉方藹	江蘇崑山
1678 年	康熙十七年	王士正	山東新城	韓　菼	江蘇蘇州
1681 年	康熙二十年	董　訥	山東平原	王頊齡	江蘇華亭

〔註52〕（清）昆岡，欽定大清會典事例，卷七百十八〔M〕，臺北：新文豐書局，1976：14381。

1684 年	康熙二十三年	李元振	河南拓城	嚴繩孫	江蘇無錫
1693 年	康熙三十二年	張榕端	河南磁州	陸葇	浙江平湖
1696 年	康熙三十五年	許汝霖	浙江海寧	張希良	安徽黃安
1699 年	康熙三十八年	汪灝	山東臨清	查嗣韓	浙江海寧
1702 年	康熙四十一年	胡任興	江蘇上元	海寶	奉天琿春
1705 年	康熙四十四年	楊瑄	江蘇華亭	趙申季	江蘇武進
1708 年	康熙四十七年	季愈	江蘇揚州	錢名世	江蘇武進
1711 年	康熙五十年	吳廷楨	江蘇長洲	陳世倌	浙江海寧
1713 年	康熙五十二年	阿珥賽	滿洲	車鼎晉	湖南邵陽
1714 年	康熙五十三年	阿珥賽	滿洲	馬豫	江蘇嘉定
1717 年	康熙五十六年	周彝	江蘇婁縣	張漢	雲南石屏
1720 年	康熙五十九年	蔣漣	江蘇蘇州	海寶	奉天琿春
1723 年	雍正元年	文岱	滿洲	徐葆光	江蘇蘇州
1724 年	雍正二年	史貽直	江蘇溧陽	胡煦	河南光山
1726 年	雍正四年	張廷璐	安徽桐城	鞏建豐	甘肅伏羌
1729 年	雍正七年	胡煦	河南光山	魯國華	浙江會稽
1732 年	雍正十年	孫嘉淦	山西興縣	張若涵	安徽桐城
1736 年	乾隆元年	楊炳	福建泉州	昌齡	滿洲
1738 年	乾隆三年	梁詩正	浙江杭州	陳倓	江蘇儀徵
1741 年	乾隆六年	汪由敦	安徽休寧	秦蕙田	江蘇金匱
1744 年	乾隆九年	呂熾	廣西臨桂	德寶	滿洲
1747 年	乾隆十二年	齊召南	浙江天台	陳桂洲	福建南安
1750 年	乾隆十五年	嵩壽	正黃旗滿洲	陳大暉	江蘇溧陽
1752 年	乾隆十七年	觀保	滿洲	陳兆崙	浙江杭州
1756 年	乾隆二十一年	徐以烜	浙江錢塘	溫敏	滿洲
1757 年	乾隆二十四年	張泰開	江蘇金匱	秦大士	江蘇江寧
1760 年	乾隆二十五年	孫灝	浙江杭州	盧明楷	江西寧都
1761 年	乾隆二十七年	史貽謨	江蘇溧陽	饒學曙	江西廣昌
1764 年	乾隆三十年	張曾敏	安徽桐城	趙翼	江蘇常州
1766 年	乾隆三十三年	褚廷璋	江蘇蘇州	盧玨	不詳

1771 年	乾隆三十六年	博通阿	滿洲	彭　冠	河南夏邑
1772 年	乾隆三十九年	鄒奕孝	江蘇無錫	白　麟	不詳
1775 年	乾隆四十二年	徐光文	浙江遂昌	劉　湄	山東清平
1784 年	乾隆四十八年	童鳳三	浙江紹興	馬啓泰	陝西涇陽
1787 年	乾隆五十一年	全　魁	滿洲鑲白旗	戴均元	江西大餘
1789 年	乾隆五十四年	平　恕	滿洲正藍旗	朱　攸	山東歷城
1793 年	乾隆五十九年	羅國寯	不詳	劉鐶之	山東諸城
1796 年	嘉慶元年	吳樹本	江蘇揚州	陳崇本	河南商丘
1799 年	嘉慶三年	英　和	滿洲正白旗	劉鐶之	山東諸城
1801 年	嘉慶五年	亮　保	滿洲正白旗	趙未彤	山東煙臺
1805 年	嘉慶九年	王宗誠	安徽青陽	桂　芳	滿洲鑲藍旗
1808 年	嘉慶十一年	常　英	滿洲	趙未彤	山東煙臺
1809 年	嘉慶十三年	吳　璥	浙江錢塘	邵　洪	浙江餘姚
1817 年	嘉慶二十一年	朱　理	安徽寧國	桂　齡	滿洲
1819 年	嘉慶二十三年	吳芳培	安徽涇縣	毛　謨	浙江歸安
1820 年	嘉慶二十四年	帥承瀛	湖北黃梅	方　振	安徽巢湖
1822 年	道光元年	王以衒	浙江歸安	賈允升	山東黃縣
1823 年	道光二年	程國仁	河南商城	史致儼	江蘇江都
1826 年	道光五年	王引之	江蘇高郵	潘錫恩	安徽涇縣
1829 年	道光八年	潘世恩	安徽歙縣	龔守正	浙江仁和
1832 年	道光十一年	王引之	江蘇高郵	戴宗沅	安徽來安
1833 年	道光十四年	桂　齡	滿洲	龔　鏜	江蘇陽湖
1835 年	道光十五年	程恩澤	安徽歙縣	周祖培	安徽金寨
1836 年	道光十七年	吳文鎔	江蘇儀徵	祝慶蕃	河南固始
1838 年	道光十九年	王瑋慶	山東諸城	王炳瀛	四川安嶽
1841 年	道光二十年	祝慶蕃	河南固始	陳憲曾	浙江錢塘
1844 年	道光二十三年	周祖培	安徽金寨	黃　琮	福建莆田
1845 年	道光二十四年	羅文寯	不詳	陳憲曾	浙江錢塘
1847 年	道光二十六年	溫葆淳	江蘇上元	葉覲儀	江蘇六合
1850 年	道光二十九年	何裕承	浙江紹興	朱　蘭	浙江餘姚

1852 年	咸豐元年	曾國藩	湖南長沙	沈兆霖	浙江錢塘
1853 年	咸豐二年	羅惇衍	廣東順德	宋 晉	江蘇溧陽
1856 年	咸豐五年	朱鳳標	浙江蕭山	李清鳳	江蘇新陽
1859 年	咸豐八年	劉 昆	雲南景東	畢道遠	山東淄博
1860 年	咸豐九年	宋 晉	江蘇溧陽	許彭壽	浙江錢塘
1862 年	咸豐十一年	朱鳳標	浙江蕭山	許彭壽	浙江錢塘
1868 年	同治六年	毛昶熙	河南懷慶	畢道遠	山東淄博
1871 年	同治八年	龐鍾璐	江蘇常熟	潘祖蔭	江蘇蘇州
1874 年	同治十二年	唐壬森	浙江蘭溪	周壽昌	湖南長沙
1876 年	光緒元年	翁同龢	江蘇常熟	王之翰	山東濰縣
1880 年	光緒五年	張家驤	浙江鄞縣	周德潤	廣西臨桂
1883 年	光緒八年	邵亨豫	江蘇常熟	薛弁升	江蘇崑山
1886 年	光緒十一年	祁世長	山西壽陽	孫詒經	浙江錢塘
1889 年	光緒十四年	徐 桐	漢軍正藍旗	徐樹銘	湖南長沙
1890 年	光緒十五年	徐 郙	江蘇嘉定	徐會灃	山東諸城
1892 年	光緒十七年	周德潤	廣西臨桂	朱 琛	安徽涇縣
1894 年	光緒二十年	李端棻	貴州貴築	秦綬章	江蘇嘉定
1898 年	光緒二十三年	徐會灃	山東諸城	李殿林	山西大同

資料來源：筆者根據《清代職官年表》、《清實錄科舉史料彙編》等資料整理而得。

　　由此可見，對於考官的迴避問題，清代所有武鄉試中的規定都非常嚴密，無論順天還是各個直省，都嚴格遵照執行。而在武會試中，由於武會試是全國各省的武舉人一同應試，因此無法像武鄉試一樣作出嚴格的考官籍貫迴避制度，但仍參照文科會試，保留了「本省人不看本省卷」〔註53〕的慣例。誠然，清代武科舉中的迴避制度過於嚴格，也會造成一些考官因參加鄉試考核而使自己的親屬無法參與考試，對於這些士子來說並不公平，但卻使得武科舉考試的公平性得以提升。從這些身為考官親屬的習武士子的角度看，這樣的規定固然阻塞了其入仕途徑，使其難以完成個人抱負和實現人生價值。但

〔註53〕　（清）昆岡，欽定大清會典事例，卷七百十八〔M〕，臺北：新文豐書局，
　　　　　1976：14381。

是在整個清代科場對於公正公平不斷追求歷程中，這些人就如同為科舉考試贏得更公平的環境之有力籌碼，他們的奉獻或者犧牲，儘管在很大程度上並非出自其本意，但客觀上取得的效果和具備的歷史意義卻值得肯定。

二、考官的約束

　　考官的迴避規定是在武科舉運行前的防弊舉措。在考官確定之後，對於考官及其隨從吏員的約束也有著比較詳盡的規定，這些規定又可以細分為外在約束與內在約束兩種。

　　首先是對考官的外在約束。主要指通過諸多規定約束考官行為，客觀上使其避免泄露考試信息和發生考試舞弊行為。外在約束主要包括以下幾個方面的內容：

　　第一是對武科舉考官本身進行約束。符合條件的官員在得到任命之後，雖然有不得事先宣佈通過考差的各省內外簾工作崗位和人物情況的規定，但由於科考關係重大而考官在取士中又起到舉足輕重的作用，被任命的考官會不可避免地成為各方試圖作弊者的渴望結交的對象。對這些考官從「待人接物」上進行嚴格控制就顯得十分必要。

　　所謂的「待人」是指考官和其它非考務人員的接觸。在考官確定工作職責後，要盡量隔絕他們與外界的聯繫，尤其是避免接觸到參加考試的士子。其中關鍵一點在於考官的住宿安排，清代前期對於出任武科舉考官的官員住宿並無明確規定，乾隆七年（1742 年）十一月甲申御史薛澄就曾指出其弊端所在，表示「外場考官應行關防也。凡武鄉會試，首重外場，乃向來惟內簾考官嚴行關防，而外簾考官謝恩後各回私家，次日始行赴闈，兼有衙門畫題事件，不惟酬應紛繁，於考校之事未能從容，且恐啓夤緣請託之弊。」〔註54〕為了使考官能夠處於更嚴密的監視和管束之下、杜絕因為考官歸私宅而出現和士子協商暗通關節的現象，乾隆四十年（1775 年）覆准兵部供役人等具交提調官嚴格管束〔註55〕，乾隆四十八年（1782 年）起清廷又採納御史李廷欽的建議，對考官的住宿情況提出特殊要求，「武會試監射大臣及兵部堂官宣旨後，即不准歸私宅」，不僅如此，還不准在外闈附近武舉之處居住。為了考官能夠處於遠離士子的位置而不容易被打擾，要求考官「俱於城內距外圍稍遠

〔註54〕王澈，乾隆朝武科史料選編〔J〕，歷史檔案，1995，（4）：26～30。
〔註55〕（清）昆岡，欽定大清會典事例，卷七百十八〔M〕，臺北：新文豐書局，1976：14381。

之處住宿」，並且將這一規定試用範圍擴展到武鄉試，除了對考官居住條件作出規定外，還嚴禁考官的幕友子弟等出入往來。如果出現士子私通關節等事，即由該督撫嚴參究辦。

所謂「接物」是指考官接受各種場外對象。為防止有人利用考官請家人取物品而進行賄賂的行為，乾隆四十年（1775 年）規定，順天及各省鄉試考官入場後，凡衣服等物未能攜帶完全，允許在規定時間「補行家取」，但「舉子進場後，不得仍向家中索取什物，並令巡察各官，遇有考試官自家中送到什物，即全行駁回，不准放進」〔註56〕。通過限制考官接收物品來起到防止考官家人私遞關節條子的現象。

無論限制考官接觸人員，還是禁止考官接受物品，都是對武科舉考官行為的嚴格限制。這種限制雖然給考官帶來生活上的諸多不便，卻是杜絕交通賄賣之弊所必須採取的舉措，從另一個角度來看，無論是主持武鄉試或者武會試，每一科的考官數量相對有限，因此目標十分明顯〔註57〕，很容易成為各色人等交通賄買的對象，而清代對於科場違紀的處罰十分嚴厲，輕則官丟，重則身隕，這種對考官的限制在某種意義上也是對其實施的一種有效保護舉措。

第二是對考官隨從人員的約束。要使對考官的約束產生效力，僅僅將關注點放在監試御史、主考官等考官身上是不夠的，這些官員很少獨自一人參與科考，絕大多數都會有一些輔佐的吏員和跟役等隨從人員，而這些人員正是科場舞弊的人群。為防止這些人員成為溝通考生和考官的橋梁，需要對其嚴加約束。在跟役和吏員數量控制方面，由於隨從眾多，容易出現一些問題，乾隆四十年（1775 年），規定監射大臣勿得隨帶多人，「各闈籤冊俱係大臣等自行登記，毋庸假手官員，不得隨帶官員，隨帶跟役概不得過四名。兵部供役人等俱交提調嚴行管束。」〔註58〕在受卷、彌封二所書手、皂役安排方面，由於「武會試人數較文場甚少，受卷彌封二所經辦之事亦簡」，僅需數人而已，卻設置三十名書手專司繕寫，由於人員「閒冗既多」，導致弊端滋起，因此乾隆十六年（1751 年）採納兵部侍郎裘曰修的建議改為「受卷所酌留書手四名，

〔註56〕 沈雲龍主編，欽定科場條例，卷二七，考官士子關防〔M〕，文海出版社，1973：
1939～1940。

〔註57〕 姜傳松，清代江西鄉試研究〔M〕，武漢：華中師範大學出版社，2006：138。

〔註58〕 （清）景清等：《欽定武場條例》四庫未收書輯刊玖輯玖冊，北京出版社，
2000 版，9-355。

彌封所稍繁酌留書手六名，其餘二十名裁去。」同時這兩所各添設皂役四名以應對「啓閉彈壓之事。」〔註 59〕在跟役和吏員進入考場方面，爲避免其串通參加考試的武士子進行舞弊活動，「武鄉會試入闈官員之跟役及執事人等，入場時概行嚴加搜檢。」如果出現「串通士子代爲懷挾情弊」則教送「該管衙門從重治罪」，同時還追究考官本人的連帶責任「官照失察家人犯贓例議處。」〔註 60〕在出考場方面，起初並無明確規定，執事人員所帶吏胥，向於受卷、彌封之後就可以放出。到乾隆三十一年（1766 年）採納兵部左侍郎蔣棅的建議，吏員不得先期出場，需要等到榜發之後，才能逐名點放，以此杜絕與考場外士子互相交流、串通作弊的現象。

　　通過以上敘述的住宿地點、禁止入闈後傳送物品、限制跟役和吏員人數及行爲等外在約束舉措，使考官能夠處在一個相對純淨、比較少受到舞弊之風污染的環境之中進行士子的選拔工作，爲營造公平、公開、公正的選拔環境提供了客觀的政策保障。

　　其次是對考官的內在約束。內在約束主要是指對考官在主持考試過程中取士態度的控制，通過對濫用職權隨意選拔士子導致取士質量堪憂的考官進行相應的懲處，來督促考官取士時用心校閱。外在約束僅爲武科舉考官拔取眞才提供了一個基礎條件，能否眞正夠抵禦各種舞弊現象的侵襲拔取眞才，則需要依靠考官內心的抉擇。在各個級別武科舉考試中用以督促考官取士行爲的內在約束主要包括以下幾個方面。

　　第一是對武童試考官的約束，雍正十一年（1733 年）曾下令「府州縣官考試武童，倘不悉心校閱濫行錄送」以至於如果再武童試中出現弓馬平庸、文理不通之人混入內場，越號、換卷、傳遞、代筆、賄囑、倩代的行爲，或者府、州、縣考試時考官希望廣收博取市寬大之名，無論騎射優劣悉行錄送，導致技藝不堪漢仗猥項之輩混入內場的情況，都由學政題參議處。學政在閱外場時尤當加意選擇，如果將平常懦弱之人，濫列好字號入場取中，亦著督撫查參。雖然有此規定，武童考試中考官不悉心校閱、放鬆管理的現象仍時有發生，如嘉慶二十二年（1817 年）謝階樹上奏「湖南省考試武童，經該學政查出重名者，寶慶、永州二府屬各有一千數百餘名之多、桂陽、郴州、衡

〔註 59〕（清）景清等：《欽定武場條例》四庫未收書輯刊玖輯玖冊，北京出版社，2000 版，9-355。

〔註 60〕（清）景清等：《欽定武場條例》四庫未收書輯刊玖輯玖冊，北京出版社，2000 版，9-355。

州所屬，每縣亦各有數百名。此外冒考者竟有僧人、屠戶、皂役、腳夫等項雜流之人，並匿喪頂替各弊，不一而足。」〔註61〕皇帝閱奏後震怒，「傳旨嚴行申飭。該撫即會同該學政實力整頓。其查出冒考、匿喪一干人犯，均提案審明，照例分別治罪並通飭所屬，嗣後考試武童，務嚴行甄別，如有仍前作奸犯科者隨時懲辦，以除積弊。」〔註62〕道光年間針對武童試中因為應考人數，動輒以技藝羸弱之人取充學額的現象，專門下詔要求「取士必嚴初進」，令各省武童試考官「考試武童宜慎重遴選、嚴加選擇，如人數不敷即行缺額，毋得濫竽充數。」〔註63〕

　　第二是對武鄉試考官的約束。在武鄉試中規定「考試另編好字號，並分別雙單另入內場，再考試文藝比較取中。」〔註64〕通過對外場不同成績士子的區別編號，督促考官將人材壯健、技勇兼優者選拔入內場，杜冒濫進諸項弊端，完成選俊儲材的任務。如果武鄉試考官不悉心校閱，將弓馬平庸、文理粗通之人，濫列好字號使之混入內場，出現「赴號換卷，傳遞代筆，賄囑代倩」〔註65〕等作弊行為，則將考官黜革議處。在清代武鄉試中確實存在一些因武鄉試考官主觀因素而出現的舞弊事件，這些考官受到了較為嚴重的懲罰。如乾隆四十五年（1780 年）山西武鄉試中，武生劉際昌等賄賂監鼓官捏報中箭數量，乾隆帝傳諭對山西巡撫嚴切審究後獲得賄囑確情：「參將德成監視箭靶，漫不經心，使擂鼓兵丁受賄舞弊卻又無覺察」，責令嚴加議處，此外失察之提調、監試道員費淳、方應清，參將韓正國著一併被議處，同時督促各省督撫等嗣後辦理武闈事宜時務須留心查察，不得存姑息了事。除了在武鄉試中約束考官取士行為外，在更高一級的武會試中，還通過對武舉的考核來判斷武鄉試考官是否盡力拔取人才，如雍正七年（1729 年）議准，舉行武會試時。如各省所送武舉弓馬人材皆不堪者，將「鄉試取中之監試各官，照

〔註61〕林鐵鈞本卷編寫：中國人民大學清史研究所編，清史編年（第 7 卷）嘉慶朝〔M〕，北京：中國人民大學出版社，2000：784。

〔註62〕林鐵鈞本卷編寫：中國人民大學清史研究所編，清史編年（第 7 卷）嘉慶朝〔M〕，北京：中國人民大學出版社，2000：785。

〔註63〕（清）景清等：《欽定武場條例》四庫未收書輯刊玖輯玖冊，北京出版社，2000 版，9-356。

〔註64〕清高宗敕，清朝通志，卷七十二，選舉一〔M〕，臺北：臺灣商務書局，1987：7181。

〔註65〕清高宗敕，清朝通志，卷七十二，選舉一〔M〕，臺北：臺灣商務書局，1987：7181。

文場例處分」〔註66〕。

　　第三是對武會試考官的約束。通過在殿試之前安排測試可以考察武會試考官是否用心校閱，對於會試中技藝不佳的士子，追究會試考官的責任。康熙四十年（1701 年）規定「殿試之前將六部滿漢堂官開列，奏請欽點二三員，傳集中式武舉，按照會試原冊弓刀石斤重號數，令其逐一演試，如有前後參差者，即行參奏，原挑之監射大臣，交部議處。」〔註67〕乾隆四十年（1775 年）規定「中式武舉殿試前奏派大臣按會試原冊，所填弓刀石斤重號數，令該武舉逐一演試，有前後參差者，照文會試磨勘處分，並將原挑之監射大臣議處。」〔註68〕除武殿試前安排的測試外，在武殿試舉行過程中，如果出現士子開弓違式技藝平常的現象，則將武會試「原闈監射、較射大臣議處，覆試王大臣察議。」〔註69〕如嘉慶十年（1805 年）武殿試時「湖南省武舉諶思棠，廣東省武舉鄧天保二名，照所注弓力試看，俱不能開。」皇帝認爲「武會試掄才大典，監試覆試均應認眞校閱，其技藝平常者，豈應濫行與選？此技藝庸劣，前此會試及覆試時如何閱看？殊屬草率。」因此做出嚴屬的懲罰措施，下令將「初次派令覆試」的二阿哥由軍機大臣「面行傳旨申飭」，〔註70〕將其餘武會試考官中校看武舉諶思棠和鄧天保的「莊親王綿課、尙書明亮、尙書鄒炳泰」以及派出覆試的「成親王、定親王綿恩、協辦大學士費淳、尙書長麟」等人，交與「宗人府、吏部、都察院分別察議」，〔註71〕並從此規定「嗣後武會試覆試派出之王大臣若不認眞校看」〔註72〕則一併交部議處。到咸豐九年（1859 年）又作出補充規定「自庚申恩科爲始，將較射大臣

〔註66〕　（清）昆岡，欽定大清會典事例，卷七百十八〔M〕，臺北：新文豐書局，1976：14278。

〔註67〕　清高宗敕，清朝通典，卷十九，選舉二〔M〕，臺北：臺灣商務書局，1987：2137。

〔註68〕　清高宗敕，清朝通志，卷七十二，選舉一〔M〕，臺北：臺灣商務書局，1987：7182。

〔註69〕　（清）景清等：《欽定武場條例》四庫未收書輯刊玖輯玖冊，北京出版社，2000 版，9-368。

〔註70〕　（清）景清等：《欽定武場條例》四庫未收書輯刊玖輯玖冊，北京出版社，2000 版，9-336。

〔註71〕　（清）景清等：《欽定武場條例》四庫未收書輯刊玖輯玖冊，北京出版社，2000 版，9-336。

〔註72〕　（清）景清等：《欽定武場條例》四庫未收書輯刊玖輯玖冊，北京出版社，2000 版，9-338。

處分添入武場條例」。〔註73〕

綜上所述，武科舉中對於考官的內在約束，主要是通過制定各種懲罰辦法，對主持各級武科舉考試的考官因不認真考核導致取士質量不高、為廣收博取寬大之名而濫行保送、對科場內舞弊行為聽之任之等諸多行為進行監管。對考官的內在和外在約束，就如同事件的內因與外因一樣，外因的控制能夠為考官防弊提供客觀環境基礎，而內因的督促可以有效增強考官取士的責任心，真正做到考試的客觀公正。

三、考場環境和取士過程中的防弊

除了針對考官的迴避、內在外在約束等防弊舉措外，在武科舉考試中，還包括考場環境和錄取過程中針對考官的各項防弊舉措。

第一是考場環境的防弊舉措。在武科舉考試中，最重要的考試環境莫過於科舉考試的專用考場——貢院，貢院又稱貢闈、貢場、闈場，是科舉考試最為有形的一種體現。在文科舉中，它是進行鄉會試考試唯一的場所，在武科舉中，它是進行內場考核的重要場所。清代科舉考試大約三年舉行一次，平時貢院處於停用狀態，由於風雨侵蝕或者人為損害，使貢院年久失修出現破敗不堪的景象。貢院圍牆低矮，而武科應考士子由於大多身體條件出色，很容易翻牆入場進行作弊的現象，如乾隆年間武會試就出現山東武舉周鼎等逾號底牆希圖換號的案件。因此，乾隆七年（1742年）御史薛澄條奏建議「將鄰號院牆增高數尺，並照外圍牆一體加之荊棘」〔註74〕，乾隆十年（1745年）九月內兵部侍郎歸先光也主張：「順天府修葺貢院之時，將號底牆垣加高數尺，上插枳棘與外圍牆並峙，以除越牆亂號之弊」。修葺貢院的建議很快得到採納，順天府在武會試及順天武鄉試舉行前修葺貢院時都注意將內場貢院牆垣增高，並上加荊棘。除此之外還「仿照外牆之制在貢院四角各建一樓」，以防士子越牆出舍。在進行考試時，「每樓派委首領官一員（即瞭望官），帶役數名專門負責瞭望稽察。」〔註75〕如果該員有徇縱等弊端，則交由知貢舉、監試官參究處治。

〔註73〕（清）景清等：《欽定武場條例》四庫未收書輯刊玖輯玖冊，北京出版社，2000版，9-336。
〔註74〕王澈，乾隆朝武科史料選編〔J〕，歷史檔案，1995（4）：26～30。
〔註75〕（清）景清等：《欽定武場條例》四庫未收書輯刊玖輯玖冊，北京出版社，2000版，9-380。

　　乾隆十年後清代武會試中開始專門設立瞭望官（表 3-4-3），在此後的十九科武會試中，從未有過籍貫爲直隸或者順天的考官出任瞭望官，說明在武會試中對瞭望官這種與科場考風考紀直接相關的考官群體的選派，較爲嚴格地遵守了籍貫地區迴避原則。

表 3-4-3：清代武會試瞭望官詳情表

科　目	姓名	職　務	省份	功名	科　目	姓名	職　務	省份	功名
乾隆十年乙丑科	李士璋	順天府照磨	浙江	監生	道光二十一年辛丑	張　震	委用縣丞	江蘇	監生
	業景岳	盧溝司巡檢	浙江	供事		劉榮勳	候補州吏	廣東	監生
	柳廷獻	天興閘閘官	浙江	供事		陳嵩年	候補州吏	浙江	監生
	張廷鉅	慶豐閘閘官	江南	供事		趙維煥	候補未入流	江西	監生
乾隆十三年戊辰科	李士章	順天府照磨	浙江	監生	道光二十五年乙巳	鄒覲廷	候補主簿	湖北	監生
	楊　珍	大興縣巡檢	江南	供事		魏文翰	試用未入流	甘肅	監生
	胡光祚	慶豐閘閘官	浙江	吏員		黃師香	試用州吏目	福建	議敘
	胡昌宗	宛平縣巡檢	浙江	吏員		毛仰曾	試用未入流	浙江	監生
乾隆十九年甲戌科	顏色燦	良鄉縣縣丞	廣西	—	道光三十年庚戌科	姚　淦	試用未入流	浙江	吏員
	程　珏	寧河縣巡檢	浙江	—		祝錫霖	候補吏目	浙江	監生
	許　權	房山縣巡檢	江南	—		魯　鏞	候補從九品	浙江	吏員
	周　澤	通州閘閘官	江南	—		趙永盛	試用從九品	浙江	吏員
乾隆二十二年丁丑	許關勳	宛平縣檢討	河西	—	咸豐六年丙辰科	亢如垓	試用從九品	江蘇	議敘
	劉弘慶	宛平縣巡檢	安徽	—		候廷鐸	試用未入流	山西	監生
	管鴻磐	寶坻縣典史	江南	—		王宗周	試用未入流	浙江	吏員
	劉名捷	房山縣典史	江西	—		李汝南	試用未入流	山東	監生
乾隆三十四年己丑	楊大猷	大興縣縣丞	安徽	副榜	咸豐九年己未科	翁步洲	試用未入流	浙江	監生
	單係姬	宛平縣縣丞	山東	副榜		金治平	試用司經歷	浙江	監生
	趙國樞	大興縣巡檢	浙江	監生		章吉昌	試用未入流	浙江	監生
	張　植	宛平縣巡檢	江蘇	監生		錢　椿	候補未入流	浙江	監生
嘉慶元年丙辰科	王涵初	採育司巡檢	河南	供事	咸豐十一年庚申科	孫家望	候補府經歷	安徽	監生
	洪光鏞	王平司	浙江	供事		陳國祥	候補典史	浙江	吏員
	聶國寧	宛平縣巡檢	四川	—		鄭觀衡	試用典史	浙江	監生

嘉慶七年 壬戌科	王書政	通州書政	安徽	供事	同治元年 壬戌科	萬獻琛	候補未入流	江西	供事
	謝榮柱	大興縣巡檢	廣東	監生		施兆欄	試用州吏目	浙江	吏員
	周方岳	宛平縣巡檢	江蘇	監生		王覲光	試用從九品	浙江	監生
	洪光鏞	宛平縣巡檢	浙江	供事		張廷楷	候補驛丞	浙江	吏員
	李芳	房山縣巡檢	安徽	供事		孫士淦	候補典史	浙江	監生
嘉慶 十三年 戊辰科	李祖垚	潞縣州判	山西	廩生	光緒 二十年 甲午科	景湧沛	試用縣丞	浙江	監生
	衛國平	石匣縣丞	四川	監生		鄭興第	試用縣丞	浙江	監生
	李芳	磁家務巡檢	安徽	供事		張斌玉	候補府經歷	浙江	吏員
	沈泰	蘆臺巡檢	江蘇	監生		林兆奎	試用巡檢	福建	文童
嘉興 二十四年	謝種藍	涿州州判	福建	貢生	光緒 二十一年 乙未	景湧沛	試用縣丞	浙江	監生
	梁正康	未入流	廣東	廩生		萬鍾祺	候補主簿	江西	監生
	譚彝	試用未入流	廣東	監生		陶用曾	候補州判	江蘇	謄錄
	汪正泉	試用未入流	湖南	監生		李兆松	候補巡檢	奉天	供事
道光 十三年 癸巳科	李培文	試用從九品	廣東	監生					
	任麟書	試用從九品	安徽	監生					
	姚承澤	試用未入流	安徽	監生					
	茹荃	試用未入流	浙江	吏員					

資料來源：筆者根據《武會試錄》的相關資料整理而得。

　　除了對貢院進行整修和添設專員外，士子進行外場考試時，也有專門官員負責領取箭矢和內場考試座位安排中的防弊活動。在外場領取箭矢方面，武會試和順天武鄉試的外場及覆試，由兵部「先期行文順天府每闈在馬道適中及步箭落箭之處各搭蓋收箭棚廠一座，步軍統領衙門每闈委派營弁五員，揀派兵丁十五名。馬射時在頭二三靶處各擬派營弁一員，兵丁三名、步射時在落箭處，派撥營弁二員，兵丁六名專司打箭送往棚內。」〔註76〕參加考試的武生武舉「各於箭枝上書寫姓名，射畢後親身赴棚報名領取」，未經考生領取的箭枝著派營員按名送交提調司員查收。對於考試期間「有間雜人等在落箭處及收箭棚附近處，窺伺希圖打箭者」將其「立即鎖拏枷號在本闈示眾。」

〔註76〕（清）景清等：《欽定武場條例》四庫未收書輯刊玖輯玖冊，北京出版社，2000版，9-368。

如果「該營員營轄不能嚴肅，致有閒人滋擾，即行參辦。」﹝註77﹞在內場考試座位安排方面，考試之前的武會試及順天武鄉試外場棚座由兵部先期仰委託大興、宛平兩縣照例備辦，提調官親赴外圍查驗棚座。由於清代武科舉對士子的外場成績相對重視，一般外場成績好的士子會優先得到選拔，爲了防止外場成績不佳的士子混入內場協助其它考生作弊的現象，雍正七年（1729年）特別作出外場成績不同分別安排內場號舍的規定：「順天武鄉試及武會試，頭場、二場試弓馬技勇人材，分別雙好、單好字號。將雙好字好號人。編入東文場坐號。單好字號之人，編入西文場坐號，歸號之後，令巡綽官按號查對，倘有不符，立即詢究。」﹝註78﹞

　　第二是錄取過程中考官的防弊舉措。清代武科舉首先進行外場馬步射的考試。康熙年間對於外場成績合格的考生於「面上用印記」，同時在「空白印冊」上填寫本人親供，由內簾官員負責驗明身份入闈，「以杜代倩頂替之弊」。因武鄉會試首場考試與三場考試持續時間「爲期將及經旬」而對士子「左右兩頰用以印記，士子保護維艱，日則不能盥洗，夜則難以就枕，且觀瞻不雅。」後在乾隆二十一年（1756年）改爲「合式戳記引武生武舉左右小臂。」﹝註79﹞在考官記錄外場成績箭冊方面，規定「考試騎射、技勇，考試官及兵部堂官、監試御史各持冊一本記注，考試畢，公同密定雙單好字後，三冊封固，兵部同御史冊各攜入貢院，查對編號。」﹝註80﹞起初這些考官冊由主持考試的官員各自攜帶回家。到乾隆七年（1742年）考慮到此舉於防弊不利，「或啓家人漏泄撞騙之弊」，規定「外場考試官號冊一併封固入箱帶入貢院」。﹝註81﹞爲進一步加強防範以昭慎重，在乾隆二十四年（1759年），對裝載箭冊的冊箱做出規定：武鄉會試中每闈各備一箱，每晚將「冊箱封鎖後交提調官收掌……箱鑰交與監試之員」，次日公同取出，「校閱外場事

﹝註77﹞（清）景清等：《欽定武場條例》四庫未收書輯刊玖輯玖冊，北京出版社，
　　　　2000版，9-369。
﹝註78﹞（清）景清等：《欽定武場條例》四庫未收書輯刊玖輯玖冊，北京出版社，
　　　　2000版，9-365。
﹝註79﹞（清）景清等：《欽定武場條例》四庫未收書輯刊玖輯玖冊，北京出版社，
　　　　2000版，9-361。
﹝註80﹞（清）景清等：《欽定武場條例》四庫未收書輯刊玖輯玖冊，北京出版社，
　　　　2000版，9-368。
﹝註81﹞（清）景清等：《欽定武場條例》四庫未收書輯刊玖輯玖冊，北京出版社，
　　　　2000版，9-368。

畢，打完雙單好字號後，公同封固，送入內場。箱鑰交與監試御史帶入內場。」〔註82〕

在內場考試中同樣存在很多防弊舉措。在內場試題的命制上，為防止試題洩露，嘉慶六年（1801 年）規定「武科密擬試題，試題由讀卷大臣密擬武經一段約百餘字，欽定後在考試前一日齊交內閣刊刻題紙」，同時由「兵部奏請欽派護軍統領一員，帶領護定軍校等，在內閣前後門外，嚴密稽察。」〔註83〕在內場考試舉行時，由監試御史發給試卷，各闈御史在「點名時各認其考試之人，倘有頂替代倩作奸之徒則立即拏究照例治罪。」〔註84〕在士子完成內場考核交卷時，內簾考官將原冊所填的馬、步射和技勇成績逐一詢問，士子如能應對相符，則可以獲准「給籤放出」，如果回答與原填馬步射技勇成績全不相符，則確「係頂冒，由考官照例查究。」內場考試完成之後，由監試官〔註85〕、提調官會同受卷官和彌封官在至公堂上親自分卷並親用號印在卷面蓋戳，禁止「假手書吏」以防滋生弊端。〔註86〕在對試卷的進行彌封時，乾隆三十六年（1771 年）奏准「武闈內場彌封，將卷面折疊，外用厚紙兩層封固以昭慎重」。嘉慶十六年（1811 年）御史吳椿奏曾奏請「武闈鄉會試卷糊名之處照文鄉會試一律加厚。」到光緒九年採納御史曾培祺的建議：「武闈內場試卷，彌封白紙再行加厚，仿照禮部彌封之式，將姓名籍貫，由上下卷角，斜疊數層，嚴密封固」，同時「鈐蓋關防，以昭慎重」。〔註87〕在內場考官閱卷時，對用筆的顏色進行嚴格區分，乾隆三十五年（1770 年）規定「覆准武闈鄉會試內簾閱卷房考官定以紫筆，主考官定以藍筆」，由於士子答題時用的是黑筆，閱卷考官使用有別於考生答題顏色的筆判卷，有效降低其利用職務之便替考生修改試卷的潛在危險，如果試卷中有「紫筆添改」痕

〔註82〕 （清）景清等：《欽定武場條例》四庫未收書輯刊玖輯玖冊，北京出版社，2000 版，9-368。

〔註83〕 （清）景清等：《欽定武場條例》四庫未收書輯刊玖輯玖冊，北京出版社，2000 版，9-322。

〔註84〕 （清）景清等：《欽定武場條例》四庫未收書輯刊玖輯玖冊，北京出版社，2000 版，9-385。

〔註85〕 注：武會試為知武舉。

〔註86〕 （清）景清等：《欽定武場條例》四庫未收書輯刊玖輯玖冊，北京出版社，2000 版，9-385。

〔註87〕 （清）景清等：《欽定武場條例》四庫未收書輯刊玖輯玖冊，北京出版社，2000 版，9-385。

跡，則將房官議處，如果試卷中有「藍筆添改」痕跡，則將主考議處。後因爲「主考官專用藍筆，易滋脫落洗改之弊」，將之後閱卷改爲「房考官定以紫筆，主考官定以赭黃筆」，其它「印卷戳記，及一切應用藍筆之處，具照文闈之例，改用紫色。」〔註88〕考官用筆顏色的規定，使得試卷上的文字顏色沒有互相的交叉和重疊，既能夠起到防止考官修改士子考卷的作用，也使卷面比較清晰明快，同時不同顏色來自不同的考官，也有利於責任的判定。在武科內外場考試完畢之後，武闈取中試卷塡榜時應查對外場考試原有箭冊，將「漏印雙單好字號，或單好字號誤印雙好、雙好字號誤印單好者，其誤印之員照例查參交吏部議處。〔註89〕對於「原冊如有合式卷，誤印雙單好字號者概不取中，以杜幸邀作弊之端。」〔註90〕

武科舉考官的科場防弊，是清代整個考場官員場務管理的重要組成部分，也是清代武科舉考官研究的一項重要內容。無論是考官的親屬和地域迴避政策，還是對考官的各種內、外在約束，或是對考場環境的控制和取士流程中種種防弊的監控舉措，都體現出了清代作爲科舉制度的完備時期，在科場舞弊管理中的成熟與嚴密，對科場舞弊起到了較好的防範與威懾作用，對保證武科舉的客觀、公平、公正收到了一定的實效。

〔註88〕　（清）昆岡，欽定大清會典事例，卷七百十八〔M〕，臺北：新文豐書局，1976：14290。

〔註89〕　（清）景清等：《欽定武場條例》四庫未收書輯刊玖輯玖冊，北京出版社，2000版，9-369。

〔註90〕　（清）景清等：《欽定武場條例》四庫未收書輯刊玖輯玖冊，北京出版社，2000版，9-369。

第四章　清代武科舉士子研究

　　清朝以鐵騎勁弓得天下。前期幾個皇帝都重視講習武藝，時時強調「文武並重」。然而由於受到漢文化的不斷浸潤和持續執行「右文」政策，自清代中期以後，朝野上下重文輕武之風日益濃烈，這就導致武科舉不但在觀念上而且在實際待遇上比文科舉低很多的狀態。這一點在文武兩科進士的記錄方面體現得尤為明顯。文科殿試揭曉後新科進士的姓名、籍貫及名次都要鄭重其事地刻在「進士題名碑」上，這些碑至今還完整無損地保存在北京國子監舊址。此外，官私刊印的《館選錄》、《鼎甲錄》和《明清進士題名碑錄》一類書籍數量眾多、隨處可見，因此清代文科進士的情況比較清楚地為大家所瞭解。而清代武科舉則大不相同，既沒有「題名碑」制度，也很少有專載其事的書籍，縱覽整個清代武科舉考試，不僅後人對此未能有詳細的瞭解，即便是時人也往往很難言盡其詳。僅有清人朱彭壽曾在《舊典備徵》中做過統計，記錄下一些清代武鼎甲進士的姓名和籍貫，為世人留下一份珍貴材料。在清代武科舉研究領域，一個重要的研究方向就是對武科舉最直接參與者——武科士子的研究。本章主要探討清代武科舉士子的地理分佈、及第年齡情況及其在政治、軍事和社會生活中產生的重要作用。

第一節　清代武進士的地理分佈

　　清代武科舉取士分為童、鄉、會、殿四級，其拔取的武科士子功名分別為武生（武秀才）、武舉人、武貢士和武進士。其中武進士作為清代武科舉中士子所能達到的最高功名，集中體現了清代武科舉發展的水平，不同成績、

不同地域之間武進士分佈情況的差異也在一定程度上反映了清代武科舉各地區間發展水平。因此以研究武進士的地理分佈作爲武科士子群體研究的切入點，具有一定的代表性。本節主要分析了清代所有鼎甲進士和31科武進士的地理分佈情況，進而從時間和空間兩個維度探討武進士的成績表現和人數分佈情況，最後研究不同地理區域內的武科舉世家情況。

一、清代武科舉鼎甲進士的省區分佈

在武科舉考試中，如果將武殿試比作王冠，那麼武鼎甲進士特別是武狀元則無疑就是王冠上最爲耀眼的明珠。武鼎甲進士的地理分佈情況，能夠在一定程度上衡量不同地區間武風興盛與衰落的水平。

（一）武狀元的省區分佈

清代武科舉殿試共計 109 科，是歷史上舉行次數最多，延續時間最長的一個朝代，總共產生了 109 名武狀元。根據《清代武進士登科錄》、《清實錄》、《舊典備徵》及參考清代各省通志和府州縣志，特將清代武狀元相關情況列於表 4-1-1 中。

表 4-1-1：清代武科舉狀元一覽表

序號	公元	年　　代	科目	狀元姓名	省份	府縣	官　　職
1	1646	順治三年	丙戌科	郭士衡	山東	章邱	不詳
2	1649	順治六年	己丑科	金抱一	順天	京衛	不詳
3	1652	順治九年	壬辰科	王玉	浙江	仁和	天津鎮總兵
4	1655	順治十二年	乙未科	於國柱	江蘇	吳縣	台州副將
5	1658	順治十五年	戊戌科	劉　炎	浙江	山陰縣	總兵
6	1660	順治十七年	庚子科	林本直	奉天	遼海	湖廣提督
7	1661	順治十八年	辛丑科	霍維鼐	山東	濟寧	副將
8	1664	康熙三年	甲辰科	吳三畏	順天	大興	中衛協副將
9	1667	康熙六年	丁未科	秦藩信	江西	南康	頭等侍衛
10	1670	康熙九年	庚戌科	張英奇	山西	安邑	粵東高雷總兵
11	1673	康熙十二年	癸丑科	郎天祚	浙江	山陰	參將
12	1676	康熙十五年	丙辰科	荀國梁	直隸	南雄州	頭等侍衛

13	1679	康熙十八年	己未科	羅淇	浙江	會稽	頭等侍衛
14	1682	康熙二十一年	壬戌科	王繼先	陝西	榆林	頭等侍衛
15	1685	康熙二十四年	乙丑科	徐憲武	順天	燕山衛	鎮遠協副將
16	1688	康熙二十七年	戊辰科	王應統	山東	鄒平	懷慶總兵
17	1691	康熙三十年	辛未科	張文煥	甘肅	寧夏	雲貴總督
18	1694	康熙三十三年	甲戌科	曹日瑋	安徽	貴池	總兵
19	1697	康熙三十六年	丁丑科	繳煜章	順天	京衛	頭等侍衛
20	1700	康熙三十九年	庚辰科	馬會伯	陝西	寧夏	雲貴總督
21	1703	康熙四十二年	癸未科	曹維城	貴州	貴陽	副將
22	1706	康熙四十五年	丙戌科	楊謙	江南	揚州	天津府鎮總兵
23	1709	康熙四十八年	己丑科	田畯	直隸	獻縣	陝西涼州總兵
24	1712	康熙五十一年	壬戌科	李顯光	陝西	寧夏	陝西神木總兵
25	1713	康熙五十二年	癸巳科	李如柏	甘肅	寧夏	臨安總兵
26	1715	康熙五十四年	乙未科	賽都	漢軍	正紅旗	總兵
27	1718	康熙五十七年	戊戌科	封榮九	直隸	眞定	頭等侍衛
28	1721	康熙六十年	辛丑科	范學海	福建	臺灣	頭等侍衛
29	1723	雍正元年	癸卯科	李琰	直隸	獻縣	一等侍衛
30	1724	雍正二年	甲辰科	苗國琮	漢軍	鑲白旗	天津總兵
31	1727	雍正五年	丁未科	王元浩	山東	膠州	福建水師提督
32	1730	雍正八年	庚戌科	齊大勇	直隸	昌黎	湖廣提督
33	1733	雍正十一年	癸丑科	孫宗夏	陝西	鎮安	洞庭水師副將
34	1736	乾隆元年	丙辰科	馬負書	漢軍	鑲黃旗	福建陸路提督
35	1737	乾隆二年	丁巳科	哈攀龍	直隸	河間	貴州提督
36	1739	乾隆四年	己未科	朱秋魁	浙江	金華	廣州協副將
37	1742	乾隆七年	壬戌科	賈廷詔	山西	清源	頭等侍衛
38	1745	乾隆十年	乙丑科	董孟	順天	房山	陝西固原提督
39	1748	乾隆十三年	戊辰科	張兆璠	江南	通州	江西南贛總兵
40	1751	乾隆十六年	辛未科	張大經	山西	澤州	陝西興漢總兵
41	1752	乾隆十七年	壬申科	哈廷梁	直隸	河間	四川泰寧副將

42	1754	乾隆十九年	甲戌科	顧　麟	順天	文安	頭等侍衛
43	1757	乾隆二十二年	丁丑科	李國梁	直隸	豐潤	湖廣、直隸提督
44	1760	乾隆二十五年	庚辰科	馬　全	山西	太原	甘肅提督
45	1761	乾隆二十六年	辛巳科	段飛龍	直隸	永年	頭等侍衛
46	1763	乾隆二十八年	癸未科	德　灝	滿洲	正黃旗	左軍都司
47	1766	乾隆三十一年	丙戌科	白成龍	山東	東昌	頭等侍衛
48	1769	乾隆三十四年	己丑科	錢治平	順天	霸州	頭等侍衛
49	1771	乾隆三十六年	辛卯科	林天彪	浙江	金華	江西遊擊
50	1772	乾隆三十七年	壬辰科	李威光	廣東	長樂	福建南澳總兵
51	1775	乾隆四十年	乙未科	王懋賞	山東	福山	湖南永州總兵
52	1778	乾隆四十三年	戊戌科	邢敦行	直隸	定縣	廣東三江口副將
53	1780	乾隆四十五年	庚子科	黃　瑞	浙江	衢州	湖北宜昌總兵
54	1781	乾隆四十六年	辛丑科	劉　雙	順天	大興	頭等侍衛
55	1784	乾隆四十九年	甲辰科	劉榮慶	江蘇	揚州	貴州提督
56	1787	乾隆五十二年	丁未科	馬兆瑞	山東	臨清	頭等侍衛
57	1789	乾隆五十四年	己酉科	劉國慶	江蘇	揚州	山西大同總兵
58	1790	乾隆五十五年	庚戌科	玉　福	漢軍	鑲黃旗	理藩院右侍郎
59	1793	乾隆五十八年	癸丑科	徐殿揚	山東	掖縣	甘肅西寧總兵
60	1795	乾隆六十年	乙卯科	邸飛虎	直隸	定縣	頭等侍衛
61	1796	嘉慶元年	丙辰科	黃仁勇	廣東	海陽	武功將軍（副將）
62	1799	嘉慶四年	己未科	李雲龍	直隸	阜城	一等侍衛
63	1801	嘉慶六年	辛酉科	姚大寧	廣東	廣州	一等侍衛
64	1802	嘉慶七年	壬戌科	李白玉	直隸	藁城	太原總兵
65	1805	嘉慶十年	乙丑科	張元聯	直隸	河間	一等侍衛
66	1808	嘉慶十三年	戊辰科	徐華清	山東	臨淄	福建陸路提督
67	1809	嘉慶十四年	己巳科	汪道誠	江西	饒州	雲南提督
68	1811	嘉慶十六年	辛未科	馬殿甲	河南	登縣	廣西提督
69	1814	嘉慶十九年	甲戌科	丁殿寧	山東	益都	參將
70	1817	嘉慶二十二年	丁丑科	武鳳來	陝西	榆林	一等侍衛

71	1819	嘉慶二十四年	己卯科	秦鍾英	陝西	神木	一等侍衛
72	1820	嘉慶二十五年	庚辰科	昌伊蘇	滿洲	正黃旗	直隸提督
73	1822	道光二年	壬午科	張雲亭	直隸	清豐	參將
74	1823	道光三年	癸未科	張從龍	山西	臨縣	延平協副將
75	1826	道光六年	丙戌科	李相清	山西	大同	一等侍衛
76	1829	道光九年	己丑科	吳 鉞	山東	蓬萊	頭等侍衛
77	1832	道光十二年	壬辰科	李廣金	山西	靈邱	江南總兵
78	1833	道光十三年	癸巳科	牛鳳山	河南	汜水	頭等侍衛
79	1835	道光十五年	乙未科	波啓善	滿洲	正紅旗	河北鎮總兵
80	1836	道光十六年	丙申科	王 瑞	直隸	安肅	泰寧鎮總兵
81	1838	道光十八年	戊戌科	郝光甲	直隸	任丘	陝西陝安鎮總兵
82	1840	道光二十年	庚子科	趙雲鵬	河南	汝陽	頭等侍衛
83	1841	道光二十一年	辛丑科	徐德麟	漢軍	鑲白旗	頭等侍衛
84	1844	道光二十四年	甲辰科	張殿華	直隸	棗強	頭等侍衛
85	1845	道光二十五年	乙巳科	吳德新	直隸	東明	頭等侍衛
86	1847	道光二十七年	丁未科	李 信	直隸	晉州	頭等侍衛
87	1850	道光三十年	庚戌科	彭陽春	四川	華陽	頭等侍衛
88	1852	咸豐二年	壬子科	田在田	山東	巨野	平撚統帥
89	1853	咸豐三年	癸丑科	溫長湧	直隸	天津	頭等侍衛
90	1856	咸豐六年	丙辰科	王世清	直隸	南和	頭等侍衛
91	1859	咸豐九年	己未科	韓金甲	山東	禹城	頭等侍衛
92	1860	咸豐十一年	庚申科	馬鴻圖	直隸	撫寧	洮敏協副將
93	1862	同治元年	壬戌科	史天祥	直隸	邯鄲	頭等侍衛
94	1863	同治二年	癸亥科	黃大元	直隸	懷安	頭等侍衛
95	1865	同治四年	乙丑科	張蜀錦	直隸	廣平	頭等侍衛
96	1868	同治七年	戊辰科	陳桂芬	浙江	台州	總兵
97	1871	同治十年	辛未科	丁錦堂	福建	上杭	參將
98	1874	同治十三年	甲戌科	張鳳鳴	河南	西平	鶴鹿鎮總兵
99	1876	光緒二年	丙子科	宋鴻圖	福建	閩侯	頭等侍衛

100	1877	光緒三年	丁丑科	佟在棠	直隸	天津	頭等侍衛
101	1880	光緒六年	庚辰科	黃培松	福建	泉州	頭等侍衛
102	1883	光緒九年	癸未科	楊廷弼	河南	蘭儀	參將
103	1886	光緒十二年	丙戌科	宋占魁	山東	昌邑	頭等侍衛
104	1889	光緒十五年	己丑科	李夢說	山東	陽谷	頭等侍衛
105	1890	光緒十六年	庚寅科	張憲周	山東	鄆城	頭等侍衛
106	1892	光緒十八年	壬辰科	卞賡	江蘇	東海	頭等侍衛
107	1894	光緒二十年	甲午科	張鴻翥	江西	鄱陽	頭等侍衛
108	1895	光緒二十一年	乙未科	武國棟	直隸	天津	頭等侍衛
109	1898	光緒二十四年	戊戌科	張三甲	直隸	開州	頭等侍衛

數據來源：筆者根據《清實錄》、《舊典備徵》、《武進士登科進程錄》等資料整理而得。參考《中國歷代武狀元》，王鴻鵬，北京：解放軍出版社，2002：260～433；《武道彷徨：歷史上的武舉與武學》，趙冬梅，北京：解放軍出版社，2000：63～64。

　　從上表可以看出，雖然清代武科舉不像文科舉那樣備受重視，但是作為武科舉士子中的翹楚——武狀元，還是能夠得到當時世人的普遍關注。清代所有 109 名武科狀元的姓名、籍貫全部可考，其中仕途發展情況可考者也達到 107 人，占武狀元總數的 98.16%。為進一步瞭解武狀元的地理分佈情況，筆者以行省為單位，對表 4-1-1 可考的清代 109 名武狀元的地理分佈作分省統計，如表 4-1-2 所示，並根據表 4-1-2 製成武狀元分省分佈圖（圖 4-1-1）。

表 4-1-2：清代武科舉狀元分省統計表

排名	省份	人數	排名	省份	人數	排名	省份	人數
1	直隸	29	6	江蘇	6	11	廣東	3
2	山東	16	8	河南	5	13	甘肅	2
3	浙江	8	8	漢軍	5	14	貴州	1
4	順天	8	10	福建	4	14	奉天	1
5	山西	7	11	滿洲	3	14	安徽	1
6	陝西	6	11	江西	3	14	四川	1

資料來源：筆者根據《武進士進程錄》的相關資料整理而得。

圖 4-1-1：清代武科舉狀元分省分佈統計圖

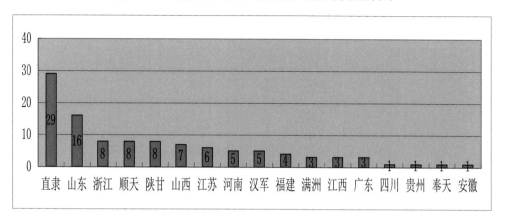

資料來源：筆者根據《武進士進程錄》的相關資料整理而得。

從圖表上看，清代武狀元分佈比較廣泛，除出身滿洲和漢軍的武狀元外，有 15 個省份均產生過武狀元。根據人數的多寡，可以將所有省份劃分為三個等級：第一等級是直隸（29 名）和山東（16 名），其中直隸的武狀元人數占所有狀元總數的 26.6%，山東的武狀元人數占 14.7%，兩省的狀元比例之和達到了 41.3%，狀元數量遠勝其它省份。第二等級是浙江（8 名）、順天（8 名）、陝甘（8 名）、山西（7 名）、江蘇（6 名）、河南（5 名）、漢軍（5 名）和福建（4 名），這 7 個省份和出身漢軍的武狀元人數都在 5～8 名之間，其狀元總和達到了 51 名，占所有武狀元人數的 46.8%。第三等級為滿洲（3 名）、廣東（3 名）、江西（3 名）、四川（1 名）、奉天（1 名）、安徽（1 名）和貴州（1 名），這 6 個省份和滿洲籍武狀元總數僅為 13 名，占所有武狀元比例的 11.9%。通過上述統計可以看出，清代武狀元的省際分佈並不均衡，不同地區間的武狀元人數差異巨大，武狀元人數較多是直隸和山東，這兩個省份同為武風興盛的地區，而武狀元人數較少的貴州、安徽、江西等地則均為武風較弱的地區。值得的注意的一點是，廣東僅有 3 名武狀元，與其武風興盛的社會地位不太適應的。武狀元人數排名前六的省份中，除浙江和陝甘外，其餘 4 個省均地處京畿重地周圍。可見除了本省的武風興盛水平外，距離京師的遠近、赴考難度的大小也是影響武狀元分佈的重要因素。

（二）武榜眼探花的省區分佈

武科舉與文科舉一樣，在殿試的錄取時將所有進士根據成績高低分為

一、二、三甲，其中第一甲僅有狀元、榜眼、探花三人。在以往武科舉研究中，較多關注的是清代武狀元的情況，而對同為鼎甲進士的榜眼和探花則少有涉及。作為鼎甲武進士，武榜眼和武探花也是清代武科舉進士的傑出代表，由於其人數為武狀元的 2 倍，這就給了那些武士子水平相對較弱、較難獲取武狀元的省份士子以躋身武科鼎甲進士的一定機會。探究武榜眼和探花的分佈情況以及與狀元共同構成的鼎甲進士地理分佈，能夠更為全面地反映出清代各個省份武科發展情況。清代自順治三年（1646 年）開始施行武科舉，至光緒二十四年（1898 年）武科舉停止，共舉行 109 科武科舉，因此理論上應產生武榜眼和武探花共計 218 名。由於種種原因，清代武科舉鼎甲進士實際上並未全部滿額，其中嘉慶二十四年（1819 年）由於原定狀元徐開業和探花梅萬清在傳臚時未到場，被分別革職導致 2 名缺額，道光十八年（1838 年）和道光三十年（1850 年）分別因為武士子成績不佳而僅取狀元和榜眼兩人，導致 2 名探花缺額。此外，還有 10 名鼎甲進士姓名或籍貫不詳。因此，清代武科榜眼和探花可考的總人數為 204 人，具體情況見表 4-1-3。

表 4-1-3：清代武科舉榜眼、探花一覽表

西 元	年　代	科　目	鼎甲進士姓名		省 份	府　縣
1646	順治三年	丙戌科	榜眼	武　韜	山東	曹州
			探花	不　詳		
1649	順治六年	己丑科	榜眼	李聖祥	江蘇	蘇州
			探花	茹　羆	浙江	山陰
1652	順治九年	壬辰科	榜眼	不　詳		
			探花	不　詳		
1655	順治十二年	乙未科	榜眼	單登龍	山東	高密
			探花	范明道	江蘇	上元
1658	順治十五年	戊戌科	榜眼	張國彥	順天	大興
			探花	賈從哲	山西	臨汾
1660	順治十七年	庚子科	榜眼	黃建中	順天	京衛
			探花	武　灝		
1661	順治十八年	辛丑科	榜眼	不　詳		
			探花	不　詳		

1664	康熙三年	甲辰科	榜眼	不　詳		
			探花	不　詳		
1667	康熙六年	丁未科	榜眼	張善繼	直隸	彭成衛
			探花	不　詳		
1670	康熙九年	庚戌科	榜眼	李開先	直隸	燕山
			探花	張學純	浙江	杭州
1673	康熙十二年	癸丑科	榜眼	李世威	山東	東昌
			探花	趙文璧	浙江	蕭山
1676	康熙十五年	丙辰科	榜眼	何天培	浙江	山陰
			探花	聶達	順天	大興
1679	康熙十八年	己未科	榜眼	王喆	江蘇	句容
			探花	儲塤	浙江	杭州
1682	康熙二十一年	壬戌科	榜眼	徐啓瑞	浙江	紹興
			探花	鄭繼寬	順天	京衛
1685	康熙二十四年	乙丑科	榜眼	陳廷璽	直隸	豐潤
			探花	李載	直隸	彭成衛
1688	康熙二十七年	戊辰科	榜眼	林雲漢	直隸	通州
			探花	吳開圻	陝西	寧夏
1691	康熙三十年	辛未科	榜眼	袁鈴	江蘇	銅山
			探花	韓良輔	四川	重慶
1694	康熙三十三年	甲戌科	榜眼	丁爽	陝西	寧夏
			探花	石鈞	湖南	武陵
1697	康熙三十六年	丁丑科	榜眼	不　詳		
			探花	胡琨	江蘇	江都
1700	康熙三十九年	庚辰科	榜眼	林澢	江蘇	江寧
			探花	朱士植	甘肅	靈州
1703	康熙四十二年	癸未科	榜眼	劉宏善	陝西	甘州
			探花	侯濚	陝西	興安
1706	康熙四十五年	丙戌科	榜眼	張國興	順天	宛平
			探花	王維一	陝西	寧夏

1709	康熙四十八年	己丑科	榜眼	官　祿	順天	大興
			探花	韓光愈	江蘇	泰州
1712	康熙五十一年	壬戌科	榜眼	李惟揚	河南	內黃
			探花	楊　炳	直隸	大名
1713	康熙五十二年	癸巳科	榜眼	丁士傑	順天	大興
			探花	趙　漣	陝西	寧夏
1715	康熙五十四年	乙未科	榜眼	孫世魁	陝西	甘州
			探花	許履亨	山西	絳州
1718	康熙五十七年	戊戌科	榜眼	王時通	陝西	延安
			探花	馬召南	陝西	寧夏
1721	康熙六十年	辛丑科	榜眼	楊大立	山東	歷城
			探花	高　瀚	山西	朔平
1723	雍正元年	癸卯科	榜眼	畢　映	山西	大同
			探花	施景範	陝西	靖遠
1724	雍正二年	甲辰科	榜眼	呂　傑	陝西	榆林
			探花	茹　銳	直隸	景縣
1727	雍正五年	丁未科	榜眼	譚五格	漢軍	鑲黃旗
			探花	馬大用	安徽	懷寧
1730	雍正八年	庚戌科	榜眼	張　照	漢軍	正黃旗
			探花	李發解	陝西	寧夏
1733	雍正十一年	癸丑科	榜眼	袁秉敬	直隸	宣化
			探花	特格慎	蒙古	正藍旗
1736	乾隆元年	丙辰科	榜眼	韓　錡	直隸	天津
			探花	李星垣	江蘇	徐州
1737	乾隆二年	丁巳科	榜眼	張凌霞	山西	太谷
			探花	馮　哲	直隸	豐潤
1739	乾隆四年	己未科	榜眼	哈國龍	直隸	河間
			探花	羅英笏	福建	沙縣
1742	乾隆七年	壬戌科	榜眼	李世菘	湖南	桃源
			探花	白鍾驤	山西	太谷

1745	乾隆十年	乙丑科	榜眼	李經世	直隸	天津
			探花	胡經綸	廣東	順德
1748	乾隆十三年	戊辰科	榜眼	溫有哲	山西	太谷
			探花	孫儀湯	直隸	趙州
1751	乾隆十六年	辛未科	榜眼	卜永泰	山東	蒲臺
			探花	安廷召	直隸	樂亭
1752	乾隆十七年	壬申科	榜眼	林建鼎	福建	福清
			探花	馬琭	山西	陽曲
1754	乾隆十九年	甲戌科	榜眼	徐渭	山東	膠州
			探花	劉虎臣	直隸	
1757	乾隆二十二年	丁丑科	榜眼	植璋	廣東	廣州
			探花	曹龍驤	漢軍	鑲紅旗
1760	乾隆二十五年	庚辰科	榜眼	趙琮	浙江	平湖
			探花	孫廷璧	順天	大興
1761	乾隆二十六年	辛巳科	榜眼	李銓	河南	虞城
			探花	楊培樞	河南	衛輝
1763	乾隆二十八年	癸未科	榜眼	郭元凱	山西	介休
			探花	葉時茂	福建	同安
1766	乾隆三十一年	丙戌科	榜眼	黃宗傑	漢軍	鑲白旗
			探花	彭先龍	湖北	松滋
1769	乾隆三十四年	己丑科	榜眼	金富寧	漢軍	鑲藍旗
			探花	林天洛	浙江	江山
1771	乾隆三十六年	辛卯科	榜眼	薛殿元	直隸	容城
			探花	鄭敏	漢軍	鑲藍旗
1772	乾隆三十七年	壬辰科	榜眼	左瑛	直隸	清苑
			探花	趙士魁	順天	宛平
1775	乾隆四十年	乙未科	榜眼	彭朝龍	湖北	松滋
			探花	德明	滿洲	正黃旗
1778	乾隆四十三年	戊戌科	榜眼	樊雄楚	湖北	襄陽
			探花	董金鳳	安徽	合肥

1780	乾隆四十五年	庚子科	榜眼	閻燮和	陝西	平遙
			探花	金殿安	山東	東昌
1781	乾隆四十六年	辛丑科	榜眼	黃國梁	福建	平和
			探花	黎大剛	廣東	新會
1784	乾隆四十九年	甲辰科	榜眼	李錫命	順天	東安
			探花	盧廷璋	廣東	東莞
1787	乾隆五十二年	丁未科	榜眼	侯　瑸	順天	武清
			探花	麥鷹揚	廣東	鶴山
1789	乾隆五十四年	己酉科	榜眼	馬承基	順天	東安
			探花	陳四安	漢軍	鑲白旗
1790	乾隆五十五年	庚戌科	榜眼	曾瓊瓔	廣東	長樂
			探花	王萬清	順天	大興
1793	乾隆五十八年	癸丑科	榜眼	鮑友智	安徽	六安
			探花	周士超	福建	永春
1795	乾隆六十年	乙卯科	榜眼	陳崇韜	廣東	博羅
			探花	馮　元	雲南	平彝
1796	嘉慶元年	丙辰科	榜眼	常鳴盛	直隸	新城
			探花	高　適	漢軍	鑲紅旗
1799	嘉慶四年	己未科	榜眼	曾大觀	湖北	黃陂
			探花	張萬清	河南	杞縣
1801	嘉慶六年	辛酉科	榜眼	滿德坤	山東	藤縣
			探花	李廷揚	山東	膠州
1802	嘉慶七年	壬戌科	榜眼	張大鵬	江西	武寧
			探花	陸鳳翔	安徽	蒙城
1805	嘉慶十年	乙丑科	榜眼	白鳳池	河南	滎陽
			探花	孫掄元	甘肅	中衛
1808	嘉慶十三年	戊辰科	榜眼	尚永德	漢軍	鑲白旗
			探花	王世平	順天	大城
1809	嘉慶十四年	己巳科	榜眼	積　善	漢軍	鑲白旗
			探花	張青雲	陝西	富平

1811	嘉慶十六年	辛未科	榜眼	成必超	四川	仁壽
			探花	林芳標	江蘇	銅山
1814	嘉慶十九年	甲戌科	榜眼	史鵠	直隸	肥鄉
			探花	楊定泰	湖北	襄陽
1817	嘉慶二十二年	丁丑科	榜眼	馬維衍	陝甘	固原
			探花	王志元	四川	華陽
1819	嘉慶二十四年	己卯科	榜眼	除　名		
			探花	除　名		
1820	嘉慶二十五年	庚辰科	榜眼	李鳳和	順天	大興
			探花	富　成	滿洲	鑲藍旗
1822	道光二年	壬午科	榜眼	李書阿	河南	南召
			探花	程三光	直隸	邯鄲
1823	道光三年	癸未科	榜眼	史殿元	直隸	清苑
			探花	黃大奎	甘肅	禮縣
1826	道光六年	丙戌科	榜眼	崔連魁	河南	淮寧
			探花	丁麟兆	直隸	遵化
1829	道光九年	己丑科	榜眼	秦定三	湖北	興國
			探花	張斯奎	漢軍	正黃旗
1832	道光十二年	壬辰科	榜眼	張金甲	山東	濮州
			探花	郝騰蛟	陝西	興平
1833	道光十三年	癸巳科	榜眼	孫和平	順天	大興
			探花	張協忠	江西	德興
1835	道光十五年	乙未科	榜眼	奚應龍	陝西	朝邑
			探花	鞠殿華	山東	安邱
1836	道光十六年	丙申科	榜眼	方　臺	江西	上饒
			探花	金連元	漢軍	正藍旗
1838	道光十八年	戊戌科	榜眼	佟攀梅	漢軍	正藍旗
			探花	空　缺		
1840	道光二十年	庚子科	榜眼	王萬壽	四川	灌陽
			探花	李壽春	順天	大興

1841	道光二十一年	辛丑科	榜眼	王振隆	山東	長山
			探花	劉宗漢	順天	寧河
1844	道光二十四年	甲辰科	榜眼	錢昱	直隸	昌黎
			探花	劉清江	山東	鉅野
1845	道光二十五年	乙巳科	榜眼	蕙椿	滿洲	正白旗
			探花	趙鴻舉	河南	涉縣
1847	道光二十七年	丁未科	榜眼	姜國仲	四川	越秀
			探花	鄧鳳林	漢軍	鑲白旗
1850	道光三十年	庚戌科	榜眼	岳汝忠	直隸	天津
			探花	空缺		
1852	咸豐二年	壬子科	榜眼	張虎臣	直隸	沙河
			探花	趙玉潤	直隸	永年
1853	咸豐三年	癸丑科	榜眼	王虎臣	山西	河曲
			探花	許夢魁	直隸	平山
1856	咸豐六年	丙辰科	榜眼	韋應麟	河南	永寧
			探花	藍家麟	直隸	天津
1859	咸豐九年	己未科	榜眼	杜遇春	直隸	河間
			探花	李上侖	四川	邛州
1860	咸豐十一年	庚申科	榜眼	劉英傑	直隸	束鹿
			探花	德綬	滿洲	正藍旗
1862	同治元年	壬戌科	榜眼	徐壽春	直隸	樂亭
			探花	劉其昌	廣東	香山
1863	同治二年	癸亥科	榜眼	岳金堂	直隸	元城
			探花	敦鳳舉	直隸	獲鹿
1865	同治四年	乙丑科	榜眼	桂林香	湖南	祁陽
			探花	侯會同	四川	南充
1868	同治七年	戊辰科	榜眼	謝子元	四川	射洪
			探花	張光斗	四川	眉州
1871	同治十年	辛未科	榜眼	王可相	直隸	元城
			探花	佟在田	直隸	天津

1874	同治十三年	甲戌科	榜眼	趙瑞雲	河南	杞縣
			探花	劉雲會	直隸	長垣
1876	光緒二年	丙子科	榜眼	張忠祥	河南	西平
			探花	景 慶	蒙古	正紅旗
1877	光緒三年	丁丑科	榜眼	馬尙德	直隸	內邱
			探花	林培基	福建	候官
1880	光緒六年	庚辰科	榜眼	周增祥	廣東	潮陽
			探花	景 元	滿洲	鑲黃旗
1883	光緒九年	癸未科	榜眼	周選青	直隸	天津
			探花	劉占魁	直隸	肅寧
1886	光緒十二年	丙戌科	榜眼	解兆鼎	江蘇	丹徒
			探花	何乃斌	廣東	香山
1889	光緒十五年	己丑科	榜眼	徐海波	四川	資州
			探花	傅懋凱	山東	福山
1890	光緒十六年	庚寅科	榜眼	李承恩	四川	通江
			探花	陳邦榮	直隸	獻縣
1892	光緒十八年	壬辰科	榜眼	張連同	河南	宜陽
			探花	李連仲	直隸	大名
1894	光緒二十年	甲午科	榜眼	杜天麟	四川	江津
			探花	岳慶德	直隸	元城
1895	光緒二十一年	乙未科	榜眼	張大宗	江蘇	海州
			探花	林宜春	福建	大田
1898	光緒二十四年	戊戌科	榜眼	任聯捷	江蘇	山陽
			探花	蘇克敦	滿洲	鑲白旗

資料來源：筆者根據《清實錄》、《武進士登科錄》、《舊典備徵》等史料整理而得。

　　筆者以省爲單位，通過對表 4-1-3 中姓名籍貫可考的 204 名榜眼和探花進行統計、匯總，析出其地理分佈情況（表 4-1-4）並據此製成區域分佈圖（4-1-2）。

表 4-1-4：清代武榜眼和武探花分省統計表

排　名	省　份	人　數	排　名	省　份	人　數
1	直隸	42	11	浙江	8
2	順天	18	12	福建	7
3	陝西	17	13	湖北	6
4	漢軍	14	13	滿洲	6
4	山東	14	15	安徽	4
6	江蘇	12	16	湖南	3
6	四川	12	16	甘肅	3
6	河南	12	16	江西	3
9	廣東	10	16	蒙古	2
9	山西	10	20	雲南	1
合　　計			204 名		

資料來源：筆者根據《清實錄》、《武進士登科錄》、《舊典備徵》等史料整理而得。

圖 4-1-2：清代武科舉榜眼、探花分省分佈統計圖

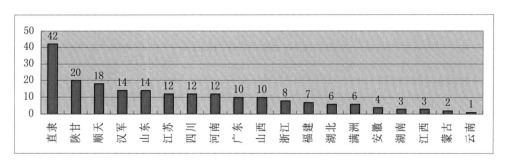

資料來源：筆者根據《清實錄》、《武進士登科錄》、《舊典備徵》等史料整理而得。

　　從表 4-1-4 和圖 4-1-2 可以看出清代武榜眼和探花與武狀元相比呈現出不同的地理分佈特點：首先是及第士子的地區分佈範圍更廣。相比於武狀元在15 個省中出現，武榜眼和探花的分佈廣度有所增加，達到了 18 個省。在原有武狀元出現省份基礎上，新增湖南、湖北和雲南三個省以及蒙古進入排名榜之中。其次是士子的分佈較為均衡，在武狀元的排名中，直隸和山東的武狀元人數明顯高於其它省份，而在武榜眼和探花的排名中，直隸的人數雖然仍

一枝獨秀、以 42 名士子的成績雄踞榜首，但在所有士子中所佔的比重已經從由武狀元時的 26.6%下降爲武榜眼、探花中的 20.6%、山東省的士子人數更是降至 14 人，其排名從第二跌落至第四。此外有超過一半的省份其武榜眼和武探花人數在總人數中的比重接近 5%（10 人），而在武狀元的排名中，達到 5%（5.45 人）這一比例的省份僅占四成左右。儘管如此，地理位置的影響因素依然存在，在榜眼和探花人數排名的前五名中，除陝甘地區和漢軍外，直隸、順天、山東等環繞在京師附近的省份排名仍最爲靠前。

　　爲了更詳細地剖析武鼎甲進士的分佈情況，筆者將武狀元和武鼎甲進士之間的關係製成表 4-1-5 和圖 4-1-3。

表 4-1-5：武狀元和武鼎甲進士的數量分析表

省　份	武　狀　元			武鼎甲進士		
	人　數	比　例	排　名	人　數	比　例	排　名
直隸	29	26.6%	1	71	22.68%	1
山東	16	14.67%	2	30	9.58%	2
順天	8	7.34%	3	26	8.3%	3
陝西	6	5.5%	6	23	7.34%	4
漢軍	5	4.59%	8	19	6.07%	5
江蘇	6	5.5%	6	18	5.75%	6
山西	7	6.42%	5	17	5.43%	7
河南	5	4.59%	8	17	5.43%	7
浙江	8	7.34%	3	16	5.11%	9
廣東	3	2.75%	11	13	4.15%	10
四川	1	0.91%	15	13	4.15%	10
福建	4	3.67%	10	11	3.51%	12
滿洲	3	2.75%	11	9	2.87%	13
江西	3	2.75%	11	6	1.92%	14
湖北	0	0	—	6	1.92%	14
安徽	1	0.91%	15	5	1.6%	16
甘肅	2	1.83%	14	5	1.6%	16

湖南	0	0	—	3	0.96%	18
蒙古	0	0	—	2	0.64%	19
貴州	1	0.91%	15	1	0.32%	20
奉天	1	0.91%	15	1	0.32%	20
雲南	0	0	—	1	0.32%	20
合計	109	100%	—	313	100%	—

資料來源：同表 4-1-4。

圖 4-1-3：武狀元與武鼎甲所佔比例對比圖

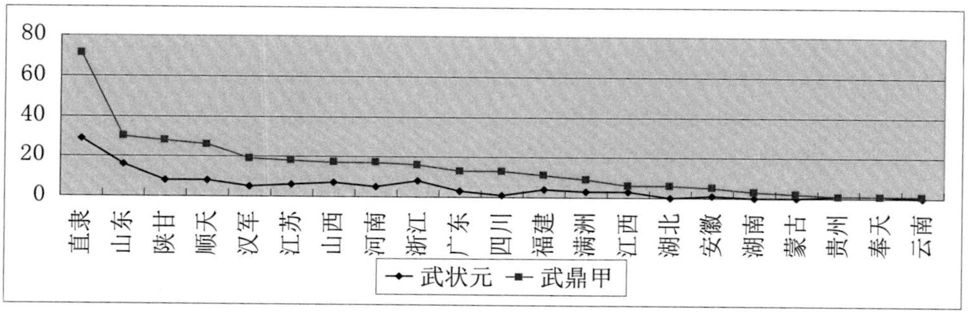

資料來源：同表 4-1-4。

通過武狀元和武鼎甲進士的分佈對比可以看出武鼎甲進士的地理分佈方面呈現以下幾個特點。

首先，無論武科鼎甲進士還是武狀元，均呈現出各省之間地理分佈極不均衡的現象。從目前可以確定的人數上看，清代鼎甲進士人數有 313 名。各地鼎甲進士之間的及第人數呈現出明顯的差異，鼎甲進士人數最多的直隸省，歷年的鼎甲進士人數總和達到了 71 名，占全國所有武鼎甲進士人數的 20%，山東、順天和陝西的士子人數比例也在 6%以上，有些人數較少的省份如湖南、貴州、雲南，不僅沒有武狀元，甚至武鼎甲進士的人數也在 3 人以下，與人數最多的直隸相比差距在 20 倍以上。

其次，武鼎甲進士與武狀元有著明顯的相關性。通過武狀元和武鼎甲進士的對比圖可以看出，這兩條曲線在擬合性和相關度方面基本上吻合，說明鼎甲進士人數較多的省份，其士子的競爭力相對更強，出武狀元的可能性更大。

二、清代武進士地理分佈分項統計

武科鼎甲進士作爲各地習武人才的精英，雖然在一定程度上反映出全國各地的習武狀況，但是通過對《清實錄》、《東華錄》和《清朝文獻通考》等相關記載的考察，得知清代 109 科武殿試共計取士 9347 人，各科人數分佈如表 4-1-6 所示，清代武科鼎甲進士人數過少，僅有 313 名，占武進士人數總量的 3.34%，而武舉人乃至武童生的人數則難以計數，要想對於清代武科士子的情況有更爲全面的把握，就必須把二甲和三甲的武進士也納入研究視野。

表 4-1-6：清代武科舉殿試進士錄取人數表

西　元	年　　代	科　目	一　甲	二　甲	三　甲	總　數
1646	順治三年	丙戌	3	27	170	200
1649	順治六年	己丑	3	－	－	200
1652	順治九年	壬辰	3	－	－	200
1655	順治十二年	乙未	3	19	198	220
1658	順治十五年	戊戌	3	46	151	200
1660	順治十七年	庚子	3	－	－	100
1661	順治十八年	辛丑	3	－	－	201
1664	康熙三年	甲辰	3	－	－	100
1667	康熙六年	丁未	3	－	－	100
1670	康熙九年	庚戌	3	40	156	199
1673	康熙十二年	癸丑	3	27	70	100
1676	康熙十五年	丙辰	3	30	116	149
1679	康熙十八年	己未	3	27	71	101
1682	康熙二十一年	壬戌	3	27	68	98
1685	康熙二十四年	乙丑	3	20	73	96
1688	康熙二十七年	戊辰	3	20	71	94
1691	康熙三十年	辛未	3	－	－	200
1694	康熙三十三年	甲戌	3	－	－	96

1697	康熙三十六年	丁丑	3	—	—	101
1700	康熙三十九年	庚辰	3	47	47	97
1703	康熙四十二年	癸未	3	30	66	99
1706	康熙四十五年	丙戌	3	14	77	94
1709	康熙四十八年	己丑	3	—	—	101
1712	康熙五十一年	壬戌	3	20	74	97
1713	康熙五十二年	癸巳	3	—	—	96
1715	康熙五十四年	乙未	3	6	98	107
1718	康熙五十七年	戊戌	3	11	93	107
1721	康熙六十年	辛丑	3	—	—	110
1723	雍正元年	癸卯	3	13	120	136
1724	雍正二年	甲辰	3	20	114	137
1727	雍正五年	丁未	3	10	103	116
1730	雍正八年	庚戌	3	—	—	118
1733	雍正十一年	癸丑	3	—	—	101
1736	乾隆元年	丙辰	3	10	85	98
1737	乾隆二年	丁巳	3	10	15	28
1739	乾隆四年	己未	3	10	98	111
1742	乾隆七年	壬戌	3	10	97	110
1745	乾隆十年	乙丑	3	9	73	85
1748	乾隆十三年	戊辰	3	10	81	94
1751	乾隆十六年	辛未	3	8	76	87
1752	乾隆十七年	壬申	3	7	55	65
1754	乾隆十九年	甲戌	3	5	51	59
1757	乾隆二十二年	丁丑	3	5	52	60
1760	乾隆二十五年	庚辰	3	5	53	61
1761	乾隆二十六年	辛巳	3	5	52	60
1763	乾隆二十八年	癸未	3	5	43	51
1766	乾隆三十一年	丙戌	3	5	43	51

1769	乾隆三十四年	己丑	3	5	39	47
1771	乾隆三十六年	辛卯	3	5	42	50
1772	乾隆三十七年	壬辰	3	4	43	50
1775	乾隆四十年	乙未	3	4	41	48
1778	乾隆四十三年	戊戌	3	4	41	48
1780	乾隆四十五年	庚子	3	5	34	42
1781	乾隆四十六年	辛丑	3	5	37	45
1784	乾隆四十九年	甲辰	3	5	37	45
1787	乾隆五十二年	丁未	3	5	28	36
1789	乾隆五十四年	己酉	3	5	35	43
1790	乾隆五十五年	庚戌	3	5	33	41
1793	乾隆五十八年	癸丑	3	5	29	37
1795	乾隆六十年	乙卯	3	5	24	32
1796	嘉慶元年	丙辰	3	5	27	35
1799	嘉慶四年	己未	3	6	55	64
1801	嘉慶六年	辛酉	3	6	45	54
1802	嘉慶七年	壬戌	3	7	50	60
1805	嘉慶十年	乙丑	3	6	51	60
1808	嘉慶十三年	戊辰	3	6	43	52
1809	嘉慶十四年	己巳	3	6	48	57
1811	嘉慶十六年	辛未	3	6	40	49
1814	嘉慶十九年	甲戌	3	5	40	48
1817	嘉慶二十二年	丁丑	3	6	37	46
1819	嘉慶二十四年	己卯	3	5	35	43
1820	嘉慶二十五年	庚辰	3	4	30	37
1822	道光二年	壬午	3	5	47	55
1823	道光三年	癸未	3	6	44	53
1826	道光六年	丙戌	3	5	23	31
1829	道光九年	己丑	3	5	28	36

1832	道光十二年	壬辰	3	12	58	73
1833	道光十三年	癸巳	3	3	32	38
1835	道光十五年	乙未	3	8	48	59
1836	道光十六年	丙申	3	8	49	60
1838	道光十八年	戊戌	3	6	37	46
1840	道光二十年	庚子	3	13	55	71
1841	道光二十一年	辛丑	3	13	55	71
1844	道光二十四年	甲辰	3	10	71	84
1845	道光二十五年	乙巳	3	5	61	69
1847	道光二十七年	丁未	2	8	54	64
1850	道光三十年	庚戌	3	6	44	53
1852	咸豐二年	壬子	3	8	43	54
1853	咸豐三年	癸丑	3	5	18	26
1856	咸豐六年	丙辰	3	5	30	38
1859	咸豐九年	己未	3	5	21	29
1860	咸豐十年	庚申	3	3	19	25
1862	同治元年	壬戌	3	8	35	46
1863	同治二年	癸亥	3	9	37	49
1865	同治四年	乙丑	3	15	65	83
1868	同治七年	戊辰	3	13	62	78
1871	同治十年	辛未	3	16	73	92
1874	同治十三年	甲戌	3	17	115	135
1876	光緒二年	丙子	3	18	87	108
1877	光緒三年	丁丑	3	20	119	142
1880	光緒六年	庚辰	3	15	104	122
1883	光緒九年	癸未	3	19	114	136
1886	光緒十二年	丙戌	3	17	99	119
1889	光緒十五年	己丑	3	21	116	140
1890	光緒十六年	庚寅	3	19	35	57

1892	光緒十八年	壬辰	3	20	132	155
1894	光緒二十年	甲午	3	20	100	123
1895	光緒二十一年	乙未	3	19	114	136
1898	光緒二十四年	戊戌	3	22	106	131
合　　計			326	1115	5926	9347

資料來源：筆者根據《清實錄》、《武進士登科錄》、《舊典備徵》、《清文獻通考》、《欽定大清會典事例》等史料整理而得。

（一）武進士取士人數的變化

清代武殿試從順治三年（1646年）到光緒二十四年（1898年）這252年的時間裏總共開科109次，其中正科86次，恩科23次，所有科目武進士的錄取總數均有準確的規定，共計9347名。

從表4-1-6可以看出，清代武殿試的士子錄取人數在不同朝代間差異巨大，大致可以分為四個階段：第一階段是順治朝時期，共舉行7科，每科將近錄取200人、第二階段是康熙三年（1664年）甲辰科到乾隆七年（1742年）壬戌科共計30科，平均每科錄取人數為90～110人、第三階段是從乾隆十年（1745年）乙丑科到同治二年（1863年）癸亥科共計59科，平均每科錄取50人上下、第四階段是同治四年（1865年）乙丑科至光緒二十四年（1898年）戊戌科共13科，每科人數基本在80人以上（其中從同治十三年（1874年）甲戌科開始每科人數基本穩定在120人以上）。從取士人數的四個階段可以看出，清代武殿試取士在不同階段呈現出一個U型變化。這種現象的出現與清代政治軍事發展歷程密切相關。

在順治朝時，清廷作為一個新生的政權，入主中原的時間並不長，為了鞏固統治進行過大量的統一戰爭，需要大量的軍事武備人才，同時出於籠絡士子的考慮，順治年間廣開武科仕進之門，科均錄取士子人數達到200人左右。

到康熙朝時，大規模的統一戰爭已經基本結束，僅剩下收復臺灣和平定三藩叛亂的戰事，習武士子已經不如順治朝時期有很大的用武之地。此外，在統一戰爭、收復臺灣、平定三藩的過程中，綠營內部因為軍功升遷和儲備了一些軍事將領，加上一部分投誠的將領需要安置，而所需軍職人員相對有限，「僧多粥少」導致了「順治十五年（1658年）以後歷科武舉、武進士，未

經選用者甚多」的情況。減少武科取士的呼聲開始出現，如康熙三年（1664年）二月，禮科給事中廖丹疏言請暫停武闈會試。雖然最終康熙帝認爲「會試大典，（武闈）不便停止」，〔註1〕但是其建議也引起了皇帝的重視，最終決定「於本科減去一百名中額，止取中武進士一百名。」〔註2〕此後雖在康熙九年（1670年）定武進士取中二百名和康熙十五年（1676年）定武進士取中一百五十名，但都屬於因內戰需要而臨時增加的情況，並沒有形成定例。康熙十八年（1679年）又改定爲取中一百名，並一直延續到乾隆初期都沒有太大變化。

到乾隆中期以後，由於國家承平日久，大規模的戰事稀少，綠營將領更新緩慢，基層武官的缺額很少，導致武進士人才壅塞不得補官的現象日益嚴重。這一狀況曾使乾隆帝頗爲憂慮，認爲武進士「一等人數無多，選期尚速。其二等者有數十人，三等者多至二百餘人。每年選用不過三四人，甚爲壅滯。」〔註3〕爲緩解武進士壅滯的問題，開始大幅度削減武殿試取士名額，自乾隆十年（1745年）乙丑科開始，將之前每科平均在 90 人左右減少到 60人，之後又進一步減少到 50 人。雖然個別科次錄取名額曾有所增加，但至多不過 70 人。有些科目取士人數甚至低於 30 人，如咸豐三年（1853 年）癸丑科 26 人，咸豐九年（1860 年）己未科 29 人，咸豐十年（1861 年）庚申科 25人等。

到清代晚期的同治年間，從同治四年（1865 年）乙丑科錄取 83 人開始，武殿試錄取人數又有所增加，同治七年（1868 年）戊辰科 78 人，到同治十年（1871 年）辛未科 92 人，同治十三年（1874 年）甲戌科時更猛增到 135人，之後一般都維持在一百二三十名上下，在光緒十八年（1892 年）壬辰科甚至達到 155 人。此時已經進入清代末期，一方面外國的侵略日益加劇，爲了應對侵略戰爭，需要增加武備人才。加上綠營中由於乾、嘉、道幾朝所儲備的將領年老休致、因戰傷亡等原因出現營伍軍官空額，而第三階段錄取人數又較少，使武進士壅塞問題有所緩解。諸多因素的綜合作用導致這一時期武殿試取士人數的激增。但實際上，由於清末軍事改革以及武備學堂

〔註 1〕 鐵玉欽主編，清實錄教育科學文化史料輯要〔M〕·瀋陽：遼瀋書社，1991：280。
〔註 2〕 清聖祖實錄，卷十一〔M〕，臺灣：華文書局影印版，1970。
〔註 3〕 張勇堅，武科存廢與軍事教育的近代化〔J〕，復旦學報哲學社會科學版，1988（1）。

的設立，大量符合時代發展要求的新式軍事人才已經開始產生，綠營之中的武官空缺沒有能夠完全分配給武進士，因此武科士子的仕途壅塞在這一時期依然較為嚴重，也成為武舉備受清末有識之士詬病並且主張停罷的原因之一。

受到武科舉不受重視的影響，清代武科舉殿試所有科目具體取士人數目前雖然能夠準確的計算，但是 109 科武進士的全部姓名身份等信息沒有一個完整的專門載體進行記錄，在《明清進士題名碑錄》、《登科記考》、《清代硃卷集成》等專門記錄士子情況的文獻資料中，都鮮見武科士子的記錄。因此要考察武進士的地理分佈，需要從武進士登科錄、《清實錄》、《清三通》（《清朝通志》、《清朝通典》、《清朝文獻通考》）的相關取士記錄以及散見於清代各個地方的省通志和府州縣志等中的選舉志中進行搜集。就目前搜集到的資料匯總來看，清代武進士姓名和籍貫有記錄者者為 4000 人，占總體武進士人數的不到一半。在所有的 109 科武殿試中，有可以確信完整名單的武殿試 31 科。為保證統計資料的準確性，本章先將這 31 科全部可以確考的武進士作為分析資料，並將其餘查明的武進士信息貼於附錄之中，留待日後資料更為完善之時再作詳考。

（二）武進士分朝分省統計

筆者根據《清代武進士登科進呈錄》、《舊典備徵》、《清實錄》等資料統計了清代從康熙朝至光緒朝 7 個朝代共計 31 科武進士的科份人數及地域來源等分佈情況：

康熙朝共計有 6 科，分別為康熙九年庚戌科（1670 年）、康熙十二年癸丑科（1673 年）、康熙三十九年庚辰（1700 年）、康熙四十五年丙戌科（1706 年）、康熙五十一年壬戌科（1712 年）、康熙五十七年戊戌科（1718 年）。具體每科武進士人數為：康熙九年 199 名、康熙十二年 100 名、康熙三十九年 95 名，其中缺額 2 名、康熙四十五年 94 名、康熙五十一年 97 名、康熙五十七年 107 名。

乾隆朝有詳細記錄的 5 科，分別為乾隆十三年戊辰科（1748 年）、1751 年乾隆十六年辛未科（1751 年）、1752 年乾隆十七年壬申科（1752 年）、1757 年乾隆二十二年丁丑科（1757 年）、1780 年乾隆四十五年庚子科（1780 年）。具體每科武進士的人數為：乾隆十三年 94 名、乾隆十六年 87 名、乾隆十七年 65 名、乾隆二十二年 60 名、乾隆四十五年 42 名。

　　嘉慶朝共計 5 科，分別爲嘉慶元年丙辰科（1796 年）、1801 年嘉慶六年辛酉科（1801 年）、1802 年嘉慶七年壬戌科，（1802 年）、1805 年嘉慶十年乙丑科（1805 年）、1819 年嘉慶二十四年己卯科（1819 年）。具體每科武進士的人數爲：嘉慶元年 32 名，有 3 名缺額、嘉慶六年 54 名、嘉慶十年 58 名、有 2 名缺額、嘉慶二十四年 41 名，有 2 名缺額。

　　道光朝共計 5 科，分別爲道光九年己丑科（1829 年）、1833 年道光十三年癸巳科（1833 年）、道光十六年丙申科（1836 年）、道光二十一年辛丑科（1841 年）、道光二十七年丁未科（1847 年）。具體每科武進士人數爲：道光九年 36 名、道光十三年 38 名、道光十六年 60 名、道光二十一年 68 名，其中 3 名缺額、道光二十七年 64 名。

　　咸豐朝共計 4 科，分別爲咸豐二年壬子科（1852 年）、咸豐六年丙辰科（1856 年）、咸豐九年己未科（1859 年）、咸豐十年庚申科（1860 年）。具體每科武進士人數爲咸豐二年 54 名、咸豐六年 37 名，其中 1 名缺額、咸豐九年 27 名，其中 2 名缺額、咸豐十年 25 名。

　　同治朝共計 2 科，分別爲同治元年壬戌科（1862 年）、同治四年乙丑科（1865 年），具體每科武進士人數爲同治元年 46 名、同治四年 83 名。

　　光緒朝共計 4 科，分別爲光緒九年癸未科（1883 年）、光緒十八年壬辰科（1892 年）、光緒二十一年乙未科（1895 年）、光緒二十年甲午科（1894 年），具體每科武進士人數爲光緒九年 135 名，其中缺額 1 名、光緒十八年 155 名、光緒二十年 123 名、光緒二十一年 135 名，其中缺額 1 名。

1、武進士的省域分佈

　　根據 31 科武進士錄的統計資料，已知武進士確切姓名和省份的人數共計 2369 人，根據其籍貫的不同，列表 4-1-7。

表 4-1-7：武進士各省人數統計表

名　次	全國各省	合　計	所佔比例
		2369	100
1	直隸	379	15.9
2	江南（含江蘇、安徽）	223	9.41
3	山東	196	8.27

4	廣東	167	7.1
5	河南	154	6.5
6	湖廣（含湖南、湖北）	148	6.25
7	陝西	140	5.91
8	浙江	138	5.83
9	山西	130	5.49
10	福建	118	4.98
11	順天	108	4.58
12	江西	90	3.79
13	四川	81	3.43
14	漢軍	79	3.33
15	雲南	52	2.19
16	滿洲	37	1.57
17	貴州	37	1.57
18	廣西	33	1.39
19	甘肅	27	1.15
20	奉天	22	0.93
21	蒙古	10	0.43

資料來源：筆者根據《武進士進程錄》的相關資料整理而得。

　　由上表可知，所統計的清代武進士2369人，省均人數約為113人。根據武進士數量的多寡，可以基本判斷出清代各省武風水平的高低。位列前五名的省份分別為直隸、江南（包含江蘇和安徽）、山東、廣東和河南，其武進士人數分別為379名、223名、196名、167名和154名，五個地區的武進士人數之和為1119人，占武進士總數的47.18%。可以認為這五個省區是清代武風最為鼎盛的地區。而從武進士人數較少的省份來看，位列後幾位的雲南、貴州、廣西、甘肅、奉天等五省人數之和（171人）尚不及直隸一省武進士人數的一半（189人），這也是清代武科舉人數各省分佈不均的一個力證。根據表4-1-7製成的武進士分省人數統計圖（圖4-1-4）可以更直觀地瞭解清代各省武舉人的分佈特徵。

圖4-1-4：清代武進士分省人數統計圖

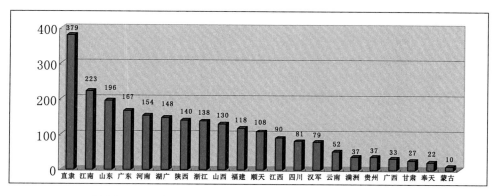

資料來源：筆者根據《武進士進程錄》的相關資料整理而得。

　　從圖中可以看出，清代各省武進士的分佈不均衡性較爲顯著，其中直隸
地處京畿重地，加之素來民間習武成性，因此其武進士人數遠超過其它各
省。此外，武進士人數的地理分佈還與各省地理位置及其武備情況存在著一
定關係。首先在地理位置方面，山東、河南等距離京師較近的省份，其士子
參加考試的成本較低，武進士人數的排名相對靠前。其次在武備情況方面，
陝西地處邊疆地區、民風剽悍，廣東素來民間習武成風，雖然這兩省距離京
師較遠，但其武進士人數相對較多。通過廣東省武進士人數和武狀元人數排
名的顯著不同可以看出，距離武殿試考場的遠近只能在士子獲取最高功名中
發揮一定的作用，眞正決定一個省份武科士子及第數量的，還是自身的武備
發展水平。

2、武進士的皇朝分佈

　　清代武科舉自1646年開始一直延續至1898年，期間延綿二百餘年，歷
經清朝除宣統朝之外的所有九個朝代。在武進士的取士方面，各地錄取士
子的人數結構並非一成不變，相反是一個長期動態變化的過程。在明瞭清代
整體武進士地域分佈格局的情況下，引入時間這個維度，對不同朝代武進
士的地理分佈情況進行探析，有助於更深入地瞭解清代武進士的分佈情況。
受資料所限，目前統計的武進士地理分佈只能涉及從康熙朝至光緒朝的七
個朝代，順治朝和雍正朝的武進士地理分佈情況留待今後有確切史料再進行
研究。

　　康熙朝的武進士地域分佈情況如圖4-1-5所示。從圖中可以看出，康熙朝

武進士的地域分佈與清代整體地域分佈有一定的類似之處，其中直隸的武進士人數最多，占所有武進士比重的將近四分之一。值得注意的是，康熙年間江浙一代的武進士人數較多，其中江南武進士有 127 名，僅次於直隸武進士，浙江武進士的人數達到 60 人，排在所有省份的第 4 名，這主要是由於清代康熙年間武科舉考試對於內場程文的考試較爲看重，而來自江南地區的武士子文化修養水平普遍較高，容易被取中。

圖 4-1-5：康熙朝武進士各省人數分佈統計圖

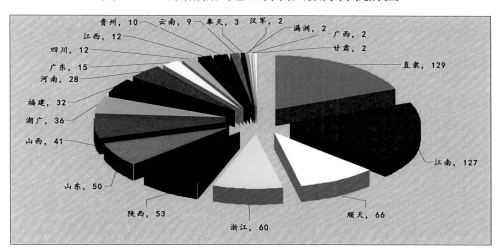

資料來源：筆者根據《康熙朝武進士進程錄》的相關資料整理而得。

乾隆朝的武進士地域分佈情況，如圖 4-1-6 所示。從圖中可以看出，乾隆朝除了直隸地區的武進士人數仍然佔據主流之外，來自陝甘、廣東以及山西、山東等地區的武進士人數明顯增加，這些省份正是武備基礎較好、素來民間習武水平較高的地區。乾隆朝出現這種取士人數排名的變化，與其考試內容更爲傾向外場，即優先考慮士子的武藝水平不無關係。

嘉慶朝武進士的地域分佈情況，如圖 4-1-7 所示。從圖中可以看出，嘉慶朝時期的武進士錄取延續了乾隆朝時期的武科取士傾向，山東、廣東、陝西和河南等地的士子人數較多，分別佔據了人數排名榜的前幾名，另外，來自漢軍的武進士人數也開始激增，除了直隸、廣東、河南、陝西等傳統的武科舉大省外，漢軍的排名相對最靠前，共有 14 人成爲武進士。

圖 4-1-6：乾隆朝武進士各省人數分佈統計圖

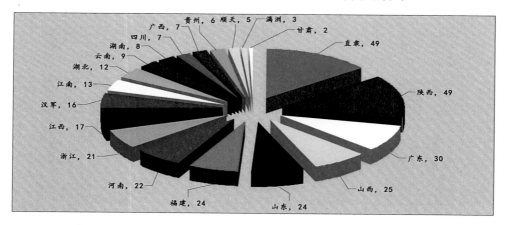

資料來源：筆者根據乾隆朝《武進士進程錄》的相關資料整理而得。

圖 4-1-7：嘉慶朝武進士各省人數分佈統計圖

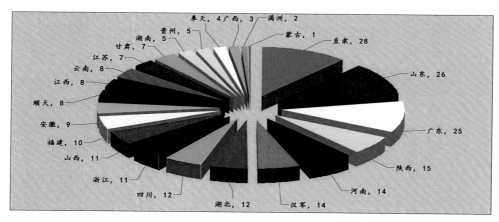

資料來源：筆者根據嘉慶朝《武進士進程錄》的相關資料整理而得。

　　道光朝武進士的地域分佈情況如圖 4-1-8 所示。進入道光朝以後清代社會開始從鼎盛走向衰落，但是武科舉發展卻沒有停滯不前，反而在武進士取士中呈現出新的特點：武進士來源省份多，21 個省和漢軍、蒙古、滿洲均有武進士及第現象，武科舉取士的地區覆蓋面之廣達到歷朝之最、武進士人數的區域分佈更趨均衡，除直隸、河南、山東等武進士大省所佔比重降低外，武進士在 5 人以上的省份達到了 19 個，占所有省份的 90%，道光朝的武科舉在人數上較少，但是取士均衡性上為歷代所罕見。

圖4-1-8：道光朝武進士各省人數分佈比重圖

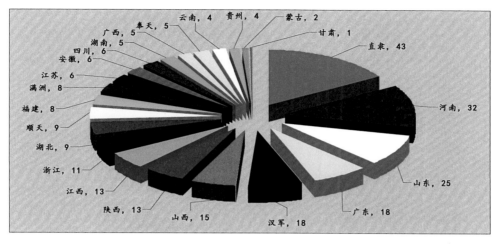

資料來源：筆者根據道光朝《武進士進程錄》的相關資料整理而得。

　　咸豐朝武進士的地域分佈情況如圖4-1-9所示。咸豐時期內憂外患，取士比重呈現出明顯的地區差異性。在武進士及第人數前三名中，直隸，河南，山東等都是與京師距離非常近的省份，而原來的廣東、陝西等省武進士大省人數銳減，這與咸豐朝持續的國內動盪導致南方各省士子難以有比較好的發揮有直接的關係。

圖4-1-9：咸豐朝武進士各省人數分佈比重圖

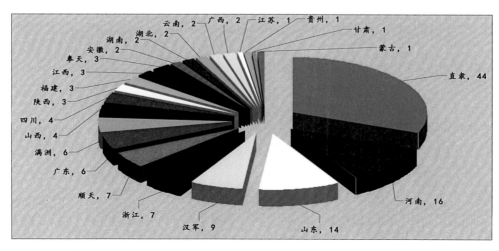

資料來源：筆者根據咸豐朝《武進士進程錄》的相關資料整理而得。

　　同治朝和光緒朝武進士的地域分佈情況分別如下圖 4-1-10、4-1-11 所示。
進入同治朝以來，隨著國內的動盪逐漸平息，武進士的區域分佈也呈現出新
的特點，廣東等武進士重新回到前列，四川武進士的人數增加，但直隸地區
的武進士人數仍然較多。進入光緒朝後，武進士取士名額開始激增，各地武
進士的人數也得到了較大幅度的增長，各省之間武進士人數的分佈趨於均
衡，呈現出與道光朝時期相類似的特點。

圖 4-1-10：同治朝武進士各省人數分佈比重圖

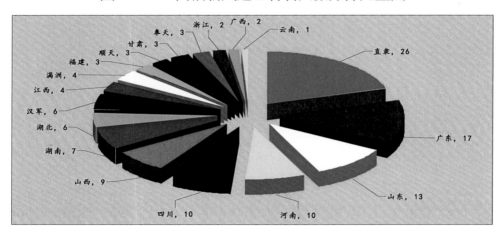

資料來源：筆者根據同治朝《武進士進程錄》的相關資料整理而得。

圖 4-1-11：光緒朝武進士各省人數分佈比例表

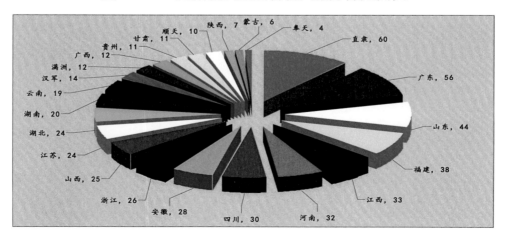

資料來源：筆者根據光緒朝《武進士進程錄》的相關資料整理而得。

（三）武進士的分省成績分析

　　爲保障各地士子在科舉考試中的利益，清代科舉考試字康熙五十一年開始施行分省定額取中制度。武科舉起初並沒有採用這一制度，到乾隆朝時對武會試的士子中額分配做出調整，確定不同省份享有武會試基本固定的中式名額。由於清代武殿試在會試之後短時間內舉行，因此參加完當科武會試的考生一般都會參加武殿試，武進士的地理分佈會或多或少受到原來地區名額分配的制約。而清代武殿試完全按照士子成績來排名，其鼎甲進士的整體水平相對於其它二三甲武進士會有明顯的提高，因此考察查不同省份武進士躋身鼎甲進士的比率，是進一步詳細考量全國各個地區武進士質量高低的有效辦法。爲保證統計數據的準確性，筆者特從 31 科武進士登科錄中選取 28 科作爲考察樣本，對不同地區的武進士鼎甲率進行統計分析，以探明各省武士子的考試競爭力，涉及康熙朝（6 科）、乾隆朝（5 科）、嘉慶朝（3 科）、道光朝（5 科）、咸豐朝（3 科）、同治朝（2 科）、光緒朝（4 科）。如表 4-1-8 所示。根據此表製成圖 4-1-12，可以使我們更爲直觀地瞭解清代各省武鼎甲進士率的分佈情況。

表 4-1-8：清代武進士分省成績統計表

省份	鼎甲武進士			二甲武進士			三甲武進士		
	人數	比 例	排名	人數	比 例	排名	人數	比 例	排名
直隸	24	7.34%	1	74	22.63%	3	229	70.03%	21
四川	4	5.26%	2	9	11.84%	11	63	82.9%	14
漢軍	4	5.06%	3	13	16.46%	7	62	78.48%	18
山東	9	4.89%	4	36	19.57%	4	139	75.54%	19
陝甘	7	4.57%	5	17	11.11%	12	129	84.32%	13
江蘇	6	4.03%	6	38	25.5%	2	105	70.47%	20
江西	3	3.41%	7	9	10.23%	13	76	86.36%	12
河南	5	3.33%	8	26	17.33%	5	119	79.34%	17
山西	4	3.25%	9	12	9.76%	14	107	86.99%	9
福建	3	2.59%	10	10	8.62%	15	103	88.79%	8
廣東	4	2.56%	11	23	14.74%	8	129	82.7%	15

順天	3	2.52%	12	47	39.5%	1	69	57.98%	22
浙江	3	2.29%	13	22	16.79%	6	106	80.92%	16
湖南	1	1.79%	14	3	5.36%	17	52	92.85%	6
湖北	1	1.22%	15	10	12.19%	10	71	86.59%	11
滿洲	0	0	16	6	13.33%	9	39	86.67%	10
雲南	0	0	16	4	8%	16	46	92%	7
貴州	0	0	16	2	5.71%	18	33	94.29%	5
安徽	0	0	16	2	2.94%	21	66	97.06%	2
奉天	0	0	16	1	4.55%	19	21	95.45%	4
廣西	0	0	16	1	3.23%	20	30	96.77%	3
蒙古	0	0	16	0	0	22	10	100%	1
合計	81	3.6%	—	365	16.22%	—	1804	80.18%	—

資料來源：1 康熙九年庚戌科、2 康熙十二年癸丑科、3 康熙三十九年庚辰科、4 康熙四十五年丙戌科、5 康熙五十一年壬辰科、6 康熙五十七年戊戌、7 乾隆十三年戊辰科、8 乾隆十六年辛未科、9 乾隆十七年壬申科、10 乾隆二十二年丁丑科、11 乾隆四十五年庚子科、12 嘉慶六年辛酉科、13 嘉慶十年乙丑科、14 嘉慶二十四年己卯科、15 道光九年己丑科、16 道光十三年癸巳科、17 道光十六年丙申科、18 道光二十一年辛丑科、19 道光二十七年丁未科、20 咸豐二年壬子科、21 咸豐六年丙辰科、22 咸豐九年己未科、23 同治元年壬戌科、24 同治四年乙丑科、25 光緒九年癸未科、26 光緒十八年壬辰科、27 光緒二十年甲午科、28 光緒二十一年乙未科。（注：鼎甲武進士中：道光二十七年僅有狀元和榜眼，嘉慶二十四年將狀元探花除名，因此共計 81 名鼎甲進士。二甲武進士中：光緒二十一年不詳一人、康熙五十七年不詳一人、三甲武進士中：咸豐九年和道光二十一年各不詳三人。）

圖 4-1-12：清代武進士分省鼎甲率統計圖

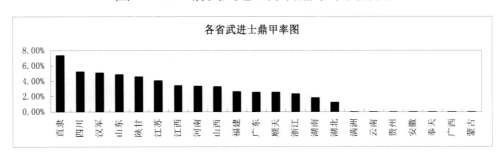

從圖表中可以看出，清代不同省份之間武進士的鼎甲率差異巨大。在統計的 28 科武殿試中，一甲進士共計 81 人、占總數的 3.6%，二甲進士 365

人、占總數的 16.22%，三甲進士 1804 人、占總人數的 80.18%。從各省的情況來看，鼎甲武進士的比例在人數平均比例（3.6%）之上的有 6 個省份，分別為直隸、四川、漢軍、山東、陝甘和江蘇，這些絕大部分是武科舉的強省，可見來自武科強省的武士子，在殿試中成績也相對較好。不過順天的情況比較特殊，順天的武進士成績並不理想，鼎甲率僅有 2.52%，在所有出現鼎甲進士的省份中排名倒數第三，但綜合三甲進士來看，尤其是二甲武進士中，來自順天的武進士占比重高達 39.1%，是整體二甲進士人數比重的將近 2.5 倍，由此不難推知，順天地區儘管最優秀拔尖的武科士子人數不多，但其武進士整體水平相對較高。從分省統計看出直隸和山東鼎甲所佔的人數眾多，達到了將近一半的數量，而陝甘等地的人數也較多，與其驍勇善戰的民風相適應。

三、清代武科舉家族及其地理分佈

　　科舉家族在宋代逐漸形成，是科舉時代特有的社會人文景觀。關於科舉家族的定義，學者們給出了不同的定義。張傑教授在《清代科舉家族》一書中認為：「清代科舉家族是指那些在清朝世代聚族而居，從事舉業人數眾多，至少取得舉人或者五貢以上功名的家族。」〔註 4〕方芳認為清代人口的遷移流動頻繁，以「聚族而居」的地域範圍劃定有時難以做到完整準確，因而主張科舉家族應當以血緣而非地域來作為限定條件，指出科舉家族是「那些族員之間有較強的血緣認同感，從事舉業人數多，至少取得舉人或五貢以上功名的家族。」〔註 5〕無論是以地域還是血緣作為劃分的標準，科舉家族需要滿足兩個必要的條件，首先是從事舉業的人數至少在二人以上，如果一個家族中僅有一人及第，即使是連中三元，也不能稱之為科舉家族、其次是取得的功名有一定標準限值，至少應達到舉人層次，如果一個家族有十餘人及第，但所取的功名僅限於生員或者武生（即武秀才）等初級功名，這種家族在科舉影響力方面產生的作用實際上是非常有限的，嚴格意義就不能稱之為科舉家族了。武科舉到清代已經進入較為完備的階段，由於武科舉舉辦的時間長、取士人數多、社會影響大，清代也出現了一些較為著名的武科舉家族。

〔註 4〕張傑，清代科舉家族〔M〕，北京：社會科學文獻出版社，2003：24。
〔註 5〕胡凡編，黑水文明研究〔M〕哈爾濱：黑龍江出版社，2008：322。

　　首先是陝西甘州的韓氏家族，主要代表人物有韓良輔、韓良弼、韓良卿、韓良臣和韓勳等。陝西韓氏家族的習武之風始於康熙年間的韓成，他出身行伍，因軍功而累積官至四川重慶鎮總兵，在任長達十七年之久。韓成有四子。長子韓良輔在清康熙二十九年（1690 年）庚午科武鄉試中考取第一名，成為武解元，次年順利通過武會試考試，在康熙三十年（1691 年）辛未科武殿試考試中，考取一甲第三名武探花，授正四品二等侍衛，後歷官陝西延綏游擊、宜君參將、神木副將、天津總兵，至雍正二年（1724 年）出任廣西巡撫兼廣西提督。次子韓良弼在清康熙癸未科武殿試中及第，授御前侍衛，後出任山西平坦營游擊和湖南游擊等職。〔註6〕三子韓良卿是清康熙五十一年（1712 年）壬辰科的武進士，初選侍衛，出任陝西西寧守備，再遷莊浪參將，在討伐謝爾蘇部吐蕃時立有戰功，後遷任寧夏中衛副將、廣西碣石總兵，乾隆五年（1740 年），擢升至甘肅提督。四子韓良臣，也考中康熙年間武舉人。韓城除此四子外，其長孫也就是韓良輔的長子韓勳也曾中式武舉，在雍正年間被授予三等侍衛，後因平定仲苗叛亂和參與鎮壓烏蒙傑作亂有功，由貴州威寧游擊逐步升任雲南鎮雄參將、貴州安籠總兵，後因平定清江苗民叛亂，擢升貴州提督。韓氏家族自韓良輔起，連續兩代獲取武科功名，共有三名武進士和兩名武舉人，成為陝西地區康熙年間一段美談。

　　其次是貴州的曹氏家族，主要代表人物有：曹元肅、曹維城和曹石。曹氏家族的習武之路始於康熙年間的曹元肅，他在康熙十二年（1673 年）癸丑科即為當科會元，並取中武進士。〔註7〕在曹元肅的薰陶下，其子曹維城自幼習武，十九歲即參加康熙四十一年（1702 年）貴州鄉試及第成為武舉人，二十歲赴京城參加康熙四十二年（1703 年）癸未科武殿試，成績表現優異，無論外場馬步箭弓刀石還是內場策問都展示出了較高水準，順利奪得桂冠，成為貴州清代武科舉史上唯一的一位武狀元，與光緒年間文狀元青岩人趙以炯、麻江人夏同和，遵義人探花楊兆麟稱為清代貴州「三狀元一探花」。及第之後的曹維城累官至雲南副將、廣西援剿左協副將等職。〔註8〕曹維城之子曹

〔註6〕 秦國經主編，唐益年，葉秀雲副主編，中國第一歷史檔案館藏清代官員履歷檔案全編（1）〔M〕，南寧：廣東師範大學出版社，1997：443。

〔註7〕 徐乃昌纂，南陵縣志（上冊）〔M〕，合肥：黃山書社，1997：410。

〔註8〕 貴陽市政協文史和學習委員會編，貴陽歷史人物叢書（綜合卷）〔M〕，貴陽：貴州人民出版社，2004：204。

石也在武科舉中取得傑出成績，雍正二年（1724 年）甲辰科武殿試中一舉中的，成爲繼其祖父、父親之後第三代武進士，曾任御前二等帶刀待衛。貴州曹氏家族身處武科舉發展並不發達的省份，能夠達到祖孫三代同爲武進士，其中還有一人爲武狀元，在清代貴州乃至全國的武舉史冊上都留下了燦爛的一頁。

　　再次是甘肅寧夏的馬氏家族。寧夏馬家是自明代一直延續至清代的武科舉世家，其家族在武科舉中獲取功名，始於明末時期的馬世龍。馬世龍出身武舉人，曾任宣府游擊，天啓二年擔任永平副總兵，歷官都督僉事、三屯營總兵官和山海關總兵官，後因柳河之役潰敗而離職，之後曾短暫出任寧夏總兵官，於崇禎七年（1634 年）病逝。馬氏家族的武科舉事業在馬世成孫輩上發揚光大，其曾孫馬會伯、馬際伯、馬見伯、馬覲伯皆爲清代武官，而其中三個都成爲武進士。首先是馬見伯在康熙三十年（1691 年）辛未科成爲武進士，曾在洪敦羅阿濟爾罕等戰役中立功，後升任山西太原總兵，康熙帝曾賜與其貂褂、蟒袍、孔雀翎等物。馬見伯雖然爲武官，但是勤奮好學，在軍事理論著作的研習方面有獨到的見解，頗有儒將風範，曾因武科內場考試內容的《武經七書》「注解互異，請敕儒臣選定」〔註9〕得到康熙帝首肯：「見伯此奏亦是」。並最終推進武科內場考試內容改革。此外，還曾建議祭拜孔子時「副將以下皆陪祭」，也得到應允。後升任陝西固原提督。在康熙五十九年（1720 年）輔佐平逆將軍貝子延信率兵定西藏屢屢破敵，獲得朝廷嘉獎。馬會伯在康熙三十九年成爲武狀元，授頭等侍衛。康熙五十九年（1720 年）平定西藏戰役中，與總兵趙坤率綠旗兵會都統法喇從征。之後加左都督。後歷任貴州提督、四川巡撫，累官至兵部尚書，是清代爲數不多能做到六部尚書的武進士之一。馬覲伯在康熙四十二年武殿試中式，選三等侍衛，授巡捕南營參將，累遷大同總兵。後因捲入雍正帝與年羹堯的政治鬥爭，最終被免職〔註10〕。與貴州曹維城家族相比，寧夏馬會伯家族的武科成績同爲三名武進士，一名武狀元，在時間延續性上，馬會伯兄弟三人與曹維城家族的祖孫三代相比有所不及，但在仕途發展和軍事作用發揮方面，馬會伯家族則佔據了明顯的優勢。

　　最後是直隸河間府的哈氏家族。如果說以上韓式家族、曹氏家族和馬氏

〔註9〕　（清）國使館，滿漢名臣傳〔M〕，哈爾濱：黑龍江人民出版社，1991：1874。

〔註10〕姜自力編，銀川軍事人物〔M〕，銀川：寧夏人民出版社，2002：71。

家族士子傑出的成績和表現已經是清代武舉家族中的翹楚，那麼能夠位列這三大家族之上、可以稱之爲清代最具影響力的武科舉家族，則非直隸河間府的哈氏家族莫屬。哈氏家族地處民風剽悍、武風興盛的直隸河間地區，作爲回族人又比較愛好習武，加之地理位置靠近京師，參加武科考試具備時間和空間上多重的便利條件。在諸多因素綜合作用下，哈氏家族在清代乾隆中期開始登上武科舉的舞臺。最先爲哈氏家族贏得聲譽的是哈攀龍。他在乾隆二年（1737 年）成爲武狀元，授頭等侍衛後任福建興化城守副將，參加金川之戰時屢立奇功，平定金川後在乾隆十四年（1749 年）升任固原提督，後歷任湖廣、貴州提督。在乾隆二十五年（1760 年）去世之後，被賜予一品武官的禮遇。以武進士身份歷經三任提督高官，這在乾隆朝之前的武科士子中極爲罕見，從一個側面反映出哈攀龍的彪炳功績。哈攀龍之後哈氏家族的哈攀鳳在乾隆十六年（1751 年）辛未科武殿試中取得第二甲的第二名，授予三等侍衛〔註 11〕，此後歷任四川普安營參將、山東臨清協副將〔註 12〕，乾隆三十六年（1771 年）至乾隆五十二年（1787 年）間，分別出任山西大同鎮總兵、湖北襄陽鎮總兵、甘肅河州鎮總兵、陝西興漢鎮總兵等職。雖然仕途未能再進一步升爲提督，但是在十五年的時間中能夠歷任四省總兵官，也是對其能力的認可。在哈攀鳳及第之後的第二年、乾隆十七年（1752 年）壬申科中哈家一次產生了兩名武進士，其中該科的武狀元被哈攀龍之弟哈廷梁奪得〔註 13〕，哈廷梁及第後授一等侍衛。後在乾隆二十七年（1762 年）出任四川普安營參將。乾隆三十年（1765 年），哈廷梁出任四川泰寧營化林協副將〔註 14〕。與哈廷梁同科及第的還有哈攀龍之子哈國興，及第後授三等侍衛。出爲雲南督標右營游擊，遷東川營參將。在平定緬甸動亂時巧妙用計大破緬軍，升任楚姚鎮總兵、移普洱鎮總兵，後遷任貴州提督、雲娜提督，加封太子少保銜，後因與緬方議和而被奪太子少保銜，降職爲貴州古州鎮、雲南臨

〔註 11〕秦國經主編，唐益年，葉秀雲副主編，中國第一歷史檔案館藏清代官員履歷檔案全編（2）〔M〕，南寧：廣東師範大學出版社，1997：261。

〔註 12〕秦國經編，中國第一歷史檔案館藏清代官員履歷檔案全編（2）〔M〕，南寧：廣東師範大學出版社，1997：261。

〔註 13〕乾隆十七年哈攀龍奏摺：「一甲第一名哈廷梁，亦係臣之族弟。」臺灣故宮博物院編，《宮中檔乾隆朝奏摺》第 4 輯〔M〕，臺北：臺灣故宮博物院，1982：474。

〔註 14〕王鴻鵬，王凱賢，肖佐剛編，中國歷代武狀元〔M〕，北京：解放軍出版社，2004：50。

元鎮總兵。金川之戰開始後，哈國興隨軍出征，升爲西安提督，後連克敵數鎮，因戰功卓著授參贊大臣，佐副將軍。乾隆帝稱讚其「國興雖綠營漢員，熟軍事、又嘗爲乾清門侍衛，與滿洲大臣無異。」〔註15〕後卒於軍中，被賞賜白金千兩以存恤其家，並享受加贈「太子太保，諡壯武。祀昭忠祠，圖形紫光閣」〔註16〕等一系列的優厚待遇。此後，哈氏家族武備人才不斷湧現，雖未獲得武科功名卻也發揮了一定的作用，如哈國興之子哈文虎曾任陝西提標右營守備，在從軍攻打木果木時陣亡，也同樣入祀昭忠祠。縱覽哈氏家族，從哈攀龍，到哈攀鳳、哈廷樑，再到哈國良、哈文虎，哈氏家族無論從及第士子數量（4名武進士）、及第層次和成績（2名武狀元、1名二甲第二名）、歷任官職（合計歷任總兵官8次，提督6次）還是享受待遇（賜一品武官，祀昭忠詞，圖形紫光閣）都達到了清代武科舉家族的頂峰。乾隆皇帝爲此悼念哈國良陣亡時悼詞，正是對哈氏家族功績的最好讚頌：「中土回人，性多拳勇，哈其大族，每出將種，向略趲拉，屢舉險要，中道病殂，成功未告。」〔註17〕

　　除了以上幾大家族外，清代還有一些武科舉家族有較爲傑出的表現，如江蘇泰州的劉氏家族。首先是劉榮慶在乾隆四十九年甲辰科（1784年）高中武狀元。只隔了三年，他的弟弟劉國慶又獲乾隆五十二年（1787年）丁未科武狀元，兄弟兩人同爲武狀元，很是罕見。在任官方面，劉榮慶初任頭等侍衛，後在廣東歷任督撫各營參將、副將，因嘉慶二年在安那地方剿除苗匪有功，在嘉慶十二年（1807年）調山西太原鎮總兵。道光元年（1821年）升任貴州提督。劉國慶及第後曾外放福建邵武營參將，因參與東南海寇之役剿賊有功，題升浙江嘉興協鎮，署瞿州鎮總兵。這在清朝是惟一一例兄弟二人先後高中武狀元且其間只隔一科，錢泳在《履園叢話》中曾稱讚道：「泰州劉榮慶、劉國慶同胞兄弟爲武狀元，古今未聞，亦爲熙朝盛事。」〔註18〕祖籍福建莆田、居於浙江江山的林氏家族也表現不俗。堂兄弟林天潢、林天洛同爲乾隆三十三年（1768年）戊子科武鄉試的武舉人，林天洛在第二年會試和殿

〔註15〕（清）國使館編，滿漢名臣傳〔M〕，哈爾濱：黑龍江人民出版社，1991：2193。

〔註16〕方國瑜主編，雲南史料叢刊，第七卷〔M〕，昆明：雲南大學出版社，2001：468。

〔註17〕（清）于敏中等編，日下舊聞考〔M〕，北京：北京古籍出版社，1985：334。

〔註18〕錢泳，近代中國史料叢刊續輯813～814（履園叢話1～2）〔M〕，臺灣：文海出版社，1978：355。

試中連捷，被欽點為一甲第三名武探花，歷任直隸涿州參將、福建延平鎮副將，後因鎮壓臺灣林爽文造反有功被升為福建福寧總兵。林天澎於乾隆三十六年（1771 年）辛卯恩科考中一甲武狀元，後曾任江西撫標游擊和中軍參將等職。在清代武科舉中，父子二人同為武進士的現象就更為普遍，如：康熙年間江蘇沙溪的陳氏家族，父親陳廷諤為康熙二十四年（1685 年）乙丑科武進士，其子陳元春則為康熙三十年（1691 年）辛未年科武進士，任北直宣化府西城守備〔註 19〕、嘉慶、同治年間的廣東江門馬氏家族，父親馬天保在嘉慶十年（1805 年）乙丑恩科會試中第、殿試獲得二甲第一名，被嘉慶皇帝欽點為花翎侍衛，其第三子馬玉麟中清朝道光元年（1821 年）辛巳恩科武舉人以及道光六年（1826 年）丙戌科武進士，欽點御前侍衛，歷任福建、廣東兩地武官，後長期擔任南澳邊防總鎮，清朝同治年間，馬天保之孫、馬玉麟之侄馬應龍也考中武舉人〔註 20〕。

　　通過對以上清代武科舉中較為出名士子的及第成績、任職情況以及影響較大的武科舉家族的分析可以看出，雖然清代武進士的地理分佈各省之間存在著較大的差異，但是在武科舉家族的分佈上，卻沒有體現出強烈的地域性色彩，不僅直隸、陝西、廣東等武科舉發達的省份出現武舉世家，在浙江、貴州等武科舉並不發達的省份，同樣能夠出現武科舉家族，這也說明了武科舉在全國各地都有很強地適應性。實際上，清代武科舉家族遠不止上述幾個。由於武科舉在當時並未有直接的文獻統計資料留存，給武科舉家族的分析和研究帶來一定的困難。研究清代武科舉家族的資料，除了《清代硃卷集成》和家譜外，還有一個重要來源就是武鄉會試的同年齒錄，筆者在國家圖書館搜集到山東和廣東兩個省份的三份武鄉試同年齒錄，分別為道光八年山東武鄉試同年齒錄、道光二十九年山東武鄉試同年齒錄和咸豐十一年廣東武鄉試同年齒錄，從中可以發現不少及第武舉人其家族中的親屬也同時擁有武科功名的現象，特將三科武鄉試同年齒錄中舉子的家庭情況製成表 4-1-9、4-1-10、4-1-11。

〔註 19〕　（清）徐鉉主修；（清）蕭管纂修；龍雲清校注，松桃廳志（校注本）〔M〕，貴陽：貴州民族出版社，2006：227。

〔註 20〕　陳加編，遼寧地方志考錄〔M〕，瀋陽：遼寧省圖書館，1982：6。

表4-1-9：道光八年山東武鄉試家庭情況表

武舉姓名	親　　　　　　　　屬								人數合計
	長　　　　輩			平　　　　輩			晚　　輩		
	祖輩	父/丈	叔伯	堂兄弟	胞兄弟	其它	子輩	孫輩	
齊殿揚						1B2C			3
房鵬雲	1C		1C	2C					4
王其峯			1C						1
周鶴榮				1A					1
陳芳春		2C				1C			3
長　廉					1B				1
李景揚	1C		1C	1C					3
信鳳鳴	1B		1C	2B2C			2C	1C	9
金廷選	1A2B1C		1B			1C			6
李逢安						1B2C			3
蘇遇春	1B3C	1C							5
張振標			1B1C						2
韓茂林	1C								1
何　俊	4B								4
李崑？	1C		2C						3
李三泰	2C		2C						4
孫培成				1C					1
張登鰲		1C	1C						2
孫延？		1C				1C			2
紀冠軍			1B						1
劉守讓			1B						1
尚云閣			1C	1B5C					7
賀汝麟			1C	1B1C					3
張金甲			1C	1C					2
李捷三	1B								1

武舉姓名	祖輩	父/丈	叔伯	堂兄弟	胞兄弟	其它	子輩	孫輩	人數合計
張爾泰		1B	1B						2
張逢春					1B		1B		2
孫漢煥					2C				2
劉日亨			2B	1B					3
任殿元			2C		2B1C				5
合　計	1A9B10C	1B5C	7B15C	1A5B13C	5B8C	1B2C	1B2C	1C	87

注：為統計和瀏覽方便，特將武舉人家族中擁有的不同級別武科功名用字母分別代替，A＝武進士，B＝武舉人，C＝武生，下表2、表3同。

表4-1-10：道光二十九年山東武鄉試家庭情況表

武舉姓名	親屬								人數合計
	長　　　輩			平　　　輩			晚　　輩		
	祖輩	父/丈	叔伯	堂兄弟	胞兄弟	其它	子輩	孫輩	
龍振清	2B3C						1C		6
張印錫	1B	1B		2B					4
李準繩					1B				1
王金斗			1C	1C					2
吳恩慶	1C				1C				2
劉國治	1C								1
方　筠	1B								1
周立信			2C	2C					4
金上達	1B	1C	2C						4
李文燦		1C	1C						2
趙祐君		1C							1
鄧玉堂	1C	1C	3C	1B					6
馬國慶	1B	1B	1C						3
李明澡	2C		1C				1B3C		7
李玉書	1C	1C			2C				4
陳中田		1C	5C	5C					11

喬魁齡	1C	1C	5C	1C					8
戴國杉		1B	1C						2
張校巡		1C							1
官錦堂		1C	3C						4
張西城	1C	1B		2C					4
劉錫福	1C	1B	3C	2B1C					8
李遇春		1C		2C	1C				4
苗龍池		1C		1C	2C		1C	1C	6
張鴻鈞	1B		1A4B1C	1C					8
李　銓		1C		1C					2
萬家春		1B							1
合　計	7B13C	6B11C	1A4B28C	5B17C	1B6C		1B5C	1C	107

資料來源：筆者根據《道光八年、二十九年山東武鄉試同年齒錄》相關資料整理而得。

表 4-1-11：咸豐十一年年廣東武鄉試家庭情況表

武舉姓名	親屬								人數合計
	長　　輩			平　　輩			晚　　輩		
	祖輩	父／丈	叔伯	堂兄弟	胞兄弟	其它	子輩	孫輩	
何逢春		1C							1
李春發			1B						1
謝遇奇				1B1C					2
何揚宗					1B				1
陳元功				1C					1
祁國勳					1C				1
陳廷隆							1B1C		2
楊文釗			2B		2C				4
楊樹嘉				1C					1
劉廷漢					1B1C				2
何長榮					1B				1

姓名	1	2	3	4	5	6	7	合計
楊殿璋				1B	2B2C			5
何龍驤		1B			1B2C			4
楊鎮英				3B2C				5
李子榮				1B	1B			2
陳耀邦				2B1C				3
王世裕					1C			1
葉啓森				1C				1
陳崇韜					1B2C			3
梁乾元					1C			1
謝耀安					1C			1
司徒騏				2C				2
李殿光			1B	4B	1B			6
林寅年					4C			4
劉漢超			1B					1
李殿強				1A1C	1B			3
麥啓昌		1C		1C	1C			3
李殿名				1C	1B			2
鍾鎮藩					2C			2
何榮章			1B		1B1C			3
林朝俊				1C				1
匯源		1B						1
都遠發					1C			1
李子青		1C		1B			1B	3
蕭禎祥	2C	1C						3
關其彪				1C				1
陳　勇					1C			1
謝振南			1C		1C		1C	3
合　計	2C	2B4C	6B1C	1A13B14C	12B24C		2B2C	83

資料來源：筆者根據《咸豐十一年廣東武鄉試同年齒錄》相關資料整理而得。

　　在道光八年山東武鄉試同年齒錄的記載中共有 54 名武舉人，其中 30 人其家庭至親中存在武科出身者，超過了總人數的 50%。其中父親爲武科出身的士子有 6 人，兄弟同爲武科及第士子的有 16 人。在這 30 人的親屬中，共計有 2 名武進士、29 名武舉人、46 名武生。在道光二十九年山東武鄉試同年齒錄中，有 50 名武舉人登記在案，其中 28 名武舉人的親屬中，存在武科出身者 28 人，在這 28 名武士子的家庭中，共計有 107 名武科士子，其中武進士 1 人、武舉人 24 人、武生 82 人。在此科武鄉試中，可以看出武舉人家族中不僅擁有武科功名的人數較多，從時間上看有相當一部分家族可以延續數代持續獲取武科功名，人數甚至可以達到近十名。例如，山東道光二十八年武鄉試中的武舉人張鴻鈞，從其六世祖張貞開始即爲武庠生，高祖張蘊、曾祖張萬清、叔曾祖張萬年與張萬春、祖父張瑞龍、堂叔祖張瑞麒與張瑞陞也同爲武庠生，此外，其胞伯張金甲爲嘉慶壬辰科一甲二名武進士，胞叔張金華爲嘉慶辛卯科武舉人，張金山爲道光甲辰科武舉人，堂伯叔張金堂爲道光丁酉科武舉人、再如道光二十九年山東武鄉試中的武舉人喬魁齡，其胞叔祖喬登甲和父親喬春同爲武生、任千總之職授武畧騎尉，其伯叔喬輝殿、喬輝清、喬輝福三人也同爲武生，不僅如此，其堂兄弟喬岳齡也身爲武生。

　　在廣東咸豐十一年武鄉試中，家族出現武科士子的情況也較爲常見，雖然該科共取士 173 人，僅有 39 人有記錄，考慮到其中有不少士子記錄未能詳盡等級，家族中出現其它擁有武科舉功名士子的實際情況應當會更爲普遍，從廣東省武鄉試呈現的數據來看，家庭之中有武科功名的人數相對較少，大多爲 1～3 名，很少有武士子家族之中出現 5 名以上武科功名者。但有一個獨特的現象，就是在廣東的武鄉試中，很多家族成員在同一年參加武科考並及第取中舉人，如表 4-1-12 所示。

表 4-1-12：咸豐十一年廣東武鄉試親屬同科及第表

姓　　名	同榜親屬	關　係	人數	姓　　名	同榜親屬	關　係	人數
謝遇奇	謝高卓	嫡堂兄弟	2	李子榮	劉鷹超	嫡堂兄	3
侯壽祺	侯鵬飛	堂叔侄	2		李子青	胞弟	
陳廷隆	陳嘉福	堂叔侄	3	劉廷漢	劉祥徽	堂叔侄	3
	陳朝光	堂叔侄			劉漢超	堂叔侄	

陳耀邦	陳鎮邦	堂叔侄	3	李殿強	李殿名	堂兄弟	2
	陳鼎榮	堂叔侄		合　計	——	——	18

資料來源：筆者根據《咸豐十一年廣東武鄉試同年齒錄》相關資料整理而得。

　　從表中可以看出，同一家族內在同科中考中武舉的士子從親屬關係上來看大多爲堂兄弟和堂叔侄，其總人數達到了 18 人，超過當科錄取總人數 173 人的 10%。考慮到武科舉鄉試還存在一定的淘汰率，可以推測在當時應有不少同一家族中多名成員習武應考的現象。

　　通過對以上兩個省份共計三科武鄉試同年齒錄中武科士子親屬及第情況的統計分析可以看出，清代武科舉在民間的影響力進一步增強，在相對基層的武科鄉試考試中，一個家族內多名成員擁有武科功名的現象比較普遍。儘管受史料限制，尙難以將所有清代武鄉試及第者家庭情況考察清楚，以上三科武鄉試中很多武士子所獲功名也僅爲武生，尙未達到至少取得舉人或五貢以上功名的程度，但從以上三科武鄉試中及第士子超過半數的家中親人存在武科及第者的現象不難看出，清代中後期武科士子在各地的聚集現象已經出現，一個家族內出現多名武科功名者的情況也並不罕見，這從一個側面反映出武科舉在社會生活中存在一定的影響力。

第二節　清代武科士子的及第年齡

　　科舉考試作爲中國古代社會一項重要的入仕途徑，對於民間的士子有著非常大的吸引力，在及第獲得科場功名的榮耀和進入仕途後取得經濟、政治特權的雙重激勵下，爲數眾多的考生投入科考之中，希望通過這個「獨木橋」改變自身的命運。在大量的士子應考和有限的取士中額，使得科場的競爭異常激烈，只有極少數幸運兒能夠成爲「躍過龍門的鯉魚」。這些及第的士子是以年少得意者居多還是以大器晚成者爲主？進士這個科舉時代至高無上的功名給他們披上的是朝霞的光彩還是落日的餘暉〔註 21〕？要想解決這個問題，就需要研究及第士子群體的年齡分佈。

　　在進士群體及第年齡的統計方面，有不少學者已經做了卓有成效的工作。宋元強教授專門針對文科舉中的狀元及第年齡進行統計分析，得出在

─────────────────

〔註21〕張森，清代順天鄉試研究〔D〕廈門：廈門大學博士論文，2011。

清代 114 名狀元中，年齡分佈最多的組別爲 26～45 歲之間，占總人數的
86.3%，文科狀元的平均年齡爲 35 歲。〔註 22〕劉海峰教授指出在科舉制度存
在的一千多年間，考中進士最多的年齡組在 25 歲至 45 歲之間，而 35 歲則是
多數朝代進士及第者的平均年齡、他根據《重修同治乙丑科齒錄》，詳細統
計了同治四年（1865 年）274 名進士的平均年齡，得出 34.87 歲的結論、在對
道光十五年（1835 年）279 名進士的及第年齡統計後，得出平均及第年齡約
爲 36 歲，而同治七年（1868 年）227 名進士平均年齡則爲 34 歲，光緒二十
年（1894 年）245 名進士平均年齡爲 33 歲，三榜通計約爲 35 歲。除了對於
清代進士及第年齡進行統計，劉海峰教授還將關注的目光拓展到宋代武進
士，對南宋紹興十八年（1148 年）榜進士和寶祐四年（1256 年）登科錄進行
統計分析，分別得出宋代進士的平均年齡分別是 35.8 歲和 35.6 歲。〔註 23〕通
過以上士子考中進士科名的年齡分析，我們大致可以推定文科進士一般在 35
歲左右及第。

一、清代中前期武進士及第年齡

在武科舉領域，對於武進士的及第年齡至今尚未見到相應的研究。清代
武科進士的及第年齡情況如何？相比於文科舉進士是普遍年長還是年少？平
均年齡有多少？要回答這些問題，就需要對清代武進士的年齡進行探究。需
要說明的一點是，由於清代武進士及第年齡情況主要登載在武進士登科錄
中，而在乾隆朝之後進呈錄取消了對年齡的記錄，因此目前對清代武進士及
第年齡的考量只能局限於清代中前期。

（一）清代中前期武進士的平均年齡

筆者根據清代武進士登科錄統計武科進士的及第年齡情況。由於不同年
代的登科錄記錄詳盡程度不一，在所有搜集到的資料中共有 9 科武殿試的年
齡資料可考，集中在中前期的康熙和乾隆兩朝。其中康熙朝 6 科，分別爲康
熙九年庚戌科（1670 年）、康熙十二年癸丑科（1673 年）、康熙三十九年庚辰
科（1700 年）、康熙四十五年丙戌科（1706 年）、康熙五十一年壬辰科（1712
年）、康熙五十七年戊戌科（1718 年）、具體人數爲：康熙九年 195 人、康熙
十二年 100 人、康熙三十九年 85 人、康熙五十一年 96 人、康熙五十七年 107

〔註 22〕宋元强，清朝的狀元〔M〕，長春：吉林文史出版社，1992：189。
〔註 23〕劉海峰著，科舉考試的教育視角〔M〕，武漢：湖北教育出版社，1996：262。

人。乾隆朝 3 科，分別爲乾隆十三年戊辰科（1748 年）、乾隆十六年辛未科（1751 年）、乾隆十七年壬申科（1752 年）、具體人數爲：乾隆十三年 94 人、乾隆十六年 87 人、乾隆十七年 65 人。清代武進士年齡可考人數共計 923 人，其中有 6 科實際統計人數爲當科全部進士及第人數，由於個別登科錄有損壞現象，因此在統計中有 3 科人數出現缺額，比例最低的爲康熙三十九年，實際統計人數占總體中式進士數的 87.63%。從總體上看，這九科共錄取武進士 940 名，有準確年齡數據的士子 923 名，占到總體的 98.19%，可以作爲反映當時武進士年齡分佈情況的依據。各個科目武進士的平均及第年齡，見表 4-2-1。

表 4-2-1：清代中前期武進士的平均及第年齡

公 元	科　　　目	人 數	實際人數	比 率	平均年齡	排 名
1670	康熙九年庚戌科	199	195	97.99%	21.85	9
1673	康熙十二年	100	100	100%	22.93	8
1700	康熙三十九年	97	85	87.63%	29.56	1
1706	康熙四十五年	94	94	100%	28.83	2
1712	康熙五十一年	97	96	98.97%	27.59	4
1718	康熙五十七年	107	107	100%	28.97	3
1748	乾隆十三年	94	94	100%	25.87	5
1751	乾隆十六年	87	87	100%	25.52	6
1752	乾隆十七年	65	65	100%	25.11	7
－	合　計	940	923	98.19%	26.18	－

資料來源：筆者根據《武進士登科錄》相關資料整理而得。

從上表可以看出，清代中前期武進士總體的平均及第年齡爲 26.18 歲，這一數據不僅遠遠低於清代文科舉進士的平均及第年齡 35 歲，即使與文進士平均及第年齡較低的光緒二十年（1894 年）的 33 歲相比，也相差 7 歲。可見至少在清代中前期，武科舉進士的整體年齡結構相比於文科舉要普遍年輕許多。具體來看，清代不同科目，武進士的平均及第年齡差距較大，在所有的 9 科武殿試中，武進士平均及第年齡最低的爲康熙九年（1670 年）庚戌科的

21.85 歲，而平均及第年齡最高的為康熙三十九年（1700 年）的 29.56 歲，兩者相差近 9 歲，如此大的差距在文科舉考試中沒有出現過。士子平均及第年齡的波動如此劇烈，從一個側面反映出武科舉在取士的穩定性上與文科舉還有一定的差距。

（二）清代中前期武殿試進士及第年齡結構分析

為進一步詳細考察清代武進士的年齡分佈情況，對所有 9 科武進士群體按照不同的年齡結構進行人數統計（表 4-2-2），再據此表製成年齡結構分佈圖（圖 4-2-1、4-2-2）。統計其在不同年齡段的人數多少，如表 4-2-2 所示：

表 4-2-2：清代武進士及第不同年齡階段分佈表

科目＼年齡	15 歲以下		16～20 歲		21～25 歲		26～30 歲		31～35 歲		36～40 歲		40 歲以上		合　計	
	人數	比例	人數	比例	人數	比例	人數	比例	人數	比例	人數	比例	人數	比例	人數	比例
康熙九年庚戌科	6	3.08	49	25.13	73	37.44	53	27.18	9	4.62	4	2.05	1	0.51	195	100
康熙十二年	5	5	24	24	43	43	20	20	7	7	1	1	0	0	100	100
康熙三十九年	0	0	6	7.06	19	22.35	21	24.71	23	27.06	11	12.94	5	5.88	85	100
康熙四十五年	0	0	9	9.57	24	25.53	26	27.66	17	18.09	12	12.77	6	6.38	94	100
康熙五十一年	0	0	12	12.5	29	30.21	29	30.21	10	10.42	13	13.54	3	3.12	96	100
康熙五十七年	0	0	8	7.48	26	24.30	36	33.64	20	18.69	10	9.35	7	6.54	107	100
乾隆十三年	0	0	10	10.64	36	38.30	33	35.11	12	12.77	3	3.18	0	0	94	100
乾隆十六年	0	0	7	8.05	43	49.42	26	29.88	7	8.05	3	3.45	1	1.15	87	100
乾隆十七年	0	0	7	10.77	32	49.23	20	30.77	4	6.15	2	3.08	0	0	65	100
合　計	11	1.19	132	14.3	325	35.21	264	28.61	109	11.81	59	6.39	23	2.49	923	100

資料來源：筆者根據《武進士登科錄》相關資料整理而得。

圖 4-2-1：清代武進士整體年齡結構分佈圖

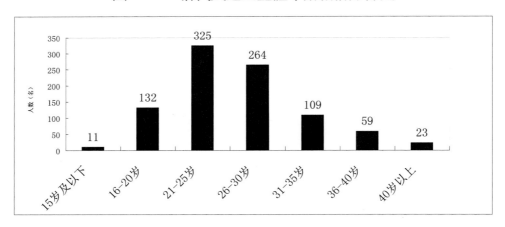

圖 4-2-2：清代不同科目間武進士年齡結構圖

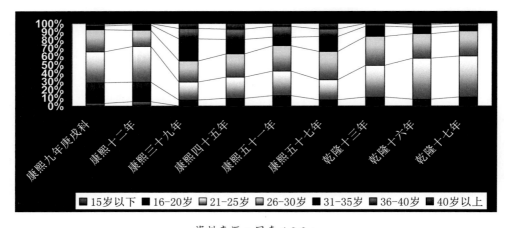

資料來源：同表 4-2-2。

　　從武進士整體年齡結構分佈圖中我們可以看出，21～30 歲之間的武進士人數佔據了及第人數的主體，共有 589 名武進士在這個年齡區間，占所有武進士人數比重的 63.81%。但從圖 4-2-2 可以發現，不同科目之間武進士及第年齡的各個年齡段人數差距較大，這主要受時局動盪的影響。康熙九年（1670年）和康熙十二年（1673 年）正是三藩尚未平定、需要大量戰爭的時期，武進士的及第年齡結構整體表現為年輕化。而到康熙中後期，社會相對較為穩定，武進士及第年齡又恢復到了 25～35 歲士子佔據主導地位的常態。自乾隆

朝開始，士子的年齡結構又進一步降低，21～25 歲的士子佔據了總人數的 4 成至一半，並且開始呈現出一定的穩定性。

（三）清代中前期武殿試進士及第年齡結構統計

武殿試作爲全國性的科舉考試，考量來自全國各地。不同地域之間的武士子的及第年齡情況如何？是大致相同還是不同地區間差異顯著？結合登科錄記載的武進士籍貫分佈，本書將各省武進士及第年齡情況和年齡階段分佈情況列表 4-2-3、4-2-4。

表 4-2-3：清代中前期武進士及第年齡分省統計表

排名	省　份	人　數	平均年齡	省　份	人　數	平均年齡
1	河南	44	28.09	湖廣	50	26.04
2	陝甘	89	27.91	廣東	36	26
3	山西	57	26.84	滿洲	14	25.86
4	直隸	164	26.82	福建	49	25.47
5	奉天	3	26.67	浙江	74	23.78
6	順天	55	26.58	江西	27	23.56
7	山東	60	26.55	四川	16	23.25
8	江南	132	26.4	貴州	15	23.13
9	漢軍	15	26.27	雲南	15	22.2
10	廣西	8	26.25	合計	923	26.18 歲

表 4-2-4：清代中前期武進士及第年齡分省分佈統計表

年齡＼省份	15 歲 人數	15 歲 比例	16～20 歲 人數	16～20 歲 比例	21～25 歲 人數	21～25 歲 比例	26～30 歲 人數	26～30 歲 比例	31～35 歲 人數	31～35 歲 比例	36～40 歲 人數	36～40 歲 比例	40 以上 人數	40 以上 比例	合計
直隸	2	1.22	22	13.41	49	29.88	46	28.05	28	17.07	14	8.54	3	1.83	164
江南	1	0.76	16	12.12	50	37.88	39	29.55	14	10.60	8	6.06	4	3.03	132
陝甘	0	0	7	7.87	28	31.46	27	30.34	17	19.1	8	8.98	2	2.25	89
浙江	4	5.41	19	25.67	26	35.14	16	21.62	3	4.05	4	5.41	2	2.70	74
山東	0	0	7	11.67	19	31.67	20	33.33	9	15	3	5	2	3.33	60
山西	0	0	6	10.53	18	31.58	22	38.60	7	12.28	3	5.26	1	1.75	57

順天	0	0	8	14.55	21	38.18	16	29.10	5	9.08	3	5.45	2	3.64	55
湖廣	1	2	6	12	17	34	18	36	4	8	2	4	2	4	50
福建	0	0	10	20.41	18	36.73	11	22.45	7	14.29	2	4.08	1	2.04	49
河南	0	0	1	2.27	21	47.72	9	20.45	4	9.09	6	13.64	3	6.83	44
廣東	1	2.78	5	13.89	15	41.67	5	13.88	6	16.67	4	11.11	0	0	36
江西	0	0	7	25.93	12	44.44	6	22.22	2	7.41	0	0	0	0	27
四川	1	6.25	6	37.5	5	31.25	3	18.75	0	0	0	0	0	6.25	16
貴州	1	6.67	4	26.67	5	33.33	3	26.66	0	0	0	6.67	0	0	15
漢軍	0	0	1	6.67	6	40	6	40	2	13.33	0	0	0	0	15
雲南	0	0	6	40	7	46.67	1	6.67	0	0	0	6.67	0	0	15
滿洲	0	0	1	7.14	4	28.57	9	64.29	0	0	0	0	0	0	14
廣西	0	0	0	0	3	37.5	4	50	1	12.5	0	0	0	0	8
奉天	0	0	0	0	1	33.33	2	66.67	0	0	0	0	0	0	3

資料來源：筆者根據《武進士登科錄》相關資料整理而得。

　　表中顯示，在清代不同的省份之間，武進士的及第年齡差異巨大，平均年齡最高的河南省為 28.09 歲，而最低的雲南省僅為 22.2 歲。根據各個省份平均及第年齡的不同，可以分為三個年齡階段：第一年齡段是來自河南和陝甘兩個省的武進士，平均中式年齡在 28 歲左右、第二年齡段是來自山西、直隸、奉天、順天、山東、江南、廣西、湖廣、廣東、福建等 10 個省以及滿洲和漢軍的武進士，平均中式年齡在 25～27 歲之間、第三年齡段浙江、江西、四川、貴州、雲南五個省份，平均中式年齡在 24 歲以下。

　　從年齡的分佈來看，武進士及第的平均年齡高低與是否身處武科舉大省、與京師的距離遠近關係並不緊密，陝甘、河南、直隸、江南等武風興盛或者產生武進士人數眾多的省份，其武進士及第的年齡反而更大，四川、貴州和雲南等武科舉相對不發達、地處邊陲的省份進士及第年齡反而較輕。究其原因主要有兩個：一是這些省份的武科舉競爭激烈程度相對較弱，在武童試和鄉試級別考試中沒有很強的競爭性，使士子能夠相對容易地通過這兩級考試成為武舉人，獲得參加會、殿試爭取成為武進士的資格、二是這些省份距離京師較遠，加之平均武科水平較為有限，很多年齡較大的武科舉人就放棄衝擊武進士的機會，所以參加武會試和殿試的考生多為年紀較輕、能夠承

受一兩次失利的士子。

（四）不同科甲層次武進士及第年齡結構分析

在武科舉考試中，雖同為武進士，但成績差異顯著，分為一、二、三甲武進士，前兩甲武進士無論在考試成績、及第授官還是仕途發展中都佔據相對有利的位置。不同科甲層次的武進士的年齡分佈是否不同？是否成績相對較好的鼎甲和二甲武進士的年齡結構要優於三甲武進士？不同層次武進士的年齡結構情況分別如表 4-2-5。

表 4-2-5：清代中前期一甲、二甲、三甲進士年齡分佈表

年齡分段		15 歲以下	15～20 歲	21～25 歲	26～30 歲	31～35 歲	36～40 歲	40 歲以上	合計	平均年齡
一甲	人數	1	2	10	7	5	1	1	27	26.67
	比例	3.7%	7.4%	37%	25.91%	18.52%	3.7%	3.7%	100%	
二甲	人數	4	21	65	52	26	11	4	183	26.18
	比例	2.19%	11.48%	35.52%	28.42%	14.21%	6.01%	2.19%	100%	
三甲	人數	6	109	250	205	78	47	18	713	26.17
	比例	0.84%	15.29%	35.06%	28.75%	10.94%	6.59%	2.52%	100%	

資料來源：筆者根據《武進士登科錄》相關資料整理而得。

圖 4-2-3：清代中前期一、二、三甲武進士年齡結構人數分佈圖

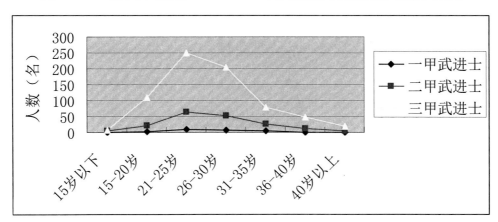

資料來源：筆者根據《武進士登科錄》相關資料整理而得。

圖 4-2-4：清代中前期一、二、三甲武進士年齡結構比例分佈圖

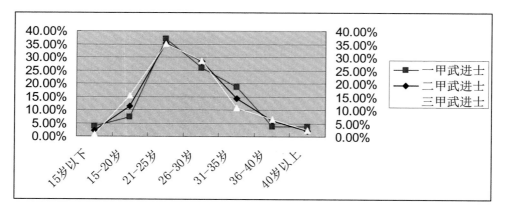

資料來源：筆者根據《武進士登科錄》相關資料整理而得。

　　以上圖表顯示，鼎甲武進士的平均年齡為 26.67 歲，二甲武進士的平均年齡為 26.18 歲，三甲武進士的平均年齡為 26.17 歲，一二三甲武進士之間的差別很小，僅僅相差 0.5 歲，遠低於不同榜次之間的平均年齡差。從年齡的階段分佈情況看，如圖 3-2-3 所示，不同甲第之間的武進士年齡結構基本上呈現出相同的狀態，即 16 至 35 歲之間的武進士人數佔了絕大多數，其中又以 21 至 30 歲之間人數為最多，一、二、三甲武進士的年齡比例線幾乎重合，雖然在不同科甲武進士間及第人數相差懸殊，但其年齡結構的分佈卻保持驚人的一致性，可見在武進士群體中，及第年齡結構與科場成績關聯性並不緊密。

二、清代中後期武舉人及第年齡

　　作為鄉試選材的重要組成部分，舉人中式年齡分佈是考量鄉試取材質量的一個重要標準，舉人個體乃至整個群體的中式年齡，在某種程度上甚至可以反映出科舉制度合理與否〔註 24〕。因此具有其獨特的研究價值，筆者利用所掌握的史料，對清代武舉人的及第年齡進行統計。但受史料所限，僅得到清代中後期的相關情況。

（一）學界關於清代舉人及第年齡的研究

　　從目前掌握的資料來看，最早進行舉人中式年齡進行研究的是一位叫歐森南的西方人。他在 1888 年 12 月撰寫了《中國科舉考試的考生年齡》一文，

〔註24〕姜傳松，清代江西鄉試研究〔M〕，武漢：華中師範大學出版社，2006：38。

對光緒十一年（1885 年）中國各省鄉試中舉者的年齡進行列表分析，發現1521 名舉人的年齡多集中在 20 歲至 40 歲之間、他對 10 省有舉人年齡紀錄的資料統計之後，得出解元平均年齡爲 28.3 歲，第二名爲 30.9 歲，第三名爲 33 歲。〔註 25〕張仲禮先生在《中國紳士》一書中，根據道光十四年（1834 年）和咸豐元年（1851 年）的鄉試錄統計出中舉者的平均年齡在 31 歲左右。劉海峰教授根據乾隆五十三年（1788 年）的《浙江鄉試同年齒錄》統計 78 名舉人，得出平均及第年齡爲 32.06 歲、根據嘉慶十三年（1808 年）的《四川鄉試題名錄》統計 60 名舉人得出平均年齡爲 31.5 歲、根據光緒二十九年（1903 年）的《山東鄉試題名錄》統計 74 名舉人平均年齡爲 31.2 歲。蔣金星在《清代舉子中式的平均年齡研究》一文中〔註 26〕，統計出浙江商籍鄉試、順天鄉試、江南鄉試舉子中式的平均年齡分別爲 27.9 歲，28.1 歲和 31.3 歲，張森在其博士論文《順天鄉試研究》中，根據清代順天 41 科鄉試錄、同年齒錄和同年全錄，統計出清代順天地區舉人平均年齡爲 30.59 歲，並且詳細考量出代表直隸省的貝字號考生平均年齡爲 30.61 歲，全國各地考生在順天應試及第者中式年齡爲 31.79 歲，八旗滿合字號中漢軍年齡 29.32 歲，滿洲年齡爲 27.06 歲，蒙古年齡爲 25.90 歲。

　　通過上述成果可以看出，在文舉人及第年齡方面，已經有學者做過很多探析。而在武科舉研究領域，關於參加鄉試的武舉人年齡情況至今尚未見到相應的研究。在考試內容對士子身體條件要求極高的武科舉領域，受人體生理年齡特點的制約，士子及第年齡情況與其仕途發展相比於文科舉有著更密切的關係。在上一節的文武進士及第年齡的對比中，可以看出武進士的平均及第年齡（約 26 歲）低於文科進士平均及第年齡（約 35 歲）將近 10 歲。那麼，作爲武進士預備力量，武舉人的及第年齡情況又是如何？是否就是鄉試與會試、殿試相差一年的距離即 25 歲？是否也如文武進士對比的那樣低於文科舉人許多？是否因其本身的獨立性而有自己的年齡排列規律？

（二）清代武鄉試舉人及第平均年齡

　　筆者搜集到國家圖書館、臺灣「國家」圖書館藏的 22 科武科鄉試錄，從時間上看，主要是分佈於清代中後期的道光、咸豐、同治、光緒四朝，從地

〔註 25〕劉海峰・科舉學導論〔M〕，武漢：華中師範大學出版社，2005：191～192。
〔註 26〕蔣金星・清代舉子中式的平均年齡研究〔J〕，北京理工大學學報（社會科學版），2005（6）：32～34。

域上看，涉及福建、廣西、廣東、貴州、湖北、湖南、江西、四川、陝西、雲南等 10 個省份。具體的科份及人數信息情況如下。

　　道光朝 4 科，分別爲道光十四年四川武鄉試 41 人，道光十五年四川武鄉試 41 人，道光十九年廣西武鄉試 30 人，道光二十九年廣西武鄉試 30 人。咸豐朝 1 科，爲咸豐十一年廣西武鄉試 60 人。同治朝 15 科，分別爲同治三年四川武鄉試 119 人，同治六年四川武鄉試 132 人，同治六年廣東武鄉試 75 人（其中缺額 9 人），同治六年廣西武鄉試 37 人，同治六年湖北武鄉試 46 人，同治六年江南武鄉試 88 人、同治九年福建武鄉試 70 人，同治九年廣西武鄉試 36 人、同治九年貴州武鄉試 42 人（缺額 6 人），同治九年湖北武鄉試 41 人，同治九年湖南武鄉試 46 人（缺額 1 人），同治九年江南武鄉試 88 人，同治九年廣東武鄉試 69 人（缺額 15 人）、同治九年江西武鄉試 54 人，同治九年陝西武鄉試 137 人（缺額 1 人）。光緒朝 1 科，爲光緒元年廣西武鄉試 38 人。22 科武鄉試舉子及第的平均年齡情況見表 4-2-6。

表 4-2-6：清代武鄉試舉人平均中舉年齡

科　　目	省份	人數	實際人數	比率	前十平均年齡	平均年齡
同治九年	福建	70	70	100	25.4	25.14
同治六年	廣東	84	75	89.3	26.77	24.88
同治九年	廣東	84	69	82.1	24.13	24.71
道光十九年	廣西	30	30	100	21.7	24.37
道光二十九年	廣西	30	30	100	20.2	23.73
光緒元年	廣西	38	38	100	21.4	26.97
同治六年	廣西	37	37	100	23.2	23.95
同治九年	廣西	36	36	100	20.6	24.28
咸豐十一年	廣西	60	60	100	24.4	26.32
同治九年	貴州	48	42	87.5	21.83	23.62
同治六年	湖北	46	46	100	20.3	24.72
同治九年	湖北	41	41	100	26.8	25.73
同治九年	湖南	47	46	97.9	23.8	23.59
同治六年	江南	88	88	100	22.6	24.44

同治九年	江南	178	178	100	24	24.21
同治九年	江西	54	54	100	24.1	23.63
同治九年	陝西	138	137	99.3	26.1	25.78
道光十四年	四川	41	41	100	25.8	25.9
道光十五年	四川	41	41	100	26.6	24.76
同治三年	四川	119	119	100	17.6	24.85
同治六年	四川	132	132	100	24.6	24.03
同治十年	雲南	122	118	96.7	21	24.18
合　　計	—	1564	1528	97.85	23.32	24.72

資料來源：《武鄉試錄》。

由於個別登科錄有損壞情況，有 6 科人數出現缺額，缺額最多的為同治九年廣東武鄉試，實際統計人數占該科總舉人數的 82.1%。這 22 科共錄取武進士 1564 名，有準確年齡數據的士子人數為 1528 名，占到總體的 97.85%，可見統計結果應當能夠比較完整地反映出當時武舉人年齡分佈的情況。從表中可以看出，清代中後期武舉人的平均及第年齡為 24.72 歲，相比較文科舉人平均及第年齡在 31 歲左右，整體年輕 6 歲，從時間上看，在及第年齡上有一個明顯的趨勢就是各省和各朝之間差別不大，清代武進士平均及第年齡在最高一科與最低一科之間相差達到 5 歲，武舉人在所搜集到的資料中，平均年齡差最高為 3.2 歲，絕大多數科目平均年齡在 23～25 左右。

（三）清代武舉人及第年齡結構與成績分析

通過對各省及第年齡結構的統計（表 4-2-7 和圖 4-2-5），可以看出武舉人的年齡分佈相對於武進士而言更集中，在 21～25 歲這一年齡段中舉的人員佔據了非常大的比重。此外，通過表 4-2-7 可以看出，在清代中後期不同朝代和省份之間，武舉人不僅在平均及第年齡上相差無幾，在年齡結構和層次上也相對穩定。清代各省在武備發展程度上差異巨大，各地武風興盛的水平也不一致，取士名額相差也較為懸殊，為什麼卻會出現這種年齡結構上各地區間的一致性呢？筆者認為武科舉考試內容的統一性和評判標準的地域差別性較小是主要原因。雖然在不同地區，武士子能夠完成的馬步箭、弓刀石等考試內容的成績有些差別，面臨的競爭壓力各有不同，但是由於各地考試內容都是完全統一的，無論哪個省份，無論其武風是否興盛，參加考試的士子在 21

～25 歲這個年齡段基本上達到身體各種指標的巔峰這一點上是相同的，也就造成了武舉人在平均及第年齡上這種相對穩定的現象。

表 4-2-7：清代中後期武舉人各省及第年齡結構分佈表

年齡 省份	15 歲以下		16～20 歲		21～25 歲		26～30 歲		31～35 歲		36～40 歲		40 歲以上		極 值	
	人數	比例	人數	比例	人數	比例	人數	比例	人數	比例	人數	比例	人數	比例	最少	最長
福建	1	1.43	8	11.43	31	44.27	19	27.14	9	12.86	2	2.86	0	0	13	39
廣東	0	0	25	17.36	60	41.67	40	27.77	15	10.42	4	2.78	0	0	16	39
廣西	0	0	38	16.45	97	41.99	58	25.11	32	13.85	6	2.6	0	0	17	38
貴州	0	0	11	26.19	21	50	8	19.05	2	4.76	0	0	0	0	16	35
湖北	0	0	8	9.2	40	45.97	32	36.78	6	6.9	1	1.15	0	0	16	36
湖南	1	2.17	13	28.26	21	45.66	7	15.22	3	6.52	1	2.17	0	0	15	40
江南	1	0.38	50	18.8	136	51.13	52	19.54	17	6.39	7	2.63	3	1.13	15	42
江西	0	0	13	24.07	22	40.75	14	25.92	5	9.26	0	0	0	0	16	33
陝西	0	0	23	16.79	51	37.23	39	28.47	19	13.86	4	2.92	1	0.73	18	44
四川	0	0	62	18.62	135	40.54	90	27.03	36	10.81	9	2.7	1	0.3	16	41
雲南	0	0	32	27.12	50	42.37	21	17.8	10	8.48	2	1.69	3	2.54	16	42
合計	3	0.19	283	18.52	664	43.46	380	24.87	154	10.07	36	2.36	8	0.53	13	42

資料來源：同表 4-2-6。

圖 4-2-5：清代中後期武舉人及第年齡階段分佈圖

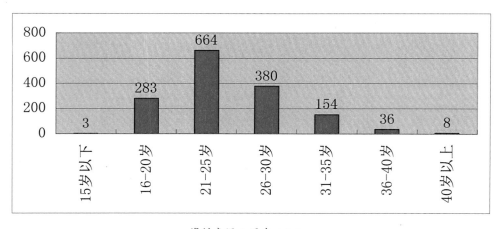

資料來源：同表 4-2-6。

武鄉試中雖然沒有如殿試那樣區分一、二、三甲，但是也根據士子的鄉試成績表現（主要是外場成績表現）進行成績排名。為了詳細考察不同成績武舉人的及第年齡情況，分別從所有的 22 科武鄉試錄中選取其中成績在前十名的士子進行年齡統計分析，並與該科整體的平均及第年齡進行對比，如表4-2-8 和圖 4-2-6。

表 4-2-8：清代二十二科前十名舉人及第年齡情況表

科目＼名次	四川道光14年	四川道光15年	廣西道光19年	廣西道光29年	廣西咸豐11年	四川同治3年	四川同治6年	廣東同治6年	廣西同治6年	湖北同治6年	江南同治6年	福建同治9年	廣東同治9年	廣西同治9年	貴州同治9年	湖北同治9年	湖南同治9年	江南同治9年	江西同治9年	陝西同治9年	雲南同治10年	廣西光緒元年
1	27	27	29	19	22	16	21	29	20	19	23	28	24	19	—	30	25	25	21	30	25	19
2	34	27	18	19	25	16	21	28	19	20	32	26	22	19	—	27	32	29	22	31	25	20
3	25	26	23	19	25	17	24	20	21	20	22	33	25	19	24	29	20	19	24	25	18	21
4	26	28	21	20	18	17	29	24	24	20	22	21	23	20	20	19	25	29	24	22	21	
5	19	23	19	20	29	18	22	29	30	21	18	24	21	21	—	25	23	21	20	19	—	21
6	22	28	17	21	26	18	25	29	22	20	19	39	25	21	25	27	20	19	20	19	—	21
7	31	35	21	19	27	18	27	19	26	21	20	22	—	21	20	30	26	19	21	25	19	22
8	26	18	21	21	31	18	—	24	21	21	20	22	—	22	—	28	23	20	29	34	22	23
9	24	25	19	18	32	19	24	36	21	21	25	25	24	21	—	20	26	30	31	27	17	23
10	24	26	27	21	17	19	31	—	25	21	20	20	26	—	21	24	22	22	22	23		
均	25.8	26.6	21.7	20.2	24.4	17.6	24.6	26.8	23.2	20.3	22.6	25.4	24.1	20.6	21.8	26.8	23.8	24.0	24.1	26.1	21.0	21.4

資料來源：筆者根據《武鄉試錄》相關資料整理而得。

圖 4-2-6：清代二十二科前十名中式舉人平均年齡與總平均年齡對照圖

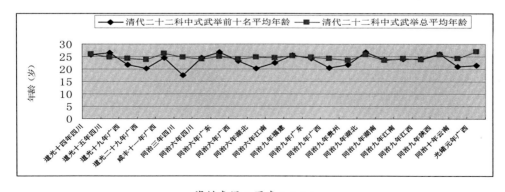

資料來源：同表 4-2-8。

　　從圖表中可以看出，在所有的武鄉試及第武舉中，成績排名靠前的武舉群體及第年齡在各地波動較大，共有 10 科武鄉試中成績排在前列的武舉人群體年齡結構層次要明顯低於整體武舉及第年齡，其中在同治三年四川武鄉試中，年齡的差距達到將近 8 歲。另有 9 科武鄉試成績排在前十名的舉人群體平均年齡與整體武舉人年齡持平，僅有爲數不多的 2 科武鄉試中成績較好士子的平均年齡反而更大。由此可以推斷出，在清代中後期的武鄉試中，成績較好的武舉人及第年齡普遍較低。

（四）清代文武舉人及第年齡對比

　　爲更爲直觀地考量清代文武舉人在及第年齡上的差距，筆者特選取了同爲清代中後期的道光十四年（1835 年）和咸豐元年（1851 年）全國文科舉人及第情況作爲參照，與武舉人的及第年齡進行對比，如表 4-2-9 和圖 4-2-7 所示。

表 4-2-9：清代中後期文科舉人與武舉人及第年齡對比表

年齡＼科份	道光十四年		咸豐元年		清晚期武舉人合計	
	人　數	比　例	人　數	比　例	人　數	比　例
15 歲以下	0	0.0	4	0.2	3	0.2
16～20 歲	51	3.7	74	4.2	283	18.5
21～25 歲	212	15.5	324	18.3	664	43.5
26～30 歲	365	26.6	426	24.1	380	24.9
31～35 歲	301	22.0	401	22.6	154	10.1
36～40 歲	234	17.1	242	13.7	36	2.4
41～45 歲	112	8.2	163	9.2	8	0.5
46～50 歲	51	3.7	72	4.1	0	0.0
51～55 歲	32	2.3	40	2.2	0	0.0
56～60 歲	8	0.6	14	0.8	0	0.0
61～65 歲	2	0.1	10	0.6	0	0.0
66～70 歲	3	0.2	0	0.0	0	0.0

合　計	1371	100.0	1770	100.0	1528	100.0
平均年齡	約 31 歲		約 31 歲		24.7 歲	

資料來源：道光十四年數字取自《甲午直省同年全錄》，咸豐元年數字取自《辛亥直省同年全錄》，轉引自張忠禮著《中國紳士——關於其在 19 世紀中國社會中作用的研究》，上海：上海社會科學出版社，1991：125；武舉數字由筆者根據《清代武鄉試錄》相關資料統計而得。

圖 4-2-7：清代中後期文科舉人與武舉人及第年齡對比圖

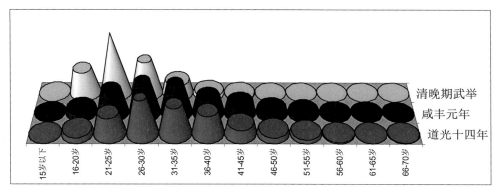

資料來源：同表 3-2-8。

　　從圖表中可以看出，清代後期的道光和咸豐年間，文科舉人及第年齡最多的集中在 26～35 歲之間，分別達到了 48.6%和 46.7%，其中又尤以 26～30 歲人數爲最多，分別爲 26.6%和 24.1%。而在同一時期的武鄉試中，武舉人的及第年齡集中在 21～30 歲之間，占所有及第士子比重的 68.4%，其中又以 21～25 歲人數爲最多，占總數的 43.5%，與文科舉相比有近 5 歲的差距。在平均及第年齡上，文科舉約爲 31 歲，而武科舉僅爲 24.7 歲，相比之下，年齡差距在 6 歲左右，也反映出武舉人的整體年齡結構更爲年輕，究其原因，在於武科舉考試對外場馬步箭弓刀石的考核更爲看重，而這些考試項目需要士子有較強的體力作爲保證，在 21～30 歲之間的士子及第人數眾多也就可以理解了。這一點，還可從文武科舉及第考生年齡分佈的極值中得到明顯的印證，在文鄉試中 20 歲以下的考生比重不超過 5%，而武鄉試中接近 20%、相反地，而從年老士子情況來看，40 歲以上的士子在武鄉試中近乎絕跡，只有 0.5%的比重，而文鄉試中分別有 15.1%和 16.9%的比重，武舉人年齡最高的及第者爲 42 歲，而文舉人年齡最高者接近 70 歲。

第三節　清代武科士子的社會貢獻

作為一項選拔武備人才的制度，武科舉及第的士子們對社會的諸多領域會產生影響。探究清代武科士子的社會作用，必須考慮其所處的歷史背景和社會環境，清代是我國君主制社會的晚期，武科舉在其產生之初就承載著加強君主專制、強化君權、有效籠絡士子的任務。同時作為一項專門選拔軍事武備人才的制度，武科舉在為習武士子開闢一條進入軍政仕途之路的同時，也為清代軍事力量的發展壯大提供了有益的補充，大量武科士子投身綠營，在對內鎮壓農民起義、防止少數民族分裂，對外抵禦外敵入侵的過程中發揮了不可忽視的作用。此外，在社會生活的其它方面，武科士子也發揮了一定的功效。

一、清代武科士子的政治貢獻

縱觀武科舉施行的唐宋明清四代，雖然對於實施武科舉所採取的具體態度不盡相同，但有一個共同的特點，那就是通過對武科士子的掌控，達到強化皇權和君主專制的目的。唐代武科舉設立的初衷之一，就在於武則天建立武周政權後希望能夠通過廣開仕進之途，籠絡一批忠於自己的軍事人才，以對抗把持朝政的關隴集團的軍事勢力。武科舉制度在其誕生之初所承載的這一作用一直延續下來，成為歷代封建帝王加強君主專制的一個有效途徑。宋代是由國內大將通過軍事政變奪得的天下，因此對於武將有種天生的防備心理，這種心理也體現在武科舉取士之中，皇帝通過降低武科舉考試的軍事素質考核難度，控制及第者的授官級別和仕途發展來制約武科舉的社會影響力，以便更有力地維護其統治。

明代由於一直施行武官世襲制度，國家軍事官員的充任和升遷有著一套固定的體系，因此在建國前期很長一段時間內不設立武舉，皇帝並不具備完全控制武官選拔的權力，到明憲宗時期才頒佈《武舉法》設立武科舉制度，並逐漸將武舉考試的內容統一到傳統儒教之中。崇禎年間，武科舉設立殿試，由皇帝親自選拔武進士並授予官職，習武士人直接效忠於皇帝，達到了「恩由上出，圖報必探」〔註27〕的目的。武舉從一批忠君的武臣子弟中選拔出一批佼佼者，他們對皇帝更加忠心耿耿。

〔註27〕李國祥，楊昶主編；明實錄類纂（文教科技卷）〔M〕，武漢：武漢出版社，1992：369。

　　清代更是一反之前歷代建國初期先安置奪取江山軍事將領、暫緩施行武舉的常態，在順治三年（1644 年）就開始設立武舉，並一直延續 109 科直至清末光緒二十七年才停止，除了舉辦的科目次數遠超之前歷代外，在取士人數上也創下了歷史之最，僅以最高級別的武殿試爲例，終清一代共取武進士 9347 人，是明代武進士人數的近一倍。由於清代武殿試多由皇帝親自主持，而且無論傳臚聖典、宴請及第武進士等程序上，還是對武進士的賞賜，都與文進士放在同等重要的地位，通過這一系列對武科士子的禮遇收羅其忠心。另外，皇帝將殿試科目的設定、內容的修改、武科士子的任命等權利掌控在自己手中，如新科進士由皇帝親自在紫光閣試騎射技勇，無庸另派大臣揀選，以此降低大臣在武進士評定中的作用，讓被評定的武進士將感恩的情懷集中於皇帝一人身上，起到加強皇權的作用。

　　清代皇帝除了親自主持武殿試外，還通過以下兩個方面鞏固和加強皇權：第一是皇帝親自更定內外場考試內容，確定各級武科士子修習的內容。與今天的高考相類似，科舉時代的考試內容也是一根指揮棒，引導著投身科舉考試的士子們的學習方向。在清朝前期的武科舉選拔考試中，除了對《武經七書》等經典軍事理論著作進行考核外，還將《論語》、《孟子》等儒家經典著爲出題範圍，並且將策文水平的高低作爲考核武進士的重要標準，四書文在相當長的一段時間是各級武科舉內場考試的必考內容。這些儒家經典的本質內涵之一就是培育士子的忠君思想，通過儒家經典的考核，武科舉選拔出了一批忠君的武科士子，他們其中的很多人通曉儒家經典，將仁義禮智、忠孝廉恥作爲自己的行爲規範，對皇帝更加忠心耿耿。第二是皇帝根據自己的好惡隨意干涉武科舉的正常運行，在武科舉科目設置、授官等方面表現得尤爲明顯，如：順治十二年（1655 年），由於皇帝第一次親自主持殿試考試，對武進士待遇「宜加優異」，鼎甲武進士授官都比平常科次高出一級、順治十七年（1660 年），順治帝認爲「開弓、舞刀、掇石舉屬虛文無益。以後俱不必試」，〔註 28〕此後外場的技勇考試連續停廢數科、康熙三十年（1691 年），康熙帝認爲武科士子授官品級比文科高出許多，因此將武進士授官除參將、游擊外，比平常科次都降半級任用、雍正元年（1723 年）改革武進士授官制度，將武進士及第後由外放改爲授予侍衛，武進士是漢族習武士子中的

〔註 28〕　（清）高宗敕撰，清朝通典，卷十九〔M〕，杭州：浙江古籍出版社，1988：2135。

佼佼者，將其籠絡在侍衛隊伍，使其進一步收在皇帝手下，有利於加強對武進士的控制。

清代武科士子除了能夠在提升君主專制方面做出貢獻外，在維護社會穩定方面也發揮了比較重要的作用。主要是是有以下三個方面：

第一是前明武科士子投靠清廷，消除民間不穩定因素。清代對於武科士子的籠絡自清軍入關後不久就開始實施，當時由於民族矛盾極為激化，漢人起義連綿不斷，前明遺留下的一些參加過武科舉、身懷武藝之人，為防止其成為民間反抗的武裝力量。清廷在順治年間，對於原前明武進士就採取過允許聽由兵部任用的政策，順治二年（1645 年）清軍進駐陝西後，規定「該省（陝西）前朝文武進士文武舉人仍聽該部核用。」〔註29〕這樣的政策也確實起到了良好的效果。有一批明代武科士子投奔而來，為清朝統一天下和穩定統治作出貢獻，其中明朝武進士金礪就是傑出代表。他投奔清廷後曾招撫李自成舊部、平定兩湖、攻佔舟山為做出了傑出的貢獻。在順治十一年（1654 年）「授陝西四川總督……十三年加太子太保，以原官致仕」。〔註30〕

第二是本朝武科士子出身來源廣泛，使更多的民間習武之人看到了通過武科舉進而步入軍政仕途的光明前景。清廷在本朝武科士子選拔中採取多種措施，使更多的士子能夠擁有參加考試的機會，如清朝初年在考生的民族成分確定上，為了通過武科舉更廣闊的選拔各地人才，降低各地人中武進士的難度，規定不允許滿洲、蒙古、漢軍人考試，直到康熙六年天下基本平定後，才允許滿洲、蒙古、漢軍報考。在考試內容上，內場考試內容要求總體上不斷降低，清初選拔武進士重視內場，由於江南地區經濟發達，文教基礎好，所以殿試及第的武進士以這些地區士子居多。順治十八年（1661 年）不得憑策論專為高下的建議被清廷接受，武進士的錄取憑藉標準主要是武藝高強，為錄取更多武風盛省份士子稱為武進士提供了方便，大大刺激各地尤其是邊遠地區士子的投考熱情，也顯示出清廷為擴大錄取士子的範圍的決心、康熙三十二年（1693 年）更是針對武科場中「江浙人中式者多，山西河南兩省各中一人」的情況，強調「武進士之文不過熟記成語抄寫舊套而已」，要求

〔註29〕 南炳文，白新良主編：李小林撰，清史紀事本末，第二卷〔M〕，上海：上海大學出版社，2006：484。
〔註30〕 《續修四庫全書》編纂委員會編，續修四庫全書（298）史部・正史類〔M〕，上海：上海古籍出版社，1995～2002：631。

「必以馬步箭俱優，人材出眾者為佳耳。」〔註 31〕除考試內容改革外，在錄取名額分配中也注重各地的平均，如康熙五十二年（1713 年）考慮到各省考取武進士時候取中額數「或一省偏多一省偏少」，導致「騎射嫻熟諳悉韜略之人多有遺漏」，規定「嗣後考取武進士不必拘定額數，俟天下會試武舉齊集京師……計省之大小人之多寡照考文進士例按省酌定取中額數」〔註 32〕，此外，特別對於雲南、貴州、廣西等邊遠省份來京應武會試者也作出關照，康熙四十八年（1709 年）十月發佈上諭，對這幾個省的士子應酌定中額，使武風不盛的省份不至於出現無人登科的現象，對這些省份起到鼓勵作用。乾隆年間還曾屢次增加陝甘等邊區武科舉取士名額。

　　第三是清代中前期部分武科士子仕途發展道路順暢，起到了示範作用。清代科舉考試是漢族士子步入仕途、實現為官夢想的重要途徑，科舉考試中的武科舉由於參加考試時內場程文的要求相對較低，不似文科一樣需要士子所在省份文風很盛，這就給了一些文風不強的地區的士子多一個進入官僚機構體系，躋身帝國統治階級的機會。清廷對於民風尚武的省份名額的增加和對邊遠省份取中額數的照顧，又加大了這些地區武科舉的影響。因此，清代武科舉體現出了比文科更廣泛的地域適應性，不僅出現了一些世代投身武科的武舉世家，還有很多武科士子在仕途中表現優異，成為提督以上高級軍事將領的人數就超過 40 名以上，其中僅以武進士為例，具體情況見表 4-3-1。

表 4-3-1：清代部分武進士歷官一品者名單

姓　名	科　分	籍　貫	職　　官
梁化鳳	順治三年丙戌科	陝西長安	太子太保、左都督／江南提督
王玉璽	順治九年壬辰科	浙江仁和	福建都督
林本直	順治十七年庚子科	江南江寧	湖廣總督
穆廷栻	康熙六年丁未科	直隸臨榆	江南全省提督／福建陸路提督／贈左都督
殷化行	康熙九年庚戌科	陝西咸陽	廣東提督
俞益謨	康熙十二年癸丑科	甘肅寧夏	湖廣總督

〔註31〕趙之恒，牛耕，巴圖主編，大清十朝聖訓（第十二冊～第十五冊）清宣宗聖訓，清文宗聖訓〔M〕，北京市：北京燕山出版社，1998：264。
〔註32〕鐵玉欽編，清實錄教育科學文化史料輯要〔M〕，遼瀋書社，1991：293。

楊愷	康熙十二年癸丑科	江蘇儀徵	兩湖提督
費俊	康熙二十七年戊辰	浙江歸安	贈左都督
馬見伯	康熙三十年辛未科	陝西寧夏	固原提督
韓良輔	康熙三十年辛未科	陝西甘州	廣西提督
張文煥	康熙三十年辛未科	甘肅寧夏	雲貴提督
馬會伯	康熙三十九年庚辰科	陝西寧夏	雲貴總督
侯濚	康熙四十二年癸未科	陝西興化	提督
石雲倬	康熙四十五年丙戌科	山東德州	浙江提督／福建提督
韓良卿	康熙五十一年壬辰科	陝西甘州	甘肅提督
宋愛	雍正元年癸卯恩科	陝西靖遠	貴州提督
苗國琮	雍正二年甲辰科	漢軍鑲白旗	賜賞提督銜
馬大用	雍正五年丁未科	安徽懷寧	福建水師提督
劉順	雍正五年丁未科	直隸宛平	西安提督貴州提督贈太子少保
齊大勇	雍正八年庚戌科	直隸永平	湖廣總督
馬負書	乾隆元年丙辰科	漢軍鑲黃旗	陸路提督
胡大猷	乾隆二年丁巳科	順德桂洲	湖南提督
哈攀龍	乾隆二年丁巳科	直隸河間	固原提督／湖廣提督／貴州提督
章紳	乾隆四年己未科	直隸天津	廣東提督
李煦	乾隆四年己未科	直隸天津	貴州提督
俞金鰲	乾隆七年壬戌科	直隸天津	福建陸路提督／甘肅、湖廣、直隸提督
任舉	乾隆七年壬戌科	山西大同	贈都督同知
寶璵	乾隆七年壬戌科	山西平定	貴州提督廣東提督湖廣提督雲南提督
董孟	乾隆十年乙丑科	漢軍正黃旗	陝甘提督／固原提督
哈國興	乾隆十七年壬申科	直隸河間	貴州提督雲南提督贈太子太保
李國梁	乾隆二十二年丁丑科	順天豐潤	直隸提督湖廣提督加太子太保銜
馬全	乾隆二十五年庚辰科	山西太原	甘肅提督
彭承堯	乾隆二十五年庚辰科	湖北松滋	四川提督廣西提督加太子少保銜
李長庚	乾隆三十六年辛卯科	福建同安	浙江提督／福建水師提督
李南馨	乾隆三十六年辛卯科	福建長樂	福建水師提督
何定江	乾隆四十五年庚子科	廣東香山	浙江提督

劉榮慶	乾隆四十九年甲辰科	江蘇泰縣	貴州提督／廣東提督
王　綏	乾隆五十五年庚戌科	寧夏靈州	江南提督
徐華清	嘉慶十三年戊辰科	山東臨淄	陸路提督
汪道誠	嘉慶十四年己巳科	江西平樂	雲南提督
何岳鍾	嘉慶十四年乙巳科	廣東新會	虎門提督
馬殿甲	嘉慶十六年辛未科	河南登縣	陸路提督／廣西提督
昌依蘇	嘉慶二十五年庚辰科	滿洲正黃旗	直隸提督

資料來源：筆者根據《光緒廣州府志》、《(道光)廣東通志》、《壬癸藏札記》、《(道光)濟南府志》、《長蘆鹽法志》、《兩浙輶軒錄》、《(雍正)浙江通志》、《國朝先正事略》等相關資料統計整理而成。

　　除了表中所列這些位列一品高級武官外，還有一大批頗有威望資歷、戰功卓著的武科士子官至總兵、副將，在地方軍職任上維護治安、剿平匪患，許多武進士以身殉國，做出了傑出的貢獻。這些武科士子的優秀表現很好的起到榜樣示範作用，激勵著更多的習武之士投身武科舉。

二、清代武科士子的軍事貢獻

　　武科舉是一項軍事人才選拔制度，其本質在於選拔和網羅優秀學額軍事人才，如劉大夏所言：「武舉之設，將以延攬英雄，廣儲將帥，招徠韜晦之士，收拾蹻弛之才。蓋以古今治天下之具，惟文武二道，天之生才，以供世用，惟文武二藝，凡國家求相於文，求將於武，亦惟文武二科。」〔註33〕清代武科舉的存在，與清代軍事發展密切相關。在清代武科士子中產生了不少傑出的軍事將領，清朝入關後的歷次重大戰事中，幾乎都可以看見武舉出身者的身影。無論在對內維護統治、鎮壓農民起義、少數民族叛亂上，還是在對外抵抗外族侵略、維護政權統一上，都肩負起安邦衛國的重任，作出了很了不起的業績和貢獻。

（一）參與鎮壓各地動亂，保障統治穩定

　　清代是軍事活動連年不斷的王朝，在其入主中原的二百餘年間，比較大規模的戰爭就有近十次，包括清初期與南明政權和各地農民起義軍作戰，前期削除三藩和收復臺灣，雍正乾隆時期兩次討伐準噶爾部叛亂，出兵西藏，

〔註33〕丁守和，中國歷代奏議大典，議行武舉疏〔M〕，哈爾濱：哈爾濱出版社，1994：958。

征戰大小金川、鎮壓新疆大小和卓叛亂，中後期咸豐、同治年間出現了創歷屆農民起義之最的太平天國運動，還面臨「千年未有之變局」——帝國主義列強的侵略等等，此外還有數不清的中小規模戰爭。可以說軍事鬥爭貫穿整個清代，面臨的軍事問題也層出不窮。而這些重大的戰事，幾乎每次都有武科士子參與其中。

清初順治年間，武科舉殿試選拔人數在 200 人以上，順治三年（1646 年）丙戌科取 200 人，十二年乙未科取 220 人，是明朝末年武進士取中人數一倍左右。由於當時還未能統一中原，清廷在南方與南明政權的戰事頻繁，中下級武官損耗巨大，擴大武科士子的取中人數可以有效地起到補充人員的作用。這一時期湧現出了一大批活躍在鎮壓各地起義軍和對抗南明政權第一線的武科士子，他們中的大多數人浴血奮戰，為清朝的統一獻出生命，如順治戊戌科武進士吳錫綏，任羅定都司時率所部收復平樂城，援軍被截「錫綏飲血鏖戰，糧盡矢絕，自刎以殉，從死者數百人，事聞贈昭武將軍」〔註 34〕、順治年間武進士揚州人陳錡，任荊州府副總兵時會剿山賊，從騎皆沒，錡拔腰劍自剄、順治丁亥武進士趙熹任象山右營參將，康熙乙卯在貓頭洋剿匪時斬南明都督周貴，後因風勢原因失利，「左右皆不能為力，熹鼓勇當先，手刃數人，力屈被害」〔註 35〕。

進入康熙年間，在鎮壓三藩叛變、維護清朝統一的過程中，武科士子也身先士卒，作出表率，積極參加平叛戰爭，其中不少人留下了可歌可泣的悲壯故事，如順治十八年武進士馬宏儒，深受吳三桂重視，脅迫他一起叛變時堅持不從，被「鐵椎椎其齒，齒盡落，囚昆明」〔註 36〕卻始終脅受偽職不從、順治六年武進士潮州參將李成功和康熙六年武探花潮州城守營游擊張善繼，發現總兵劉進忠欲隨同耿精忠一起叛變時，密謀誅滅參與反叛的總兵劉進忠，被察覺後「進忠以兵脅同叛」，李成功痛陳利害，拒不從命，「進忠怒立斬之臨刑，猶罵不絕口。死之日闔城皆泣下」〔註 37〕，張善繼受「進忠屢遣人諭降」，堅持不屈從，最終被害殉國、順治十五年（1658 年）戊戌科

〔註 34〕嵇曾筠，浙江通志，卷一百六十四〔M〕，上海：商務印書館，1934：2905。
〔註 35〕嵇曾筠，浙江通志，卷一百六十三〔M〕，上海：商務印書館，1934：2882。
〔註 36〕趙爾巽，清史稿，卷四百八十八，列傳二百七十五〔M〕，北京：中華書局，1977：13474。
〔註 37〕續修四庫全書編委會，續修四庫全書（647）史部地理類，（乾隆）潮州府志卷三十三〔M〕，上海：上海古籍出版社，2006：433。

武進士張國彥，時任陝西淡羅營副將，吳三桂叛變時「國彥嬰城固守……本營兵變，逼國彥獻印，不屈……發火自刎死」，被追贈「太子太保，左都督」〔註38〕。

在清中期歷經康、雍、乾三朝的準噶爾首領噶爾丹分裂勢力叛亂中，也有不少武科士子作出了突出的貢獻，如 1696 年擊潰噶爾丹主力昭莫多戰役中，論功評為第一的就是康熙九年（1670 年）庚戌科的武進士殷化成。乾隆年間四川大小金川叛亂，鎮壓過程中也有武科出身者的身影，如乾隆七年（1742 年）武進士任舉，乾隆十三年（1748 年）調赴金川，升任總兵官，「進攻昔嶺石城被搶陣亡」，被追贈「都督同知」，「賜祭葬諡勇烈入祀昭忠祠」〔註39〕、乾隆二十二年（1757 年）丁丑科武榜眼植璋，隨定西將軍阿桂出師征剿，收復鄂克什美諾等處，每次戰鬥都身先士卒，不避矢石，最終受傷卒於軍、乾隆二十二年（1757 年）丁丑科武進士葉至剛，出征大金川時從噶拉山梁駐防得勝橋「七晝夜攻擊碉卡數十餘座」，「克得木特馬爾邦等地方」，擢升靖遠協副將〔註40〕、乾隆十七年（1752 年）武進士哈國興，乾隆三十七年（1772 年）領兵進討小金川，奮勇出力進取果爾鳥谷山麓，又隨大軍攻克布朗郭宗，僧桑格遁，大兵直抵木達，僧桑格之父澤旺出降，平定小金川，被追「贈太子太保，諡壯武，命圖形紫光閣」〔註 41〕。到清中後期，各地民間反清活動風起雲湧，其中影響最大的就是太平天國起義，此時八旗軍和綠營的戰鬥力已經大不如前，鎮壓太平天國的主要力量變為各地方團練勢力，但還是有些武科士子在剿滅這場歷史上規模最大、持續時間最長的農民起義中發揮了作用，如道光二十五年（1845 年）乙巳科武進士彭三元，咸豐二年（1852 年）在湖南道州、東安剿滅起義軍多名，「三年，平江西泰和土匪於茶陵、安仁」，「咸豐四年，隨副將塔齊布剿賊湘潭，收復湘潭城」〔註 42〕、道光二十一年（1841 年）武進士石清吉，咸豐初年任湖北鄖陽鎮守備，「從剿黃陂、崇陽、應城，累擢參將。克安陸、京山皆有功，以勇稱，所統曰飛虎軍」，

〔註38〕 趙爾巽，清史稿，卷四百八十八，列傳二百七十五〔M〕，北京：中華書局，1977：13474。
〔註39〕 蔣維明，川湖陝白蓮教起義資料輯錄〔M〕，成都：四川人民出版社，1980：160。
〔註40〕 陳昌齊，廣東通志〔M〕，臺北：華文書局股份有限公司，1968：4744。
〔註41〕 徐世昌，大清畿輔先哲傳〔M〕，北京：北京古籍出版社，1993：286。
〔註42〕 趙爾巽等撰，二十五史全書，第十冊〔M〕，呼和浩特：內蒙古人民出版社，1998：1276。

「七年，援蘄州，拔太湖，攻安慶」，「八年，由安慶退保宿松，大戰破賊」，「十年，大戰小池，克太湖，功皆最」，〔註43〕十一年攻克廬州，累以戰功賜號幹勇巴圖魯、擢總兵加提督銜。由於功績突出，陣亡後加提督銜，照提督陣亡之例賜恤，在「死事地方及原籍立專祠，予諡剛介」。〔註44〕

（二）參與抵禦外族侵略，維護國家統一

清代是一個特殊的歷史朝代，其特殊之處之一就在於既登上了千年封建社會發展的頂峰，又逐步淪落入半殖民地半封建社會的谷底。這種特殊性反映到軍事活動上，就是清代既需要面對歷史上任何一個朝代都經歷過的少數民族分裂，地方割據勢力叛亂，農民起義，又得面對數千年未有之變局——來自外國的侵略。由於外國侵略勢力的進犯開始於清朝末年，此時的武科舉整體已經呈現出沒落的態勢，清代武科士子在抵禦外敵入侵方面留下記錄的人數與平定內亂時相比少了許多，但是為數不多的幾位士子的戰鬥形象更顯悲壯英勇，如：道光三年（1823 年）癸未科武進士葛雲飛，道光十一年任定海總兵，以父憂歸家服喪，道光二十年（1840 年）鴉片戰爭爆發，英軍第一次侵略定海，總兵張朝發戰敗，定海失守，葛雲飛再度出任定海總兵，重披戰袍，確定先守後戰方針，守住招寶、金雞兩山，列炮江岸，築土城，重新召集部隊，振奮軍心，借調三年俸祿修築防禦工事，英軍於道光二十一年（1841 年）再度進犯定海，葛雲飛率領定海軍民。連戰六晝夜，終因寡不敵眾，「身受四十餘創，植立崖石而死。」聞聽葛雲飛事跡後，道光帝「揮淚下詔」，「賜金治喪，恤典依提督例，予騎都尉兼一雲騎尉世職，諡壯節」〔註45〕、光緒十二年（1886 年）武進士宋春華，任天津鎮標右營守備，與士卒共甘苦，八國聯軍入侵天津時，率部夜襲軍械所，次日堅守城池，「城既陷，身被數傷，猶死守不退……以首觸陣，腦出，死，年三十五。〔註46〕

〔註43〕趙爾巽，清史稿，卷四百二十九，列傳二百十六〔M〕，上海：上海古籍出版社，1986：10190。
〔註44〕江燕，文明元，王珏點校，新纂雲南通志，第八卷〔M〕，昆明：雲南人民出版社，2007：318。
〔註45〕趙爾巽，清史稿，卷三百七十二，列傳一百五十九〔M〕，上海：上海古籍出版社，1986：10096～10097。
〔註46〕趙爾巽，清史稿，卷三百一十六，列傳九十六〔M〕，上海：上海古籍出版社，1986：9982。

三、清代武進士的社會生活貢獻

　　清代武科士子除了在政治和軍事生活中有突出貢獻外，也活躍在社會生活其它領域。武科士子對社會生活的影響主要表現在以下四個方面。

　　一是捐資辦學堂，勸諭兵卒和屬民向學。武科士子尤其是武進士大多充任參將、游擊、守備等地方中級軍事官員，其中不乏一些士子重視所任地方的軍隊士兵和當地百姓的文教事業，採取各種手段積極辦學，鼓勵兵民子弟讀書。如康熙十八年（1679 年）己未科武進士陳略，授蘄衛守備，清屯裕槽，恤災減派軍民便設牛罐磯救生船，「建鳳麓書院，置田養士，升興化游擊」〔註 47〕、康熙三十九年（1700 年）庚辰武進士顏光昕，就任龍關游擊時「建書院課兵民子弟」〔註 48〕、歙縣武進士汪喬林，在甘肅柳溝衛守備任期，「設立義學延師教民」，成效顯著，於「乾隆二年詳請分棚考試」，學使稱讚道「邊衛文藝如柳溝者蓋寡」〔註 49〕、乾隆十六年辛未科武進士白雲上就任揚州游擊期間，「設義塾令兵丁子弟讀書，其中俾消桀驁之氣」〔註 50〕、乾隆二十六年海防同知趙廷賓興辦學海南澳書院，落成後總共花費一千八百兩，「武進士陳定舉捐銀五百兩，為紳士倡」〔註 51〕。

　　二是解決民間疾苦，在捐資修橋、修繕樓閣、為民救火等利民之事上盡心盡力。武科士子外任地方武官時，主要職責是保衛國家，防止外地入侵和內部農民起義，除此之外，很多武進士出身的武官還肩負起一些社會責任，如順治六年（1649 年）己丑科武進士劉炘，因母年邁退休「居鄉樂善好施，創育嬰堂，同善會，有陳機亭之風」、順治十八年（1661 年）辛丑科武進士楊永祥，就職名延鎮時「城樓之宮觀樓閣，橋道皆其所繕，治人咸德之」〔註 52〕、康熙十五年丙辰科武進士傅牲，以老歸鄉後「好義樂施，閭蕩間有貧者不能婚姻喪葬者，輒出資周濟，更置舟梁以便行人，鄉人德之」、康熙三十九年（1700

〔註 47〕 江文鼎，江克讓，中國地方志集成安徽府縣志輯三十五〔M〕，南京：江蘇古籍出版社，1998：191。

〔註 48〕 戎毓明編，安徽人物大辭典〔M〕，北京：團結出版社，1992：1058。

〔註 49〕 朱益新編，歙縣地方志編纂委員會編纂，歙縣志〔M〕，北京：中華書局，1995：724。

〔註 50〕 （清）穆彰阿，潘錫恩等纂修，大清一統志〔M〕，上海：上海古籍出版社，2008：567。

〔註 51〕 林殿閣，漳州姓氏〔M〕，北京：中國文史出版社，2007：162。

〔註 52〕 （清）譚吉璁，康熙延綏鎮志，卷四〔M〕，上海：上海古籍出版社，2012。

年）庚辰武進士顏光旰「捐資設立里仁會，以助兵民婚喪之無力者」〔註53〕、武進士蕭勃與經歷鍾呂在康熙四十五年雲南省元江府修建漫利橋、康熙年間武進士袁泌「嘗捐資修西河堰響水閘橋，鄉里稱之」〔註54〕、乾隆三十一年（1766年）丙戌科武狀元白成龍，所轄郡城「地隘民稠曩日不戒於火」，每遇大火「即飛騎馳往，超躍登屋指揮撲禦」，「澆潑甚迅捷故不為大災」。數年間冒火救下許多平民，「兵民皆感頌然」〔註55〕、嘉慶十八年（1813年）武進士黎廷彪捐修（新會縣）東河橋〔註56〕。

三是積極鼓勵屯田墾荒，捐資賑濟災民。如康熙六年（1667年）丁未科武進士穆廷栻，五十四年調補福建陸路提督，「康熙六十年……因閩疆米價翔踴，會兩臺設法平糶，兵民咸慶」，〔註57〕，康熙三十九年（1700年）庚辰科武進士魯嶼，任浙江磐石營游擊時，寧波鬧饑荒，磐石豐收，遂「令本處出糶，價無騰貴，軍民歡感，誕日營門掛斗而祝」〔註58〕、康熙六十年（1721年）辛丑科武進士江名標，樂善好施，「每遇歲饑捐資倡賑」，乾隆十年（1736年）「設賑粥廠，身自督理」〔註59〕乾隆十九年（1745年）甲戌科武進士黃大謀，任永平副將時，「遇水災發署米，散貧民間安堵」，嘉慶四年（1799年）致仕歸鄉後，「歸置義田。瞻族，族人賴之」〔註60〕、乾隆四十六年（1780年）辛丑科成武進士羅禮璋，擢升河北遊擊期間「為卒旅籌糧秣經久計，潔己奉公，有救苦羅菩薩之頌」，改任廣西太平府後「建陀陵水壩，蓄泄得宜，皆成沃壤」〔註61〕。

四是武科士子在化民成俗，革除積弊，倡導新風方面做出了表率。如康

〔註53〕鍾泰，宗能征，中國地方志集成安徽府縣志輯二十五〔M〕，南京：江蘇古籍出版社，1998：331。
〔註54〕翟國璋編，中國科舉辭典〔M〕，南昌：江西教育出版社，2006：1069。
〔註55〕（清）印南峰著，野語〔M〕，上海：上海五洲書局，1914：6。
〔註56〕（清）阮元修，陳昌濟等，廣東通志，第一至五冊〔M〕，北京：商務印書館，1934：2813。
〔註57〕山海關舊志校注工作委員會編，山海關歷代舊志校注〔M〕，天津市：天津人民出版社，1999：1036。
〔註58〕陳瑞贊編，東甌逸事彙錄〔M〕，上海：上海社會科學院出版社，2006：260。
〔註59〕江文鼎，江克讓，中國地方志集成安徽府縣志輯三十五〔M〕，南京：江蘇古籍出版社，1998：191。
〔註60〕胡詔良編，江山歷史文獻輯略〔M〕，北京：方志出版社，2009：203。
〔註61〕中國社科院歷史研究所明史研究室編，清代臺灣農民起義史料選編〔M〕，福州：福建人民出版社，1982：271。

熙年間南陵武進士孫斌任夔關副將時，「母歿，求解任，許之，武臣丁憂自斌始」，〔註62〕此後四川提督何傅，「以夔州副將孫斌詳請回籍守制，上聞疏奏沉痛，得旨，遂爲定制」〔註63〕、雍正五年丁未科武進士丁大業任右江總兵時，「右江俗尙鬼，不知醫藥，大業延醫分處各屬」〔註64〕，百色地處深山，因毒蛇惡獸等糞穢涎沫隨大雨流入溪澗，導致飲者立弊。大業「採明礬散給軍民，全活無算」、乾隆年間武進士陳王謨任衡州都司時，衡州風俗七月朔賽神刻木偶爲像，名號不經倡俳，蕭鼓男女雜沓，部縣官吏遇到神刻木像都退避，「王謨擒木像笞之，曰：有禍當加吾身，卒無他，異俗亦遂革」〔註65〕乾隆四十六年（1780年）辛丑科武探花黎大剛歷仕之鎮安協時，「飭軍政宣，德威撫綏得宜，群苗向化，民賴以安」。〔註66〕

綜上所述，作爲集歷代之大成的清代武科舉，選拔出的武科士子具備許多前代武科士子所不具備的特點。首先在自身待遇方面，無論武生、武舉還是武進士都能享受到較爲優厚的待遇，特別是武進士，其初授官級別之高創下歷代之最，在武殿試及第後的恩賞活動也與文科看齊，這是之前備受壓抑和輕視的宋代武進士和淪爲武官世襲制附庸的明代武進士所難以望其項背的、其次是武科士子在清代歷史發展中作出了突出貢獻，產生出一大批在軍隊中發揮重要作用的武職官員，其優異表現爲歷代武科士子中所罕見。以武科士子中最傑出的武進士群體爲例：宋代武進士受嚴重的重文輕武社會風氣影響，能夠在武職任上建功立業者極少，在正史上留下名字和一兩段事跡的武進士，絕大多數是憑藉殉職壯烈才進《忠義傳》。相比之下，明代武進士表現略佳，已不局限於《忠義傳》，而是憑藉個人武功在《明史》武將傳中佔據一席之地。而清代的武進士不僅在《忠義傳》有記錄，據統計，僅列入《清史稿》（關外本）普通列傳的武進士人數就多達44人，而入選《滿漢名臣傳》的武進士則更多，達到56人，這充分說明清代武進士已經成爲國家武將的重要來源之一。清代武進士不僅在軍事鬥爭方面和社會生活方面表現不俗，甚

〔註62〕南開大學地方文獻研究室，蕭山縣志稿〔M〕，天津：南開大學出版社，2010：633。

〔註63〕（清）陳康祺，晉石，清代史料筆記叢刊，郎潛紀聞〔M〕，北京：中華書局，1984：214。

〔註64〕朱彭壽，清代人物大事紀年〔M〕，北京：北京圖書館出版社，2004：539。

〔註65〕翟國璋，中國科舉辭典〔M〕，南昌：江西教育出版社，2006：793。

〔註66〕尚恒元，孫安邦編，中國人名異稱大辭典〔M〕，太原：山西人民出版社，2002：1629。

至在民間也有不低的評價，誠如光緒年間曾親歷科舉的齊如山在其回憶錄《中國的科名》中所言：「國人大多數的心理，對於武進士是有些好感的，因為武舉多為惡霸土豪，武進士都有官職，自然他就有些自愛，難得還鄉一次，偶而回到家鄉，對大家多是客客氣氣，所以國人提起武舉來多搖頭，提起武進士來，多是恭維、就是不恭維，也毫無惡感。」〔註67〕

〔註67〕齊如山，中國的科名〔M〕，瀋陽：遼寧教育出版社，2006：190。

第五章　清代武科舉之變革

　　作為一項專門選拔武備人才的制度，武科舉在古代科舉史上具有兩個顯著的特點：一是延續時間長。武科舉自唐武則天長安二年（702 年）正式創立，到清光緒二十七年（1901 年）終結，長達一千二百餘年，其延續時間在科舉史上僅次於進士科。二是中止的次數多。武科舉在其發展過程中經歷很多坎坷和挫折，因為政治、軍事等方面原因多次被停罷。可以說武科舉的發展史，就是一個不斷被中止又不斷重新開設的過程。在這種不利的局面下，武科舉卻能頑強地成長，一次次恢復體現了強大的生命力。背後的原因是什麼？本章從唐、宋時期的武科舉變革入手，探析武科舉雖屢遭挫折仍能頑強生存的原因，並通過對清代晚期三個不同歷史階段中武科舉變革歷程進行分析，探究武科舉走向終結的原因。

第一節　清代之前的武科舉變革

　　武科舉在唐代的創立，將「軍事將帥的選拔納入科舉軌道，使得（武官）選拔任用制度化、規範化」。﹝註 1﹞武科舉以其允許士子「投牒自舉」的靈活取士方式，既為不少普通地主階級和部分官僚階級子弟中雖不善文卻擅於騎射之人敞開一扇仕進之門，又使民間的豪傑擁有比以往更多的入仕機會，在一定程度上起到籠絡習武士子、補充軍官隊伍的作用。但武科舉在唐宋時期的運行歷程並非一帆風順，唐代武科舉經歷兩次停罷過程，第一次是唐德宗

﹝註 1﹞ 任立達，薛希洪，中國古代官吏考選制度史〔M〕，青島：青島出版社，2003：
　　　　191。

十四年（798 年）因為武科士子攜帶武器進入京師帶來安全隱患，因此中止武科舉十年，直至唐憲宗元和三年（808 年）才復設，第二次唐文宗太和八年（834 年）因天氣原因而暫停武科舉。唐代滅亡後的五代十國時期武科舉長期沒有開設。宋代建國之後也長期未設立武科取士制度，直至 70 年後的 1029 年才開始設立，並且在僅僅運行 20 年後的皇祐元年（1049 年）被仁宗下詔停止，直至治平元年（1064 年）才再度復設。兩宋之交，由於北宋的滅亡，武科舉也從 1126 年起中止 7 年，至 1133 年重新開設才一直延續至南宋末年。自 1279 年南宋滅亡後，元代專事陰襲，不設武舉，武科舉因此停滯了百餘年。明代自立國之後與宋代類似，也是經歷了數十年的時間才開設武科舉，與之前歷代所不同，明代武舉雖然建立較晚，但是卻一直持續舉行到明代末年。

一、唐代武科舉變革

　　武科舉在唐代初期的實施和運行較為順暢，到中唐時期逐漸顯露出一些弊端，開始出現廢止武舉的呼聲，具體來看有以下三次。

　　唐代武舉的首次革廢，其呼聲主要源於對武舉取士容易造成軍事官員入仕之路擁塞的顧慮和對武舉士子自身軍事素質的懷疑。唐初對於文職官員的選拔由吏部進行，武官選任則主要集中在門下省的兵部。「安史之亂」後，在唐代武官的銓選方面出現「政出多門」的現象，主要由地方各個藩鎮、中央的北衙禁軍、中書省和門下省兵部四個部門進行。從中央來看，唐代中央禁軍——北衙禁軍中，宦官集團「擁有完整的軍事行政管理權和軍隊統帥權，包括將吏的選用，軍籍的管理等」。〔註 2〕而中書省則負責地方藩鎮和中央禁軍的高級武官任命，「開成元年（836 年）十一月，中書門下奏：御史中丞以上官並須因有戰功，方得奏請，諸道團練下萬人以上軍，所奏不得過殿中侍御史，萬人以下軍不因戰功，並不得奏論請。」〔註 3〕從地方來看，各藩鎮地方都開始有各自的軍事官員選任制度，掌控了絕大部分武將的任命權：「今諸道節度、都團練、觀察、租庸等使，自判官、副將以下，皆使自銓擇。」〔註 4〕

〔註 2〕 吳宗國編，中國古代官僚政治制度研究〔M〕，北京：北京大學出版社，2004：189。
〔註 3〕 （宋）王溥撰，唐會要，卷七十九，諸使雜錄下〔M〕，北京：中華書局，1955：1447。
〔註 4〕 （唐）杜佑撰，通典，卷十八，選舉六〔M〕，上海：商務印書館，1935：448。

低級軍官的任免完全由節度使負責，不用奏報朝廷。即使職級較高的將領，如都知兵馬使、正兵馬使、副兵馬使、部虞候等官，雖原則上不能自行任命，但事實上很多高級將領也由藩帥自行廢置，僅奏報中書省而已。在此情況下統領軍隊的地方藩鎮和中央衛軍掌控了大量基層武官的選派權力。由於兵部並不統領軍隊，其銓選武官的功能大大降低，對於武官的掌控有所下降。因此朝廷之中產生了對施行武舉有重複選拔、加劇士子入仕擁塞的顧慮，唐德宗建中二年（公元 781 年），禮部員外郎沈既濟在《請改革選舉事》條中提出停廢武舉、「今內外幫畿，皆有師旅，偏裨將校，所在至多，誠宜設法減除，豈復張門誘入？」〔註5〕指出當時節鎮遍佈將校甚多，無需再通過舉行武舉來補充人才。但此時正值唐德宗「建中之亂」，成德節度使李寶臣之子李惟岳謀求世襲爵位失敗，之後聯合魏博節度使田悅等，發起長達四年之久的河北藩鎮之亂。中央需要拓寬武官選拔途徑以吸納更多人才來協助剿除藩鎮割據勢力，因此停止武舉的主張自然沒有得到支持。

　　唐代武舉第二次革廢之論出現在中唐時期的德宗年間，此時的唐帝國雖然成功鎮壓了多次地方割據勢力的武裝動亂，但藩鎮擁兵自重、中央政府掌控乏力的基本格局已經難以改變，直接導致中央政府對地方軍事割據勢力的恐懼泛化到對習武士子的防範上來。諫議大夫田敦在德宗十四年（798 年）應皇帝詔對中上奏：「兵部武舉等，每年嘗數百千人持挾弓矢出入皇城間，恐非所宜。」〔註6〕此時正值平定「建中之亂」後不久，形成尾大不掉態勢的藩鎮軍閥勢力囂張，使中央政府疲於應付，對安全的關注已經到了草木皆兵的程度。因而奏章一上，所揭示的危險給皇權低落、心中彌散著不安全感的唐德宗以極大震撼，「上聞而懼然」，「安史之亂」的陰霾似乎重新浮現，進一步增強了對武臣的猜忌之心，旋即在九月下詔：「鄉貢武舉並應百隻箭及三十隻箭人等，今年宜權停。」雖名為「權停」，卻未再開科。直至十年後的唐憲宗元和三年（808 年）五月，兵部才奏請：「奏鄉貢武舉準貞元十四年九月詔宜權停，今請准舊例卻置。」〔註7〕憲宗接受兵部之奏請，依舊例重新恢復實施鄉

〔註5〕　（唐）杜佑撰，通典，卷五十九，選舉志略第二〔M〕，上海：商務印書館，1935：448。

〔註6〕　（宋）王欽若，冊府元龜，卷六百四十，貢舉條制二〔M〕，北京：中華書局，1988：7680。

〔註7〕　（宋）王欽若，冊府元龜，卷六百四十，貢舉條制二〔M〕，北京：中華書局，1988：7681。

貢武舉。

　　武舉的第三次停罷呼聲出現在文宗太和八年（834年）八月。因爲天氣歲旱，詔罷諸色選舉。「九月敕令吏部、禮部、兵部，今年選舉並緣秋末蟲旱相因，恐致災荒，權令停罷。」此次停罷並非針對武舉一科，從諭令來看，吏、禮、兵三部同時停罷選舉，應是全面性的停科，其性質有點類似於明清時期因戰亂或者天災造成的科舉缺科，所不同之處在於未見有補行。此次武舉的廢止完全屬於客觀條件的限制，並非主觀上希望停罷，而且對士子的仕進之欲較爲照顧，考慮到「求名之人，必懷觖望之念」，在物力稍充裕之後的翌年（835年）九月即「依常例卻置」。〔註8〕此後未在史料中發現再度停罷的記錄，而從目前可知的及第士子記錄來看，直到太和與大中年間仍有及第士子的記錄，如大中元年（847年）的武進士舒賀，曾任行軍團練使，歷官山南東道節度使。〔註9〕可見武舉出身的士子開始逐步得到認同，基本進入了穩定發展階段，一直延續到唐代末年。

　　武科舉在其初生的唐代即遇到多次廢止的呼籲之聲，並且兩次中止，但這並未動搖武科舉運行的根基，唐代武科舉仍保持了基本平穩的完善和發展。究其原因主要有以下三個方面：

　　首先是武科舉所提廢止的原因乃考試制度運行中的細節，並未深入到對武舉制度運行本身的質疑。例如，有人認爲，「每年嘗數百千人持挾弓矢出入皇城間，恐非所宜」〔註10〕，其主張廢止武舉的原因僅因爲武科舉有可能給京都地區治安帶來威脅，對武科舉的恐懼是出於士子攜帶弓箭等物品所帶來的安保壓力。這種擔憂完全可以通過下詔禁止士子自帶弓矢等武器，改爲由官方提供考場用具等舉措來消除，沒有嚴重到革廢武舉的程度。因而此奏議一出，即引起了一些朝臣的不滿，認爲「時議惡敦貴欲非短舊事，奏議不實。」〔註11〕儘管當時得到了皇帝的支持而「訖於貞元更不復置。」

〔註8〕　（宋）王欽若，冊府元龜，卷六百四十，貢舉條制三〔M〕，北京：中華書局，1988：7684。

〔註9〕　（清）孟慶雲修，楊重雅纂，中國方志從書，第二百五十九冊（江西省），清同治十一年（1872年）刊本形印〔M〕，臺北：成文出版社有限公司，1980：818。

〔註10〕　（宋）王欽若，冊府元龜，卷六百四十，貢舉條制二〔M〕，北京：中華書局，1988：7680。

〔註11〕　（宋）王欽若，冊府元龜，卷六百四十，貢舉條制二〔M〕，北京：中華書局，1988：7680。

〔註 12〕但在隨後的憲宗時期又由兵部發出重置的奏請：「取士之方，文武並用，選舉之制，國朝舊章。參調者既積資勞，入仕者必先貢舉，自經停廢，今已十年，別趨倖門，漸絕根本，典彝具在，可舉而行，其鄉貢舉，恐須準式卻置。」〔註 13〕

其次是所選士子質量低下的結論過於武斷，武舉實際上能夠選拔出一些適應時代發展需要的武備眞才。禮部員外郎沈既濟在呼籲革廢武舉時，曾貶斥武舉取士的質量，所奏之言極盡誇張之能：「況若此輩，又非曉雄，徒稱武官，不足守禦、雖習弓矢，不堪戰鬥，而坐享祿傣，規逃征徭。今請悉停，以絕奸利。」〔註 14〕這種鄙視武舉的做法在新唐書中也曾出現，認爲「其法不足道」。〔註 15〕其實所言並不眞切。唐代武舉士子從數量上看確實不算很多，目前所查到的武貢舉出身者僅有二十餘人，但唐代的武舉考試有著較爲嚴格的考試要求和規則，注重武藝、內容眾多，實用性較強，標準固定統一。如果「武舉謁太公廟，每歲不過十人」的錄取數量基本屬實的話，錄取率相對較低，對於士子選拔還是很嚴格的，不少武舉士子的表現可圈可點，不僅湧現出了「以武舉異等補左衛長史，後平兩京再造王室」〔註 16〕的郭子儀這樣閃耀在武科舉史冊的傑出名將，而且有不少在武官任職領域做到了較高官位的武舉士子，如開元中期的包思恭，官至從三品的右威衛將軍〔註 17〕、薨於開元二十九年的張嘉祐，也官至從三品的左金吾將軍〔註 18〕。除了任官之外，一些武舉士子在保障國家安定和統一方面也做了傑出的貢獻，如大中年間的武舉舒賀，「拜踏白將軍。領節度副使，討黃巢，賀灼艾飛燕，燒其草藥，人馬死者幾半，及巢陷長安，賀與鄭畋合兵進討，遂復長安，擢山南東道節度使」〔註 19〕。江

〔註 12〕 （宋）王欽若，冊府元龜，卷六百四十，貢舉條制二〔M〕，北京：中華書局，1988：7681。

〔註 13〕 （唐）王溥撰，唐會要〔M〕，北京：中華書局，1985：1031。

〔註 14〕 （唐）杜佑，通典，卷五十九，選舉志略第二〔M〕，長沙：嶽麓書社，1995：232。

〔註 15〕 （宋）宋祁，歐陽修，新唐書，卷四十四選舉志上〔M〕，北京：中華書局，1975：1170。

〔註 16〕 （唐）褚遂良著，倪文傑主編，全唐文精華〔M〕，大連：大連出版社，1999：3903。

〔註 17〕 吳剛，全唐文補遺，第七輯〔M〕，西安：三秦出版社，2007：367。

〔註 18〕 （後晉）劉昫，舊唐書，卷九十九，張嘉祐傳〔M〕，北京：中華書局，1975：3093。

〔註 19〕 （清）孟慶雲修，楊重雅纂，中國方志從書，第二百五十九冊（江西省），清

西武舉士子廖汾在九江團練副使任上「討伐黃林兒賊有功，官拜金吾大將軍」。〔註20〕另外，還有一些武舉士子由武轉文，在文職任上發揮作用，如張嘉祐，有著軍官、地方行政官員、東官、王府官員等諸多經歷、瞿疊譔及第後，一直從事天文工作，最終官至司天台正監〔註21〕、口燧登科後，曾出任河南尉〔註22〕、等等。由於唐代對武士子轉文有特殊要求：「武夫求為文選，取書判招工，有理人之才而無殿犯者。」〔註23〕由此可見武舉所選士子中不乏文武全才之輩。

　　由於唐代距今較為久遠，很多歷史湮沒無查，武科舉及第者的風采並沒有能夠得到完整展現，但從僅存的武科士子表現可以大概推論出當時武科得人應較為興盛。清代學者馬端臨在評述《新唐書》時就曾對輕視唐代武科舉的說法提出批評：「言唐武舉起武后之時，其選用之法不足道故不詳書。然郭子儀大勳盛德，身繫安危，自武舉異等中出，是豈可概盲其不足道邪？《唐登科記》所載異科出身者眾，獨軼武舉，亦一欠事。」〔註24〕

　　此外，武舉有助於改進社會風氣，其持續運行符合國家的政治發展需要。唐代統治集團大多出身關隴地區，在唐代初期還保留較為濃鬱的尚武之風，而自中唐玄宗起重文輕武已經蔚然成風，當時全國上下都崇拜文學〔註25〕，尚武之風漸漸散弱。武舉的施行改變了傳統科舉中以進士科為代表的文科舉單一的運行模式，形成了文武並舉的「雙軌制」，有效地吸納了普通地主階級子弟及部分官僚地主階級子人才，為社會風氣的扭轉產生了有力的推動作用。武舉在郡縣普遍開設，其取士的廣泛性在打破門閥世族和地方割據勢力對於武備人才的壟斷方面發揮了不小的作用。唐代統治者對武科舉取士抱有很高的期望，開元二十六年詔書：「所設武舉，以求材實，仕進之漸，期為根

　　　同治十一年（1872年）刊本形印〔M〕，臺北：成文出版社有限公司印行，1980：862。

〔註20〕（清）謝道承，郝玉麟，福建通志，卷三十一第五百二十八冊，名宦三延平府〔M〕，臺北：臺灣商務印書館，1986：503。

〔註21〕周紹良，唐代墓誌彙編，大曆049〔M〕，上海：上海古籍出版社，1992：1791～1792。

〔註22〕吳剛，全唐文補遺，第六輯〔M〕，西安：三秦出版社，2007：134。

〔註23〕（唐）杜佑撰，通典〔M〕，上海：商務印書館，1935：360。

〔註24〕（元）馬端臨，文獻通考，卷三十四，選舉七〔M〕，上海：商務印書館，1936：322。

〔註25〕臺灣淡江大學中文系編，晚唐的社會與文化〔M〕，臺北：臺灣學生書局，1990：14～24。

本。」〔註 26〕儘管由於選拔單純重視武藝勇力而使得所選士子不免出現技術同理論脫節，顯得勇有餘而謀不足的現象，如王應麟所言「唐以翹關用舉，武士雖號得人教養弗至」，〔註27〕制約了其成長爲「智勇兼資、才略並運」的軍事通才。但是從政治統治的角度來考慮，安史之亂後，藩鎮割據一方、軍將跋扈，「自唐至德以後，節度專地而抗上令」，〔註 28〕嚴峻的形式使得朝廷猜忌武臣，武舉將取士定位於選拔衝鋒陷陣的戰將而非智勇兼備的統帥，正是維護其統治的需要，符合當時統治者「選置戎帥，先求易制」〔註 29〕的心理需求，因而較受重視，武科也逐漸成爲一項不可或缺的籠絡士子重要工具，「每年嘗數百千人持挾弓矢出入皇城間」〔註 30〕的描述雖然比較誇張，但是也從一個側面反映出當時武科發展的盛況。

　　唐代誕生的武科舉制度，如初生之幼童，展現出了強大的生命力，種種廢止之奏議與舉動，如同身體所患小恙，非但沒有使之夭折，反而令體質不斷增強，激勵其不斷改革成長，逐漸成爲科舉制度中一項不可或缺的重要組成部分。相比於以進士科爲代表的文科舉，武科舉遇到的短暫停罷和不斷廢止之聲，似乎昭示著曲折成長的武科舉與文科舉所面臨的迥然不同道路，預示出其跌宕起伏的發展命運。此後的宋朝武舉的運行，也印證了這一點。

二、宋代武科舉變革

　　宋代自立國之後較長時間並未設立武科取士制度。宋代建國不久即將隋唐以來一直實施的科舉制度納入選官體系之中，在建隆元年（960 年）二月即開文科取士，但武科舉卻遲遲未見恢復，原因主要有以下兩個：原因之一，是宋代的武將晉升以蔭補爲主，而且在建國之初的一段時間存在大量有戰功的軍官需要安置。儘管宋初的統治者鑒於唐末五代武人專橫割據之禍，對於武臣有著較爲強烈的防範意識，宋太祖趙匡胤在登基之後不久就提出「宰相須用讀書人」的崇文抑武主張，又通過「杯酒釋兵權」的方式將一批戰功赫

〔註 26〕李希泌主編，唐大詔令集補編（下）〔M〕，上海：上海古籍出版社，2003：1205。
〔註 27〕（元）馬端臨，文獻通考〔M〕，上海：商務印書館，1936：1345。
〔註 28〕（元）馬端臨，文獻通考〔M〕，上海：商務印書館，1936：1346。
〔註 29〕（後晉）劉昫，舊唐書，卷一百三十九，贊傳〔M〕，北京：中華書局，1975：3814。
〔註 30〕（宋）王欽若，冊府元龜，卷六百四十，貢舉條制二〔M〕，北京：中華書局，1988：7680。

赫的功勳武將權力剝奪，宋太祖也並不信任武將，認為「歲豐人不乏食，朝得賢輔佐，軍有十萬鐵騎，乃可為瑞，此外不足信」，〔註31〕將兵權緊握手中。但是，為了安撫廣大的軍官階層，宋朝仍將蔭補制即皇親國戚中高級文武官員的子孫及親屬可以補為武階官作為主要的武將選拔手段。因此，北宋前期很長一段時間武將的晉升基本都以蔭補為主。

原因之二是當時的武科取士時沒有能夠湧現出足夠優秀的人才。在開寶元年（968 年）宋太祖下詔求取武科人才，「令諸道解武舉者，命李昉、扈蒙試問所習之業。」〔註32〕但是並沒有取得滿足條件的士子，最終「悉令罷之」。開寶八年（975 年），再次下詔令各州訪察賢才「詔諸州察民有孝悌力田、奇才異行或文武材幹，年二十至五十可任使者，具送闕下」。〔註33〕此次各地舉士多達 740 餘人，最終經過篩選後所得的 370 人中即包含一些「自舉精通武術，熟悉兵法者」。儘管人數眾多，甚至使皇帝感到驚詫，但質量並不高，在「召對講武殿」〔註34〕後沒有一個合格人才。這兩次的選拔反映出中央統治者渴望拔取人才的迫切心情，但由於沒有成型的考核程序和標準，僅僅將舉薦士子的任務下發各地，導致選士成效低下，在一定程度上對武科的發展產生了負面影響。

隨著雍熙三年（986 年）宋朝北伐遼朝的失利，遼軍屢次南下劫掠，宋朝的北部開始出現邊疆危機，此時朝中出現開設武舉的呼聲。咸平二年（999年）十一月，真宗發佈敕文，「欲興行武舉，令所司條奏以聞」〔註35〕。咸平三年（1000 年）四月，真宗詔令「兩制、館閣詳定武舉、武選人人官資序故事」〔註36〕。但最後皆議而未行。進入神宗晚期，西北的党項族開始興起，咸平五年（1002 年）宋朝重鎮靈州和涼州相繼被攻陷，宋朝與西域的聯繫被

〔註31〕 （元）脫脫，宋史，列傳第一百二十八〔M〕，北京：中華書局，1977：271。
〔註32〕 新興書局編，筆記小說大觀，六編，第七冊〔M〕，臺北：新興書局有限公司，1983：4127。
〔註33〕 （元）脫脫撰，宋史，卷一百五十六，志一百九，選舉二〔M〕，北京：中華書局，1977：3646。
〔註34〕 （元）脫脫撰，宋史，卷一百五十六，志一百九，選舉二〔M〕，北京：中華書局，1977：3646。
〔註35〕 （宋）李燾，續資治通鑒長編，卷四十七，咸平三年三月末條〔M〕，北京：中華書局，1990：1002。
〔註36〕 （宋）李燾，續資治通鑒長編，卷四十七，咸平三年四月乙丑條〔M〕，北京：中華書局，1990：1013。

切斷，天禧三年（1019 年），党項首領李德明定懷遠鎮（今寧夏銀川）爲都城，建立起自己的獨立王國，兩面受敵的不利局面使的北宋朝廷再次將置武舉提到了議事日程，在 1029 年九月，下詔設立武科舉：「又置武舉。以待方略智勇之士。其法皆先上藝業於有司，有司較之，然後試秘閣·中格，然後天子親策之。若武舉，則仍閱其騎射馬。」〔註 37〕在宋王朝建國 70 年後的天聖八年（1030 年），武科貢舉正式得以實施，宋仁宗「親試武舉十二人，先閱其騎射而後試之」。〔註 38〕

　　宋代武舉的停罷危機出現在皇祐元年（1049 年），此時距宋代武科舉制度開設僅僅 20 年。仁宗下詔停止武舉：「國家採唐室之舊，建立武科，每隨方聞之詔，並舉勇略之上，條格之設，歲序已深，然而時各有宜，今異於古，今籍之眾，既以拔力日奮於行伍之間，武弁之流又用其韜鈐自進於軍旅之任，來應茲選，殆稀其人，如聞，所隸習者，率逢掖諸生，編戶年少，以至捨學業而事籌策，矯溫淳而務勇猛，紛然相效，爲之愈多。朕方興隆文風、敦厚俗，尚一失其本，恐陷末流，宜罷試於兵謀，俾專繇於儒術，尚慮積習且久，頓更爲難，就其等倫，裁爲規制，其將來科場武舉，曾經秘閣考試者，即許投下文字，外更不許新人取應，以後科場令罷武舉一科。」〔註 39〕

　　武科舉運行如此短暫即遭停罷，主要的原因有三。其一，民眾的投機心理給武舉發展帶來消極影響，其時，參加武舉的多爲從事儒業的年少學生，由於武科舉的要求內場程文較爲簡單，外場考試難度也不大，很多普通民眾看中了這個特點，「捨學業而事籌策，矯溫淳而務勇猛，紛然相效，爲之愈多。」由此造成民心向武、棄文從武的現象，與國家「興隆文風、敦厚俗」的初衷有礙，使得統治者因矯枉過正而停廢武科舉，其二，武科舉施行以促進行伍兵卒和軍旅武官學習的效果不明顯。由於宋代武官大多由恩蔭入仕，沒有考核的緊迫感，很多人憑藉父輩的功業謀取官職後並不努力，因此武舉在設立之初，將行伍軍人和武官納入考試對象範圍，希望通過考試來促進學習，達到提升軍官綜合素質的目的。但是武舉的授官級別比較低，元寶二年（1039 年）蘇紳曾指出「比年試武舉，所得人不過授以三班官，使之監臨，

〔註 37〕　（清）阮元，續資治通鑑，第一冊〔M〕，上海：上海古籍出版社，1935：459。

〔註 38〕　（元）脫脫，宋史，列傳第一百二十八〔M〕，北京：中華書局，1977：257。

〔註 39〕　（清）徐松，宋會要輯稿，選舉一七之八至九，第五冊〔M〕，北京：中華書局，1977：4534。

欲圖其建功立事，何可得焉」，〔註40〕武舉及第只能從事品級低下的三班官等職務，對於這些能夠世襲武官的子弟們難有吸引力，所以這一目的並沒有能夠達成。其三，北宋外部軍事威脅得以緩解。1044年北宋與西夏「慶曆和議」後邊事漸消，與遼朝的關係也日趨正常，外部軍事壓力的緩和，使得北宋統治者對於加強武備人才選拔以充實邊防的緊迫感得以緩解。

　　詔書頒佈之後，鑒於宋代武科舉施行比、解、省、殿的四級考試，考慮到其它仍參加低級別武科舉考試的士子出路問題，因此作出了補充規定，自皇祐元年（1049年）起不許新人應試，皇祐五年（1053年）所有參加省試的武舉人會集京城參加最後一次武舉考試，同時在取士名額上適當放寬，達到歷次武舉之最高，共錄取61人。

　　儘管宋代的這一次廢止武科注意到了政策的連續性，並且設置了一個過渡期來安置士子，武科的停罷仍引發大量的反對意見。針對宋朝統治者在武科舉立廢問題上採取出現動亂需要人才時設立、動亂停止即革廢的功利主義做法，嘉祐三年（1058年）蘇洵提出批評：「國家用兵之時，購方略、設武舉，使天下屠沽健兒皆能徒手攫取陛下之官。而兵休之日，雖有超世之才，而惜斗升之祿，臣恐天下有以窺朝廷也。」〔註41〕並呼籲「今之任爲將帥，卒有急難而可使者，誰也？以爲可復武舉，而爲之新制，以革其舊弊」。〔註42〕嘉祐六年（1061年），監察御史王陶利用去年日食並且有隕石墜落的天文現象，勸誡統治者應重視武備建設，重新開設武科，「天狗主兵，宜豫防之。請謂中外舉智武才勇之士，以備將帥。今武舉取格太輕，宜倣唐制設科，優待以官，無若招士伍然。」〔註43〕但並未得到仁宗的應允。宋英宗即位後，宋代最高國家軍事機構——樞密院也提出復設武舉：「文武二選，所關治亂，不可闕一。與其任用不學無術之人，臨時不知應變，以撓師律，不若素習韜略、頗嫻義訓之士，緩急驅策，可以折衝。況今朝廷所用武人，稍有聲稱者多由武舉而得，則此舉不可廢罷明矣。」〔註44〕收到奏章後命恢復武舉事。在治平元年

〔註40〕　（宋）李燾，續資治通鑒長編，卷一百二十五，寶元二年潤十二月〔M〕，北京：中華書局，1990：2952。

〔註41〕　蘇洵，嘉桔集，卷一，上皇帝十事書〔M〕，北京：四庫全書存目叢書編纂委員會，1990：286。

〔註42〕　蘇洵，嘉桔集，卷一，上皇帝十事書〔M〕，北京：四庫全書存目叢書編纂委員會，1990：286。

〔註43〕　（宋）李燾，續資治通鑒長編卷一九一〔M〕，北京：中華書局，1990：4612。

〔註44〕　（宋）李燾著，（清）黃以周等輯補，續資治通鑒長編附拾補，卷二百二〔M〕，

（1064 年）下詔：「兩制議請（武舉）隨進士等科開設，許在京管軍及正任橫行使副使、知雜及三院御史、諫官、府界提點、朝臣、使臣，在外安撫、轉運判官、提點刑獄、三路知軍州及路分總管、鈐轄，各奏舉一人。試策及武藝優者，與殿直、次三班奉職、借職、殿侍、三班差使、策不中而武藝絕倫者取旨」。〔註45〕自此，宋代武科舉安然度過了第一次停罷危機，在中止了十餘年後，重新成為了軍事人才選拔體系的重要組成部分。

　　在兩宋之交動盪的環境下，宋代武舉迎來新的危機，又經歷了一次停罷數年的過程。自宣和七年（1125 年）起金軍開始南下攻宋，次年面對金軍二次進攻的局面，為挽救岌岌可危的國勢，宋欽宗下詔「諸路州府軍監有習武藝知兵書人，仰通、知不限數保明解發赴闕，朕將親策於廷，量才拔用。其籌策深遠，藝能絕倫，當不次陞擢……仰禮部擇日考試，具等第以聞。不繫在學人，亦許自陳收試。策義、弓馬優異，與推恩。」〔註46〕隨後不久又下詔書：「詔中外武藝精強而不知兵書者，令付所在投狀，州縣閱試，別作一項解發。」〔註47〕但還未等到各地選拔舉送的舉子進京，就發生了靖康之難，北宋隨之宣告滅亡。建炎元年（1127 年），康王趙構重整江山，建立南宋政權，由於時局的動盪，武科舉取士被迫中止。

　　在南宋建立之初，高宗進駐揚州，急需軍事人才以挽救時局，兵部奏議恢復武科取士：「武舉人自來州軍即無解發額，止是赴兵部取解，依條以七十人赴省試。係軍頭引見司於內弓箭庫試驗弓馬，及省試別試所附試程文。今行在揚州即無省試院，軍頭引見司亦無處試驗。欲乞應就試得解及免解武舉人，並依文士例，各召京朝官二員，結除名罪委保，齎所屬給到公據，赴兵部呈驗引保，於行在殿前司試弓馬訖，就淮南轉運司所在別場附試程文。」〔註48〕但當時金兵仍在繼續大舉南侵，不斷向南潰退的趙構並沒有心思和條件開設武科，此建議就此被擱置。到建炎三年（1129 年）南宋定都臨安，宋

　　　　上海：上海古籍出版社，1986：1873。

〔註45〕　（宋）李燾，續資治通鑑長編，卷二，治平元年九月丁卯條〔M〕，北京：中華書局，1990：4902～4903。

〔註46〕　（宋）徐夢莘，三朝北盟會編，卷四七，靖康元年五月二十五日條〔M〕，上海：上海古籍出版社，1985：356。

〔註47〕　（宋）徐夢莘，三朝北盟會編，卷四七，靖康元年五月二十五日條〔M〕，上海：上海古籍出版社，1985：356。

〔註48〕　（清）徐松，宋會要輯稿，選舉一七之二五，歷代武舉考史部〔M〕，北京：中華書局，1977：276～465。

金劃江而治，政權初步穩固之後，出於安全保衛的需要，如何迅速擢用武藝高強、通曉兵法的合格武官成爲了朝中議論的焦點之一，恢復武舉的議論常常在大臣的奏議中出現，如建炎三年（1129 年）起居郎胡寅上疏條陳七事，其一曰罷議和而修戰略，其四曰大起天下之兵，提出「擇強武者訓習，且耕且戰，文武臣中有明習營屯之事，肯承任者，因以任之」，〔註49〕希望選拔出能夠訓練軍隊、屯田備糧的得力之人。給事中黃唐傳於紹興三年（1133 年）主張將科舉名額的三分之一歸入武舉，以選拔武士。〔註50〕紹興五年（1135 年）進士王九齡進言五事，其三爲復武舉。在內外臣工的不斷呼籲下，自紹興五年（1135 年）高宗正式恢復武科舉取士，並親試武舉人錄取六人。到紹興十年（1140 年）隨著宋金議和，國家長期安定的局面基本形成，武舉恢復到三年一次的傳統〔註51〕，並不斷發展完善，一直延續到南宋末年。

第二節　清代武科舉變革歷程

清代是武科舉發展的完備時期。在清代軍事人才選拔中，武科舉一直扮演著重要的角色。清中前期一直側重於武藝和氣力考核的武科舉選拔出了大量弓馬嫻熟的武備人才，在守護國土、維持統治方面發揮重要作用。而隨著鴉片戰爭的爆發，武科舉卻開始隨大清帝國步入了下坡路。在外敵的強勢入侵下，武科舉所選的士子不復當年之勇，整體陷入了無可挽回的沒落之中。武科舉從清代中前期達到歷史的極盛，到清代後期淪爲無用的附庸直至徹底廢除退出歷史舞臺，短短的幾十年就經歷如此大的變動，引發這個巨大變動的原因何在？這期間武科舉又經歷了怎樣的變革，最終的結果又是怎樣？

一、洋務運動之前武科舉變革與發展

清代建立後，武科舉在之前歷代發展的基礎上進入一個穩定發展的階段，無論取士模式，層級劃分、考試規程等諸多方面都較之前各朝更爲完

〔註49〕李心傳，叢書集成新編 115 史地類，卷二十七〔M〕，臺北：新文豐出版公司，1985：699。
〔註50〕李心傳，叢書集成新編 115 史地類，卷六十六〔M〕，臺北：新文豐出版公司，1985：1119。
〔註51〕（清）徐松，宋會要輯稿，選舉十七〔M〕，北京：中華書局，1977：26～29。

備。儘管在清代中前期朝野之中也曾出現過爭論，但是絲毫未能撼動武科舉的根基，可以說，經歷了唐宋明時期的種種磨練，武科舉在清代進入一個根基深厚，穩定發展的時期。到清代後期，隨著帝國主義列強的入侵，軍事力量上的巨大差距使得以選拔武備人才爲主要目的的武科舉受到極大的衝擊。甲午戰爭開始後，關於武科舉的變革討論就面臨一個「千年未有」之新局面，武科舉陷入到之前所從未遇到的巨大困境之中，爲了挽救武科舉，朝野上下不同人等對於武科舉變革紛紛提出建議，卻最終難以挽回其迅速墜落的趨勢，在短短的幾十年內，從千餘年發展的巔峰墜落至徹底廢止的無盡深淵。

（一）清代中前期武科舉的變革呼聲

　　清朝入關後吸收明朝先進的選士手段開設武科舉考試，爲清朝的建立和政權的鞏固作出了巨大貢獻。儘管武舉在清代中前期運轉良好，但有關武科變革和廢止的言論在清中葉也開始出現。乾隆年間曾出現統治階層內部圍繞科舉取士而產生的激烈爭論，一些大臣認爲「科舉之制，徒尚空言，不適實用」，〔註52〕難以選拔出眞正有用的人才，其中步軍統領、兵部侍郎舒赫德尤爲反對，曾於乾隆九年（1744 年）上書，請求廢止科舉以「探本清源，別求遴選眞才之道。」〔註53〕儘管主張得到當時乾隆帝的重視，認爲科舉之弊誠如舒赫德所奏，但是由於沒有更好的替代辦法，「倘若必廢科舉而行古制，如鄉舉里選，仍難除弊病」，〔註54〕加之傳統保守力量勢力相對強大，此類主張在復議之時，遭到了大學士鄂爾泰等大臣反對，認爲「不思如何力挽末流之失，反而轉咎立法之非，未免言之太過」。〔註55〕在爭論之後最終得出「立法取士，不過如是，無事更張定制爲也」的結論，仍然「維持舊制，力除積習，求責實之效。」〔註56〕

　　此後一些官員對武科考試內容也曾提出更改建議，如兩江總督高晉在乾

〔註52〕章開沅，清通鑒，雍正朝，乾隆朝（2）〔M〕，長沙：嶽麓書社，2000：368。
〔註53〕章開沅，清通鑒，雍正朝，乾隆朝（2）〔M〕，長沙：嶽麓書社，2000：368。
〔註54〕郭成康，清史編年，第五卷，乾隆朝（下冊）〔M〕，北京：中國人民大學出版社，2000：190。
〔註55〕郭成康，清史編年，第五卷，乾隆朝（下冊）〔M〕，北京：中國人民大學出版社，2000：190。
〔註56〕郭成康，清史編年，第五卷，乾隆朝（下冊）〔M〕，北京：中國人民大學出版社，2000：190。

隆四十二年（1767年）提出武闈考試改試驗鳥槍的建議：「臣思武備一道，除弓箭而外，惟火器乃制勝之要務，是技藝莫善於鳥槍，若令士子以之學習應試，一旦為將，不獨可以教習兵丁，更可身先士卒，制敵有為，較之舞刀似為有益。」〔註57〕但所奏之事未得到應允。除了對外場考試科目的建議，一些地方官員對內外場考試的比重也提出自己的不同看法，如全祖望在《右科取士規制議》中對武科考試過於重視弓馬技勇的做法提出質疑，援引蘇軾的話指出「弓馬得者，固不過市井挽強引重之粗材」〔註58〕，並以唐宋明時期武科傑出士子郭子儀、馬擴、戚繼光、俞大猷等為例，認為這些人都是文武全才，或講學或窮經或著書立說，而當今的武科考試「重弓馬而輕策論不亦失歟？」〔註59〕主張內場考試「綜羅經史自周禮之軍政、春秋左傳列國用兵之事、司馬法內政之遺文以及漢唐以後之軍制、軍官、軍器一切邊防、海防、屯田、衛卒、樓船、將士、京師禁兵、藩國武備，再則雜舉歷代兵謀、兵機，不拘忌諱率以一策中，雜舉數十條而詳問之。」〔註60〕無論是高晉還是全祖望，他們對武科舉考試取士手段的擔憂可謂十分超前，所提的建議也很有針對性。但在這一時期的討論，主要還是統治階級內部意識到科舉考試存在的弊端，希望得以改良，尤其是在當時閉關鎖國與外界缺乏溝通的狀況下，無法發現武科所選士子與外界存在的本質差距，而且僅僅指出弊端卻並未能夠進一步找到更好的替代辦法，呼籲的反響並不是很大，未產生明顯的效果。

　　清代自中期以後開始走上盛極而衰的道路。自道光年間的鴉片戰爭開始，外部面臨帝國主義列強的侵略，內部面對太平天國、捻軍、回教的動亂，內憂外患的局面更是提升了這種衰落的速度。由於面臨在戰爭中不斷挫敗的局面，針對軍事人員選拔制度的改革逐步受到關注。科舉取士內容的日漸空疏和僵化，使武科逐步顯露出難以適應時代發展的弊端。雖然道光年間的科舉考試仍堅持文、武兩科並重，但是由於在歷次戰爭中，將帥大臣能夠折衝

〔註57〕中國第一歷史檔案館，乾隆朝武科舉史料續編（下）〔J〕，歷史檔案，2005（2）：7。

〔註58〕王雲五，全祖望，萬有文庫，第二集七百種鮚埼亭集〔M〕，上海：商務印書館，1936：1228。

〔註59〕上海商務印書館編，四部叢刊初編集部，鮚埼亭集經史問答（四）〔M〕，上海：商務印書館，1937：152。

〔註60〕王雲五，全祖望，萬有文庫，第二集七百種鮚埼亭集〔M〕，上海：商務印書館，1936：1228。

禦侮得名者皆出於行伍，而武科士子的表現過於平庸，導致朝野上下欲廢武科而專重行伍者。武科舉考試已經隱約顯露出衰敗的跡象。

（二）鴉片戰爭後至洋務運動前武科舉的變革歷程

在為清代選拔近二百年武備人才之後，清中後期盛世之下的武科舉危機已經到了幾乎無法挽回的地步，此時的武科舉就好像是一匹看似步履堅韌實則已不堪重負的駱駝，只等那最後一根稻草。而這根稻草在十九世紀的中葉飄落了下來，它便是第一次鴉片戰爭。此次戰爭失利驚醒的不僅僅是清廷「天朝上國」的美夢，其軍事力量在對敵作戰中表現出的「被」摧枯拉朽之態勢，使得專門負責選拔軍事官員的武科舉考試受到朝野上下前所未有的關注，以林則徐為代表的一批晚清開明官吏及魏源、鄭觀應、馮桂芬等為代表的民間進步知識分子逐步覺醒，開始了反思和找尋使中國富強、抵禦外侮良方的探索之路。

清代後期變革武科舉最早的呼聲發自近代中國「開眼看世界」第一人——魏源，他在林則徐《四洲志》基礎上所著的《海國圖志》成為近代中國瞭解西方世界的一本思想啟蒙教材，其《籌海篇》分析了清政府面臨與古代完全不同的國防境遇：「古之馭外夷者，惟防其協寇以謀我，不防其協我而攻寇也、止防中華情事之泄於外，不聞禁外國情形之泄於華也。」〔註61〕提出「欲制外夷者，必先悉夷情始」的建議並詳細分析西方的優勢在於三點：「一戰艦、二火器、三養兵練兵之法。」由於鴉片戰爭中清政府對海防的忽視，導致海防水平低下，儘管水師在清初就已建立，其規模也日益擴大，但「沿海各省水師，僅為防守海口、緝捕海盜之用」，〔註62〕「算不上是一支正式的海軍，大體相當於海岸警衛隊。」〔註63〕當西方殖民者禍水東來時，清廷水師無力擔負起反擊殖民者入侵的重任，形成了中國沿海有海無防、有海難防的局面。

清政府在海防中暴露的空虛狀況導致屢屢戰敗刺激了魏源，他指出武科舉中缺乏對海戰人才的選拔，「國家試取武生、武舉人、武進士，專以弓馬技

〔註61〕（清）魏源著，趙麗霞選注，默觚魏源集〔M〕，瀋陽：遼寧人民出版社，1994：271。

〔註62〕趙爾巽等，清史稿，第一百三十五卷，兵制六〔M〕，北京：中華書局，1976：3981。

〔註63〕茅海建，天朝的崩潰〔M〕，北京：生活‧讀書‧新知三聯書店，2007：39。

勇，是陸營有科而水師無科」，要學習西方各國以造舶、駕舶、造火器、奇器取士的做法，在福建、廣東兩省武科舉中增水師一科，加大對於這一科目人才的重視，「不以工匠、柁師視在騎射之下」，「水師將官必由船廠、火器局出身，否則由舵工、水手、炮手出身」必然能夠選拔出賢良之才。「上之所好，下必甚焉……使天下知朝廷所注意……則爭奮於功名，必有奇材絕技出其中。」同時舉出俄羅斯學習先進經驗而興國的例子：「俄羅斯之比達王，聰明奇傑，因國中技藝不如西洋，微行遊於他國船廠火器局，學習工藝，反國傳授，所造器械，反甲西洋，由是其興勃然，遂爲歐羅巴洲最雄大國。故知國以人興，功無幸成，惟屬精淬志者，能足國而足兵。」〔註64〕魏源發現武備人才選拔標準與人才質量有密切聯繫，注意到技術的手段對提高軍事人才的重要性，指出有用之物，即奇技而非淫巧，符合當時剛剛開眼看世界時重視器物的特點。在武科取士方面，他從提升選材成效的角度提出拓展考試科目以充實武科舉考試的辦法，體現出敏銳的洞察力和極強的前瞻性。而與對俄羅斯重視的橫向對比之中亦看出其廣闊的視野，對近代社會改革和軍事革新的思潮是一種有力的推動，其「師夷長技以制夷」的思想也爲後世所領會和傳承。

但頗爲遺憾的是，當時魏源身爲兩江總督裕謙一個幕僚，他個人的社會身份和各種矛盾尚未爆發的社會壞境，導致其建議影響力十分有限。而且，儘管魏源看到了海戰之中新式海軍的威力，將關注點放到開設水師考試之中，以期通過增添武科舉的新式考試科目、豐富和強化武科舉取士方式方法、利用武科舉對習武士子的吸引力，來達到推動新式軍事人才發展的目的，但未能進一步涉及具體的考試規程、內容等實施方法，所提出的建議過於宏觀和籠統，並沒有深入到武科舉取士自身弊病的探討和批判中來。

對於武舉難選眞才的狀況，當時清政府的有些官員中已經意識到了這點，並提出了相應的建議。與魏源等知識分子不同，這些官員曾親歷武科舉，其中一部分甚至是考試的監臨主考官或者其它考試官員，有機會親自觀察到武科舉士子們的表現，對武科舉在取士方面的不足有最爲直接的感官印象，因而所提建議也更爲具體和富有針對性。其中最爲典型的代表是兩廣總督祁塨，他在道光二十一年（1841 年）就指出武科考試在內容上過於忽視基礎文化和軍事理論的考核，導致士子整體素質降低：「武場鄉會試內場，試以

〔註64〕璩鑫圭主編，鴉片戰爭時期教育〔M〕，上海：上海教育出版社，1990：430。

默寫武經，……武試兩命中、挽強……士子以後場無足重輕，漫不經心，相率流爲剽剝、抄襲，僥倖進身。」進而對武科士子任官之後的效果產生消極影響：「迨服官以後，無暇講求……則僅講弓馬騎射，而不習韜鈐。猝然有事之秋，所學非所用。」〔註65〕在分析了武科存在的問題後，祁墫提出兩條建議：首先是增加內場程文考試的內容，「武試除默寫武經外，請添問策一道，分韜略、技藝、火攻、水戰四門，仍如文試，令該生指項註冊，入內場日亦舉以爲問。」〔註66〕考慮到武科士子的軍事理論素養普遍不高，特別提出策問時「所對不必深論文理，亦不必限字數。如能名就所習，確鑿指陳，而騎射與膂力尚屬合式者，亦一律中式。」〔註67〕其次是參考「唐、宋以來，廣設科目，名臣接踵」的有益經驗，開設制舉，「將、博、通、史、鑒五門分立五科，特詔舉行，無論現任致仕大小文武職官及軍民人等，准以所業，由該地方官申送督撫考校。如所言足資採用，及技擊精強，即行分別咨明吏、兵二部，調取入京，詳加考試，選其才具眞實者奏明引見，分別酌用。」〔註68〕通過這兩點改革，使士子「不致用非所學」，達到「鼓舞振興、遴選才能、整飭戎政之至意。」鴉片戰爭之後較早提出武科舉變革的魏源和祁墫，一個是民間的知識分子，另一個是清帝國的地方高級官員，所處的位置懸殊，所提的革新主張和顧慮迴異，但是他們確實從不同的角度發現了武科舉的運行和取士有了需要改革的動力和原因，反映了外在強力扭轉下國內進步人士的初步覺醒。

　　在中央一級的官員中也有人開始認識到武科舉取士的不足。道光二十七年（1847年），兵部侍郎曾國藩在主持武舉會試時曾對武科舉進行了委婉的批評，認爲「自唐宋以後，招致將才，不可必得，乃案圖而索驥。於是有武舉

〔註65〕璩鑫圭編，皇朝道咸同光奏議，卷四十二，頁三，光緒壬寅秋上海久敬齋石印本，中國近代教育史資料彙編，鴉片戰爭時期教育〔M〕，上海：上海教育出版社，1990：71。

〔註66〕璩鑫圭編，皇朝道咸同光奏議，卷四十二，頁三，光緒壬寅秋上海久敬齋石印本，中國近代教育史資料彙編，鴉片戰爭時期教育〔M〕，上海：上海教育出版社，1990：72。

〔註67〕璩鑫圭編，皇朝道咸同光奏議，卷四十二，頁三，光緒壬寅秋上海久敬齋石印本，中國近代教育史資料彙編，鴉片戰爭時期教育〔M〕，上海：上海教育出版社，1990：71。

〔註68〕璩鑫圭編，皇朝道咸同光奏議，卷四十二，頁三，光緒壬寅秋上海久敬齋石印本，中國近代教育史資料彙編，鴉片戰爭時期教育〔M〕，上海：上海教育出版社，1990：73。

之科，有武學之額，有賜及第出身之目。宋慶皇間，定武舉以策爲去留，弓
馬爲高下。祿利之途一開，爪牙之士梢梢驤首、元明以來，循是不廢。然上
以名求，下之人因襲是名而巧戈之。其以弓馬得者，不過挽強引重，市井之
粗才、而以策試中者，亦皆記錄章名，瑣瑣無用之學。故論者謂人才之興，
不盡由於科目，理固然也。」〔註69〕曾國藩雖然肯定了武科舉在籠絡各地習
武士子方面的作用，指出「我朝定鼎以來，威憚無外。自虎賁宿衛，八旗禁
旅，往往在熊羆不二心之臣，肩比而鱗莘。而各行省山澤猛士，又羅之以科
舉，所以儲採干城之選。至周且當。」〔註70〕同時也看到武科舉「顧循行既
久，嚮之所謂市井挽強，記錄無用者，多亦厇乎其中。」〔註71〕曾國藩敏銳
地感覺到依靠「默寫孫吳之數行，無由觀其內志外體，與其進退翔舞之節」
的選拔方式，妄想獲得精通韜略的武科士子、「使韜鈐之才之必入於此，不遺
於彼」〔註72〕的可能性不大。雖然曾國藩並沒有對武舉取士明確提出反對意
見，但質疑的態度已經顯露無遺。

　　1856 年開始的第二次鴉片戰爭，將中國社會進一步推向半殖民地的深
淵，同時也對中國的軍事人才選拔和考核提出了新挑戰，越來越多的政府官
員意識到原有武科的弊端並提出了新的變革主張。與第一次鴉片戰爭時期
的武科變革者相比，這些來自沿海地區的官員由於地處戰爭的第一線，能夠
親身體會到新式軍事技術的巨大威力，「夫弓矢屬金行，而槍炮用兼火力，爲
害烈而奏功亦舒……近日軍營奏報，凡我將士之殺賊，及不幸死於賊者，
則槍炮十居其七，刀矛二三，至弓矢幾無聞焉。」〔註73〕對武科的改革有更
爲迫切的主張：「顧之近日情形，似宜變通以濟急務也。」〔註74〕時任福建福
寧知府的徐鼐在 1859 年的《上大府請武場添試火器箋》中提出了變通武科考

〔註69〕（清）曾國藩，據曾氏家藏本：曾文正公全集（第十六冊）〔M〕，大連：大
　　　　連圖書供應社，1900：7。
〔註70〕（清）曾國藩，據曾氏家藏本：曾文正公全集（第十六冊）〔M〕，大連：大
　　　　連圖書供應社，1900：7。
〔註71〕（清）曾國藩，據曾氏家藏本：曾文正公全集（第十六冊）〔M〕，大連：大
　　　　連圖書供應社，1900：8。
〔註72〕（清）曾國藩，據曾氏家藏本：曾文正公全集（第十六冊）〔M〕，大連：大
　　　　連圖書供應社，1900：8。
〔註73〕高時良，中國近代教育史資料彙編——洋務運動時期教育〔M〕，上海：上海
　　　　教育出版社，1992：648。
〔註74〕高時良，中國近代教育史資料彙編——洋務運動時期教育〔M〕，上海：上海
　　　　教育出版社，1992：648。

試內容、增加槍炮考試建議的三個理由：首先，福寧武士子眾多「福寧五屬，除鄉試武生不計外，武童幾及千人，漳泉各屬倍之，計通省不下萬餘人，宜可以備爪牙……今若於馬步射外，試以火槍，旁及刀矛，中用者與選，不中用者不與選……一二年後，可得數萬精鍊火器之人。」〔註75〕其次，槍炮藏於民間可以降低政府經費支出，「自來官置器械，必不如私置之精。火槍或藥不過門或一二次即炸裂。今彼為考試之具，則製造必極其堅好，試畢必謹於收藏。是增數萬管火槍，而官無監製之勞，無庫存之憂。」〔註76〕第三，藏兵於民，可以降低政府的軍備糧餉負擔，「此與試生童，無縣不有，亦無甲不有，第令地方官善為倡率……定期日以相演習，稽勤惰以為賞罰，則人自相師，家自為戰，並聯甲之人，亦相競勸，以次裁撤兵勇，節省糧餉。」〔註77〕

　　徐鼎的武科變革主張主要基於兩點考慮。一是從實戰的地理因素上分析弓弩作戰無法施展的弊端，「蓋鐵騎勁弩，馳騁注射，利於曠野，不利於險阻，其勢然也。」而閩省無處無山，無山不峻，數里之內，內背已殊，數步之內，高下不及的獨特地理位置決定了「騎馬不能行，彎弓不相及也」。同時以剿滅太平天國時黑龍江和吉林之兵由於所用武器裝備不一導致使用火槍的吉林之兵屢次建立功勳而使用弓箭的黑龍江之兵默默無聞的巨大反差為例，闡明「利用火器，較他省為更切」的主張。二是改用槍炮投資巨大，「添製火器，增募槍手，月費數萬金」，政府「當此經費支絀之時」難以承受，而武科改制則可以利用士子仕進之心進而由民間自行解決經費問題。徐鼎所提的改革建議體現出了極強的功利性和實用主義色彩，也確實符合當地的軍事鬥爭需要。但僅僅考慮了經費的節約，未顧及到此時正值太平天國運動鼎盛之時，各地起義風起雲湧，如果允許槍炮流入民間將會對統治造成難以估量的風險。因此他的主張並未能產生很大的影響。

　　第二次鴉片戰爭結束後，隨著時代危機的不斷加深，越來越多的有識之士開始關注到武科舉考試的變革，對於武科的變革主張也進一步強烈，開始出現廢止武科考試的呼聲。馮桂芬認為「武職以行伍為正途，而武甲不與，

〔註75〕 高時良，中國近代教育史資料彙編——洋務運動時期教育〔M〕，上海：上海教育出版社，1992：649。
〔註76〕 近代中國史料叢刊（533-4），包慎伯世臣先生年譜，未灰齋文集〔M〕，臺灣：文海出版社，1966：171。
〔註77〕 馮桂芬，校邠廬抗議〔M〕，上海：上海書店出版社，2002：43。

顯與國家設科之意不合。」〔註78〕在 1861 年《校邠廬抗議》中指出武科舉存在兩大弊端：第一是重文輕武的社會思想根深蒂固，「右文左武之見太重……承平日久，文吏視武弁如奴僕，故武科途，衣冠之族不屑與。」〔註79〕第二是對士子的經濟要求較高，導致「所取之途」狹窄，難以吸納廣大貧寒之士，民間素有「窮文富武」的說法，參與武科選拔的「力士多出藜藿，試事之費，十倍於文，寒素不能與，武試有教師壟斷有教師壟斷，非其素識，無門可入，窮鄉僻壤不得與。」〔註80〕由於武舉取士存在諸多限制，使得所取之才水平一般，「試以常人之有文學者十人與十文生校，其勝文生者究少，以常人之有勇力者十人與十武生校，其勝武生者比比皆是矣。雖舉人進士亦然。」〔註81〕所言雖有誇大其辭的成分，卻也在一定程度上反映了武科士子的水平低下。針對武科取士的這些弊端，他提出武科首先要改革考試評定標準，通過考核膂力的辦法保證士子成績的穩定性，進而確保考試公平，其次主張「停罷大小一切武試，一歸之薦舉。」仍然保留進士、舉人、武生的稱號，士子通過在綠營中的歷練選拔而得以晉身。馮桂芬的武科革新建議，過度關注於考試的公平性而忽視了實用性，其「專以膂力為高下」的辦法，的確能充分利用士子個人膂力具有很強穩定性的特點來避免考試騎射弓刀不免出現的發揮失常狀況，在降低應試難度、擴大應考人群、防止遺漏人才方面起到積極作用。但是，僅憑此條件選拔的人才，素質良莠不齊，徒有數量之裕而無質量之精，難以保證入營學習的順利進行。雖明確出現「停罷武試」，但其「一歸之薦舉」的建議從嚴格意義上來說並不能算是廢止武科舉，更像是由考試選拔改為行伍推薦的一種改良手段而已。

（三）洋務運動前武科舉改革的困境

從 1840 年鴉片戰爭開始，中國社會從閉關鎖國走向被動開放，其自我封閉的意識也開始逐漸發生變化。具體到軍事領域，兩次鴉片戰爭、太平天國和捻軍興起，使得清廷的軍事壓力陡增，而綠營在無論對內和對外中的頹廢表現，使得下自民間知識分子上到朝廷封疆大吏乃至中央都關注到適應新式

〔註78〕 馮桂芬，校邠廬抗議〔M〕，上海：上海書店出版社，2002：43。
〔註79〕 （清）馮桂芬，馬建忠著，鄭大華點校，中國啟蒙思想文庫，採西學議——馮桂芬，馬建忠集〔M〕，瀋陽：遼寧人民出版社，1994：70。
〔註80〕 馮桂芬，校邠廬抗議〔M〕，上海：上海書店出版社，2002：43。
〔註81〕 馮桂芬，校邠廬抗議〔M〕，上海：上海書店出版社，2002：43。

軍事條件的人才選拔問題，林則徐、魏源、祁堭、徐鼐等有識之士，他們開始認識到別國的長處，發現自身選拔方式的不足，進而探索社會變革的新方向。然而，武科舉的變革卻十分緩慢，原因主要有以下三個方面。

第一是社會統治階層對於戰備重視不足，改革意願並不明顯。雖然在兩次嚴重的外敵軍事入侵中，清廷軍事裝備落後、人才選拔不適合時代發展的狀況已經開始顯露，但都沒有能夠引起社會的高度重視，統治階級也沒有迅速意識到危險的所在。雖然面臨內外交困窘境的清政府意識到需要改革軍事，提出了改善武器裝備、提升海防的主張，如「今昔情形不同，必須因地制宜，量爲變通，所有戰船大小廣狹及船上所列槍炮器械應增應減，毋庸拘泥舊制，不拘何項名色，總以製造精良，臨時實用爲貴。」〔註 82〕但在人才選拔上並未採取進一步措施。而且社會上厭戰情緒仍是主流，在「和議之後，都門仍復恬禧，大有雨過忘雷之意，海疆之事轉喉觸諱，絕口不提，即茶坊酒肆之中亦大書『免談時事』四字，儼有詩書偶語之禁」。〔註 83〕由此可見，戰爭過後的朝野上下一切如故，未因外患而有所改變，官員階級尚未普遍覺醒，對於國人而言則更是處於茫然的境地，向西方學習尚未能夠引起社會的共鳴。

第二是中國社會尚處於瞭解外部世界的初級階段，「天朝上國」美夢的巨大思想慣性，使得整個統治階級對吸納外來事物仍習慣性地採取拒絕態度。雖然戰爭中屢吃敗仗的窘境迫使統治者關注軍事領域特別是海防問題，在道光二十一年（1841 年）文科舉殿試中將之前極少涉及的海防列爲考試內容，重點考察如何學習歷代「海疆用兵，戰功尤著」的軍事將領的兵法戰策以求「裨於實用」〔註 84〕。但最高統治集團仍然固守著自我封閉傳統，認爲承認英國等國家的先進就等同於承認自己的落後，甚至會動搖先前所認定的華夏文明優於世界一切文明的思想根基，如 1850 年梁廷枏在《夷氛聞記》中所認爲的：「天朝全盛之時，既資其力又師其能，延其人而受其學，失體孰甚……彼之火炮，始自明初，大率因中國地雷、飛炮之舊而推廣之、夾板船，亦鄭

〔註 82〕中國史學會編，鴉片戰爭（第五冊），軟塵私議〔M〕，上海：上海人民出版社，1957：529。
〔註 83〕中國史學會編，鴉片戰爭（第五冊），軟塵私議〔M〕，上海：上海人民出版社，1957：529。
〔註 84〕清宣宗實錄，第三十八冊，卷三百五十一〔M〕，北京：中華書局，1986：345。

和所圖而予之者、即其算學所稱東來之借根法，亦得諸中國」。〔註85〕器物之類是否學習西方尚存爭議，制度的變革就更無從談起了。

第三是武科變革者的呼籲聲較爲零散，改革舉措缺乏針對性，導致效果不佳，影響有限。從改革建議者的身份角度來看，魏源和馮桂芬身爲中國最早覺醒的一批開明知識分子，缺乏官方背景的身份決定了其主張很難產生大的影響、曾國藩雖身處中央，卻也只是區區一個兵部侍郎，且僅僅委婉地指出武科考試不得人而已，並未涉及改革考試、徐鼐身爲知府亦難免人微言輕、只有時任兩廣總督的祁墰身爲封疆大吏，可惜在奏摺提出不久便因病乞休旋即逝世。值得肯定的是，這些武科改革的主張與建議，確實反映了當時軍事變革的實際需要，但受時域與眼界的限制，他們還是無法擺脫從傳統中尋找濟世良方的思維定勢，無論魏源的增設水師科目、祁墰的增加策問考試、徐鼐的槍炮納入考核，馮桂芬只考膂力大小，所提方案均未觸及武科舉變革本身，多爲考試內容的增補和修訂，在改革舉措的可行性和具體操作性上缺乏深入思考，進而影響了改革的實效。

洋務運動開始前，受當時社會形勢和改革者自身條件的雙重制約，武科舉改革的這些新思想和新主張普遍過於籠統和缺乏可操作性，最終全部被束之高閣，幾乎沒有得到任何形式的貫徹和執行，引發的社會影響微弱到近乎可以忽略不計。然而，這些思想和主張，在啓迪後世變革方面卻並非完全沒有意義。洋務運動開始後，變革武科舉的各類呼聲此起彼伏，其中很多主張都是直接從這一時期的思想中汲取營養進而深化與提升的。可以說，洋務運動前有關武科舉的改革之聲，猶如晨曦之中一抹朝陽，雖難以馬上照亮黎明前的整個大地，卻預示著光明的出現已經不可阻擋。

二、洋務運動至甲午戰爭時期的武科舉變革

1858 年和 1860 年的兩次英法聯軍之戰後，清帝國首都淪陷，以皇帝爲首的統治階層被迫進行屈辱的逃亡，國內的農民起義力量太平天國和捻軍仍然聲勢浩大。面對內憂外患的環境，爲挽救清王朝的命運，清廷統治集團內部一些較爲開明的官員主張利用西方先進生產技術，強兵富國，擺脫困境，在中央恭親王奕訢和地方實力派封疆大吏李鴻章、張之洞等人的助推下，自 1861 年設立總理衙門起，在全國各地掀起了一場長達三十餘年的向西方學

〔註85〕梁廷枏著，邵循正校注，夷氛聞記，卷五〔M〕，北京：中華書局，1959：172。

習，旨在「師夷長技以制夷」的洋務運動。這一時期洋務派所進行的大量軍事工業建設和軍事技能引進，需要一大批聰穎好學的年輕士子來完成，因而不可避免地將目光關注到軍事相關人才的選拔與培養，一直以來被看成是武備人才選拔重要標誌的武科舉自然成爲了關注的焦點之一。由於原有的武科舉取士無法滿足新時期的用人需求，針對武科舉的各種改革建議不斷被提出。洋務運動時期武科舉變革最早的主張者是四川道監察御史陳廷經，他意識到實戰中火器的巨大威力，「平時講武，弓箭優先，臨陣交鋒，火器爲上。」〔註86〕在1864年的奏摺中他提出「請自今鄉會試武場及學政考試，俱加用火器，以歸化一」〔註87〕的主張。儘管他的建議在當時得到的反響並不大，但這種將槍炮作爲武科舉考試內容的呼聲在此後的很長一段時間都成爲了討論的焦點。

1869年，江蘇巡撫丁日昌從另一個角度提出了他對於武科舉變革的構想：將武科舉取士按照不同的培養目標分解爲三種選拔途徑，首先是精通理論的軍事戰略人才，「取深明韜略、熟習險要沙線之士」，其次是精通新式軍事裝備的製造人才「取諳通機器，製造精能之士」，最後是熟練使用新式裝備的作戰人才即「取槍炮命中，勇敢善戰之士。」〔註88〕通過這種選士層次的細化，達到「稍收實效」的目的，帶有明顯的爲洋務運動軍事工業發展儲備人才的色彩。在武科舉變革歷程中，丁日昌所提的由統一規程考試轉變爲三類考試模式的主張算的得上是一個創舉，此後不少武科舉變革者皆受此影響對武科變革提出類似的主張。

1874年，洋務派的領導者之一直隸總督兼北洋大臣李鴻章在《籌議海防摺》中提出，自1840年鴉片戰爭起，西方入侵中國已三十餘年，派駐公使駐京也已經十餘年，「以兵脅我，殆無虛歲」，當今「用人最是急務，儲才尤爲遠圖，文武兩途，仍捨章句弓馬末由進身，而以章句弓馬施於洋務，隔膜太甚……而所用非所學，人才何由而出？」認爲以「華人聰明才力，本無不逮

〔註86〕中國史學會主編，中國科學院近代史研究所史料編輯室，中央檔案館明清檔案部編輯組編，中國近代史資料叢刊──洋務運動〔M〕，上海：上海人民出版社，1961：12。

〔註87〕中國史學會主編，中國科學院近代史研究所史料編輯室，中央檔案館明清檔案部編輯組編，中國近代史資料叢刊──洋務運動〔M〕，上海：上海人民出版社，1961：12。

〔註88〕丁日昌，清史列傳，第十九冊，卷五十五〔M〕，北京：中華書局，1987：4328。

西人之處，但未得其法未入其門」，主要是因爲沒有得到鼓勵，希望能夠另設一科將「有志趣思議，於各種略通一二者選收入局，延西人之博學而精者爲之師友，按照所學淺深，酌給薪水，俾得研究精明，再試以事，或分派船廠炮局，或充補防營員弁。」〔註89〕李鴻章的建議是在沈葆楨開設算學和丁日昌武試改槍炮的上奏分別被駁斥之後提出的，相對於前兩者相對激進的主張已經做出了妥協，希望在「科目即不能驟變」的前提下「於考試功令稍加變通，另開洋務進取一格，以資造就。……分別文武，照軍務保舉章程，奏獎升階，授以濱海沿江實缺，與正途出身無異。」〔註90〕

儘管如此，這一改革方案由於存在影射科舉制度阻礙洋務人才招募的含義以及科舉取士之外另立新的取士制度的主張，觸怒了朝中的保守派，遭到了強烈的反對。其中大理寺少卿王家璧的反對最爲強烈，認爲李鴻章「惟以章句弓馬，所學非所用，無以禦敵，遂議變科目以洋學」的做法是忘本之舉，「槍炮固可兼習，本業豈可全忘？」還多方舉例進行反駁，認爲以弓馬之技禦敵無憂，提出「都興阿、多隆阿等所部馬隊，多兼用弓矢，追賊發無不中，賊甚畏之，臣所親見……電學、算學、化學、技藝學，果足以禦敵乎？」並質疑洋務科目的禦敵效果，「電學、算學、化學、技藝學，果足以禦敵乎？今之設館教幼童以洋學者，不過欲備他日船主、通事及匠作之用，非謂體國經野之才皆在此中，此外更無人也。」〔註91〕著重闡明洋爲中用而非以洋變中，「曾國藩、左宗棠、李鴻章皆從科目進身，並未讀洋書、習洋技，而其克成大功，洋之槍炮輪船皆足供其用者，正貴深明大義，能用洋人而不爲洋人所用也。」此外通政使於淩辰也指出，新設科目的做法是「用夷變夏」，並質問「師事洋人，可恥孰甚？」〔註92〕

保守派的強烈反對，雖然使得朝中武科改革之聲一時間陷於沉寂，但是

〔註89〕 朱有瓛，李文忠公全集奏稿，卷二十四，中國近代學制史料，第一輯（下冊）〔M〕，上海：華東師範大學出版社，1986：24。

〔註90〕 朱有瓛，李文忠公全集奏稿，卷二十四，中國近代學制史料，第一輯（下冊）〔M〕，上海：華東師範大學出版社，1986：23。

〔註91〕 中國史學會主編，中國科學院近代史研究所史料編輯室，中央檔案館明清檔案部編輯組編，中國近代史資料叢刊——洋務運動〔M〕，上海：上海人民出版社，1961：129～130。

〔註92〕 中國史學會主編，中國科學院近代史研究所史料編輯室，中央檔案館明清檔案部編輯組編，中國近代史資料叢刊——洋務運動〔M〕，上海：上海人民出版社，1961：121。

由於武舉取士確與時代發展相脫節，改革的呼聲並未因此終止，轉而在其它渠道得以出現。1875 年 11 月 30 日《申報》的刊文《論武科》中就指出：「應武科者馬刀矢石外，毫無所用，幾類時文者，不知他藝……國家定例固不得忘議更張，時尚所趨又不得不令兼習管規、兼習洋槍等器，猶文士兼通西文也」。所以主張「取士之道似應量為變通，令各武生於弓矢刀馬之餘，兼習火器，講求製造施放之法，又駕駛輪船等事。」〔註93〕

1876 年，王韜在其著作《弢園尺牘》的《上丁中丞》一文中對武科舉取士存在的問題提出自己的見解，認為武科舉取士的規章制度較為合理，「國家建官文武二途並重，自小試以逮鄉會試，別設武科以考校人才。其人營武者，亦歲有大閱，以資遴選，立法非不至善。」武科選拔出的士子在實踐中之所以發揮不出人們期望的作用，主要是由於武科之人「專重弓刀石而已，演練營兵亦已騎射為先事」，當實際戰鬥「臨敵剿賊」之時，「所謂制勝長技者並不在此。所用非其所習，則其衝鋒陷陣，豈能有所恃而不恐，此何異不教而驅之戰也。」〔註94〕因此他主張「改試常法」，將軍事人才按層次的高低劃分為大將名將之才、能將之才和戰將之才三類，並分別以學、藝、力三科與之對應，進而設定取士的標準。王韜認為武備人才的「學之大者首在地理兵法」，首先應當重視選拔能夠「明乎山川扼塞，熟於行陳進取，料敵審勢，屯營設伏，無不具有方略」的軍事謀略人才，以達到「軍行不蹶，我戰則克」的效果、其次是能夠發掘和培養「能建營壘，築炮臺，製造槍炮器械，及一切攻戰守禦之具」的軍事工程人才，使之在戰鬥中能起到「因敵而施，無不布置有方，深中要害」的作用、第三是能夠直接投身戰場一線「發炮鳴槍，命中及遠，洞堅折銳，蕩決無前」〔註95〕的軍事戰鬥人才。通過對這三類人才的分別選拔以及之後「練膽、練技、練陣、練地、練時」〔註96〕五個角度的訓練，達到收取實效之目的。

此後武科舉的改革繼續發展，自沉葆楨的上書始又進入一個新的階段，

〔註93〕論武科〔N〕，申報，1875 年 11 月 30 日。

〔註94〕高時良，黃仁賢編，洋務運動時期教育〔M〕，上海：上海教育出版社，2007：626。

〔註95〕高時良，黃仁賢編，洋務運動時期教育〔M〕，上海：上海教育出版社，2007：628。

〔註96〕高時良，黃仁賢編，洋務運動時期教育〔M〕，上海：上海教育出版社，2007：628。

即在原有變革武科舉基礎上出現更為激進的武科舉革廢主張。1878 年，兩江總督沈葆禎呈奏了《請停武闈摺》，提出應廢除武科。原因有三，首先是武科舉取士耗費巨大，「歷科武闈報部經費，每省已數千金，而不合部例，又不能徑裁，歸於外銷者不與焉，其院試、郡試、縣試，則為牧令虧累之一大端。」其次是武科舉取士收效甚微，如果「所拔者為朝廷折衝禦侮必不可少之才‧即所費滋多，亦不當吝惜。」但武舉所試得人「所用非所習」，對外不能禦侮，徒有虛名，對內論曉暢營務不如行伍出身者、論奮勇耐勞又不如軍功出身者，難以選拔真才。第三是危害鄉里，「名雖為士，實則遊民，有章服之榮，而無操防之苦。」〔註 97〕一些武舉士子往往恃頂戴為護符，加之較一般民眾孔武有力，而武斷鄉曲。由此三點呼籲朝廷「飭停武闈」，將「例銷之款提解部庫，每科合各省亦可得數萬金，而總計州縣所省虧累又屬不少，為州、縣、省一分虧累，即為民間留一分元氣。」〔註 98〕沈葆禎的奏摺指出了舊式武舉腐朽空虛、勞民傷財的本質，他雖然指出了武舉無用應當廢止，但未給出解決辦法。

驟停武舉子進身之階，如鯀治水，只堵不疏，恐激起民變，且因經費而論廢止理由並不充分。因此奏摺呈遞當天就被批駁，慈禧太后在諭令中認為其「輒因撙節經費，請將武闈停止，率改舊章，實屬不知大體。著傳旨申飭，所請著毋庸議。」〔註 99〕這也反映出洋務運動期間，清統治集團的上層雖然在兩次鴉片戰爭中遭到了慘敗，也在考慮創辦軍事企業、設立武備學堂等促進軍事近代化問題，但對祖宗法規的宗教性崇拜和對自己軍事力量的盲目自信，使其改革變通武科的動力並不大，更談不上妄將之廢除。執著的沈葆禎在被駁斥之後，仍沒有放棄對武科改革的期望，又採用迂迴戰術在光緒五年（1879 年）六月上書，「武科為國家定制……弓箭之優劣，騎射已得其大端，似步箭可改為洋槍，膂力之強弱，硬功已得其大端，似刀石可改為洋炮，量予變通，使所習即所用，在乾斷參酌施行耳。」〔註 100〕他承認武科考

〔註 97〕潘向明編，中國人民大學清史研究所編，清史編年，第十一卷，光緒朝（上）〔M〕，北京市：中國人民大學出版社，2000：110。

〔註 98〕潘向明編，中國人民大學清史研究所編，清史編年，第十一卷，光緒朝（上）〔M〕，北京市：中國人民大學出版社，2000：111。

〔註 99〕潘向明編，中國人民大學清史研究所編，清史編年，第十一卷，光緒朝（上）〔M〕，北京市：中國人民大學出版社，2000：105。

〔註 100〕中國史學會主編，中國科學院近代史研究所史料編輯室，中央檔案館明清檔案部編輯組編，中國近代史資料叢刊——洋務運動〔M〕，上海：上海人民出

試能夠得人，對武科考試中騎射和硬功等科目內容進行讚揚，希望通過改變其中明顯不適應時代要求的科目使之達到「所習即為所用」的目的。但其上書並未收到回應。高層對於武舉革廢問題的表態使得保守勢力的主張再度出現，1882 年《申報》發刊文《武科不宜變通說》，指出傳統的弓矢刀石是滿洲國俗，「國初發祥滿洲，俗尚弓矢，至今旗人之習文者尤不廢射」。儘管面對槍炮的有力衝擊和屢戰屢敗的慘痛戰績，保守派也不得不承認「弓矢之利，戰陳之上，久無所用」，但「武科相沿不廢，正以滿洲國俗如此，國家發跡之源不敢忘耳」。有的甚至拿八股文相佐證，認為武舉不必改革，在他們看來弓矢刀石之不足用久已，八股在沿習五百年後也是積重難返，「苟謂武科宜改，則文試何以不宜改也。」〔註 101〕

　　沈葆楨的上書被清廷最高統治者慈禧嚴厲申飭，引起朝野很大的震動，廢除武科之議大多由公開轉到私下進行，一些大臣轉而從更溫和的角度進言，提出增加武科舉考試內容的建議，以山西道監察御史陳啓泰最具代表性，他在 1883 年 1 月的上書中，指出北洋水師建立之後，海防問題得以極大改觀，但沿海措置尚待擴充，新式海軍人才仍存很大缺口，因此主張在武科舉中「可別設水師一科，凡有能造戰艦、炮臺、火器及熟悉風濤。沙線、駕駛、測量兼用槍炮有準的者，由各省考取，咨送總理衙門驗試。」〔註 102〕如果學有成效，即以擢補海防各職。通過多方獎勵使士子「爭自濯磨」。武科增設水師的建議並非陳啓泰首創，魏源早在鴉片戰爭時期就提出過類似想法，但受制於當時環境，所提建議較為籠統，陳啓泰的建議由於有了洋務派領導下十餘年現代海防建設基礎，因此更有針對性，一則能夠有效地籠絡和獎勵現有水師中的技術人才，二則可以通過科名和職位的吸引使更多優秀青年才俊投身於海防建設之中。

　　曾提出武舉以學、藝、力三科取士構想的王韜在 1883 年《變法自強中》裏再次對武科考試內容和模式提出建議。在對陳經廷「武科加用火器」的增設槍炮考試做法進一步拓展的基礎上，王韜提出「武科宜廢弓刀石而改為槍炮」的新主張，認為「陸營必廢弓矛，水師必廢艇舶，而一以槍炮為先，輪船為尚。」調整了原有的軍事戰鬥人員和軍事工程人才的地位，重新提出武科考試

　　　　版社，1961：182。
〔註 101〕武試不宜變通說〔N〕，申報，1882 年 10 月 27 日。
〔註 102〕陳學恂，中國近代教育史教學參考資料（上冊）洋務運動（一）〔M〕，上海：
　　　　上海人民出版社，1986：219～223。

人才選拔的三個等級，第一等級為選拔「有智略，能曉悉韜鈐，深明地理，應敵之機，制敵之命冀」即能夠通曉天文地理和軍事兵法的武科人才。第二等級為選拔「有勇略，能折街禦侮，斬將搴旗丈」的武科人才、第三等級為選拔「製器，造防守之具，明堵禦之宜冀建築炮臺，製造橫器」〔註103〕的武科人才，希望通過這三種不同的等級考試，選拔出「盡其所長」的武科人才，達到「野無遺賢，朝無幸位，天下之人才自然日見其盛」〔註104〕的理想境界。

與王韜持類似觀點的還有近代啟蒙思想家鄭觀應，他在《考試》中對於武科人才庸碌無為提出尖銳的批評：「武生向以騎射技勇見長，而世之習武者，《武經》一卷，尚屬茫然，一旦迎敵出師，何恃不恐？咸、同間建立大功，並無武科中人，所習非用，其明徵已。」在武科改革舉措方面與王韜持幾乎相同的看法，主張「宜於武科中列三等以考試之。一試能明戰守之宜，應變之方，深知地理險阻設伏應敵者。二試能施火器，命中及遠，駕駛戰舶，深知水道者。三試製造機器，建築營壘炮臺，善造戰守攻諸具者。」除此之外，對考官、考生素質、士子培育和待遇都有獨到的見解，認為主持考試的官員需要「派精於製造之機器師，熟識駕駛，能施火器，是船政學堂出身之水師提督，會同督撫考取，庶得真才。」一旦被選中之後，令入武備院、藝術院再行肄業，優給俸祿。武備院以收才力勇智之士，藝術院以收聰明技巧之才，且特降明諭，俾以後文武並重，不得歧視。」〔註105〕

如果王韜和鄭觀應作為先進知識分子的代表，其主張仍屬於民間非官方的大膽構思和建議的話，那以都察院左副都御史張佩綸則將改革考試內容的做法變成來自官方的正式呼籲，他在擬請武科改試洋槍折中，將武科舉考試內容改為槍炮的優點細分為十條，筆者將其析出，列表5-2-1。從表中可以看出，張佩綸的武科變革建議希望達到的是一種「聚財、論工、製器、選士之道，與夫服習機數之法已具，然後修明中外之政教，博求水陸之呃塞，以制治而捍鄰，庶幾具無敵於天下矣」〔註106〕的理想境界，所提建議的十條優點

〔註103〕陳景磐，陳學恂主編，韜園文錄外編，卷二，光緒九年刊本，清代後期教育論著選（上冊）〔M〕，北京：人民教育出版社，1997：255～256。

〔註104〕陳景磐，陳學恂主編，韜園文錄外編，卷二，光緒九年刊本，清代後期教育論著選（上冊）〔M〕，北京：人民教育出版社，1997：255。

〔註105〕朱有瓛主編，中國近代學制史料，第一輯（下冊），盛世危言〔M〕，上海：華東師範大學出版社，1986：12。

〔註106〕朱有瓛主編，中國近代學制史料，第一輯（下冊），盛世危言〔M〕，上海：華東師範大學出版社，1986：12。

也涉及軍事、經濟、工商、教育、社會等因素共計 20 次，其中涉及經濟的建議出現 6 次、軍事的出現 5 次、工業的 3 次、教育的 3 次、商業的 2 次，社會的 1 次。

表 5-2-1：張佩綸武科改試槍炮統計分析表

優點內容	考量角度	效　果	受益方
改寫《五經》而試算學、兵書，上者明機略以勝將，下者習技巧以勝兵	教育、軍事	提升士子軍事理論素養	武科士子
設教習徐導以化學、重學、光學及水雷魚雷之用，使士子免於孤陋寡聞。	教育、軍事	提升士子軍事知識水平	武科士子
中國所設機器局費鉅藝拙，由於造槍不多，造不如數則費繁而槍價昂，造如數則槍多而銷路少。若天下皆須洋槍，皆鬚子藥，則官局造槍不患不售，工用有資，而藝事無曠	工業、經濟	降低軍工企業製造成本	各個軍工製造局
官局之槍售與生童，准每杆視局價增一二兩，在生童不惜小費，在官局稍得微贏，積錙銖以成鉅款，官帑可省，局用可充	商業、經濟	拓展官辦企業收入，充實財政	各軍工製造局及所在地方政府
武科改用洋槍需槍者既多，售槍者必利，中國將有殷實商人，願於省府州縣分設洋槍子藥機廠者、但准鹽商領票及外國公司之法，本集於商，權總於官、省公家購買機器之資，救機局孤懸海口之病	商業、經濟	吸納民間資本投入軍工，降低軍工企業地域風險	民間資本
兵與士並角藝，官與商並鳩工，則槍炮子藥之用愈普，價亦愈廉，銀帑免漏於外洋，軍資大饒於內地	經濟、軍事	防止資本外流，降低武器使用成本	國庫（防止外流）、各地軍隊（增加訓練）
煤用東洋，鐵用西洋，耗費殊甚，商廠日盛，中槍日精，必爭開煤鐵之礦以自便	工業、經濟	促進煤鐵行業發展，節約國內資金	國內煤鐵行業，國庫
聚十餘萬人以洋槍為求名之地，聚千百家以洋槍為求利之地，無智無愚，無巧無拙，皆殫心究慮於斯，藝必日進，器必日工	工業、軍事	提高國內現代武器製造水平	武器製造企業國防
僻壤遐陬，皆有利器，偏隅用武，可免用土槍戈矛之拙，可省運洋槍洋子藥之勞，即咄嗟團練，兵寓於土，器藏於家	經濟、軍事	藏器於民，抵禦內亂	各地方軍隊、團練組織等
風氣既開，士兵其宮，商世其業，強武藝巧傳之無窮。	社會、教育	提升尚武精神	國民整體

資料來源：朱有瓛主編，中國近代學制史料，第一輯（下冊）〔M〕，上海：華東師範大學出版社，1986。

　　張佩綸所提的武科舉改革的出發點，在很大程度上是希望借助於武科舉對於士子的吸引力，來改變現有的狀態，帶動國內軍事及相關重工業的發展，使洋務運動重要成果之一的軍事製造局能夠順利運行。從經濟角度看，張佩綸的建議考慮得的確較為周全，但是忽略了很多實際應用時可能存在的問題，對洋槍流散於民間的危害性的估計嚴重不足，針對武科改試槍炮所帶來的潛在威脅的認識「但能妥立條章，嚴申紀律，夫亦何害？」〔註107〕過於天真。早在清朝初建時期，就曾為防止人民反抗頒佈政策禁止普通民眾私藏兵器，只允許應試武舉之家保留「弓一張，箭九隻」。太平天國起義被鎮壓僅十餘年、封建統治內憂外患、階級矛盾異常尖銳、民眾反抗運動風起雲湧的時期，這一變革武舉的主張從經濟和振興洋務運動工業角度看或許能起到一定作用，但從維護封建統治的政治角度來看絕對行不通。

　　張佩綸的奏章得到了一部分洋務派大臣的支持，如1884年國子監司業潘衍桐奏《請開藝學科摺》中針對武舉改試槍炮會導致民間流弊過深的顧慮提出不同看法，認為「夫船炮笨重之物，與刀劍易攜帶者不同，且非赤貧者所能購買也」，如果能夠做到「凡願投考者取具該鄉正途紳耆甘結，聲稱係志切觀光，不敢藉端滋事。」並且做好士子的資格審查工作，使「的係諳悉製造駕駛者方准送考，如此……則不慮其滋事矣。」〔註108〕指出武科進行槍炮之類的考試內容改革不至於威脅統治。但潘衍桐的觀點並未引起高層重視，相反，朝中大臣擔心改槍炮後導致槍炮泛濫，進而引發社會不穩定威脅到統治，因此「慮及此弊，因而議駁」。〔註109〕張佩綸和潘衍桐的主張都忽視了當時武科士子的實際水平。一直以來，由於「考試武舉有馬步、弓箭、地毽、刀石，而所重者則全在弓箭，弓取其強，箭取其準，固自小考以至會考，莫不皆然也」，武生大多「胸中識字則固無多，行軍之道全然未諳，至陣前所用槍炮，則平時有未曾習練幾何，而不手足無措也乎？」〔註110〕可見其時的武科士子們並不具備改試槍炮的知識、技能基礎。

〔註107〕朱有瓛主編，中國近代學制史料，第一輯（下冊）凋於集奏議，卷三〔M〕，上海：華東師範大學出版社，1986：63～66。

〔註108〕朱有瓛主編，嶺學報（第二冊），中國近代學制史料，第一輯（下冊）〔M〕，上海：華東師範大學出版社，1986年06月第1版：23。

〔註109〕朱有瓛主編，嶺學報（第二冊），中國近代學制史料，第一輯（下冊）〔M〕，上海：華東師範大學出版社，1986年06月第1版：22。

〔註110〕西友論中國武試〔N〕申報，1885年12月29日。

　　除了武科考試取士維度和內容的變革外，當時的有識之士還將關注點放到了選拔文武全才之上例如，王韜在《去學校積弊以興人材論》中提出「古者文武出於一途，有文事者必有武備，文以治國，武以捍難，猶之水火之性異，而相為用。故古者射御並於六藝，而教之於學，所以使其嫻於武事。一有征戰，人皆知兵，可以據鞍而從戎。」認為當今優秀武備人才匱乏的一個主要原因在於文武分途且互相輕視，文武通才數量稀少，「今之武人，率不知禮讓為何物，儒者亦藐視武事以為非我所宜知，於是文武分為二途，而士氣之頹靡，愈不可救。」〔註111〕希望能夠通過「文武歸為一途」，達到「儒知戰陣，將知仁義」的效果。

　　1894 年，唐文治提出將培養人才的武備學堂與選拔人才的武科舉和而為一的主張。在《請挽大局以維國運摺》中指出武備學堂沒有培養出很多人才，原因在於「武備學堂所以造就人才者，用意不可謂不至，然或至於虛靡帑款並無成效者，蓋以其非功名之正途則就之者少，而督撫中又鮮留心時務之才，則亦不甚措意於此也。」認為「武科與學堂分，則二者俱歸於虛名。合則二者均裨於實用。」同時建議在各處省城及大都邑普遍設立武備學堂，「廣延精通西法之士以為教習」，責令各個鄉里的武生和武舉人進入學堂學習，並且另由武備學堂中單開一科，將「有能精熟槍炮準頭，及明於攻戰行陣之要者，除鄉試、會試中式外，許以隨時保舉，撥入軍營。」唐文治的主張，看到了人才的培養和選拔相結合的重要意義，同時兼備充實武備學堂生源和提升武科士子綜合軍事水平之功能，是洋務運動時期武科舉改革中不可多得的先進理念與主張。

　　洋務運動時期是我國近代變革頻仍的一個動盪階段，武科舉的變革相比於之前有了長足的進步，呈現出了改革者與保守派相互鬥爭、改革舉措豐富和細化、實用性強、呼籲變革的參與者數量眾多等特點。

　　首先，在武科舉變革中改革派與保守派鬥爭激烈。洋務運動時期武科舉改革的一個明顯特點就是改革派和保守派的爭論，儘管有時這種相互角力並不同屬一個層面。主張變革的改革派提出了諸多建議，如將槍炮考試納入考核範圍、改進取士模式、另開選拔軍事人才科舉考試科目等。改革派中的大部分是洋務派官員，他們在此時期向西方的學習仍主要在技術領域，組織籌

〔註111〕陳景盤，陳學恂主編，皇朝經世文三編，卷四十二，清代後期教育論著選（上冊）〔M〕，北京：人民教育出版社，1997：269。

劃建立了一批造船、機械廠、電報局、兵工廠，成立了北洋、南洋、福建等海軍艦隊，需要大量的青年學子作爲人才儲備。但是固有的武科舉考試在一定程度上壓縮了武備人才的選拔空間，李鴻章曾發出頗爲無奈的感慨：「惟朝廷似不甚重其事，部臣復以尋常勞績苛之，世家有志上進者皆不肯就學。」〔註112〕加上武科舉取士的方法和內容確實遠遠落後於時代要求，因此他們希望在當時的人才培養體制下打開一個缺口，或者另設一科或將新式技術納入原有的考試科目之中，爲洋務運動時期所建立的諸多軍事工業和學堂提供市場和生源，其中尤以李鴻章和張佩綸的上書體現得最爲明顯。除此之外，改革派中還有一些民間的知識分子，如王韜、鄭觀應等人。他們對武科舉改革提出的建議大膽而富有想像力，但由於考慮並不算周詳，加之沒有直接影響清廷決策的能力，因此並未產生太大的效果。

　　而主張維護固有武科舉制度的保守派則固守傳統。儘管之前歷次戰爭中新式武器的威力得到廣泛的認可和贊同，保守派對此也不得不承認，但其在思想上仍堅持保守主張，認爲騎射乃國之根本，「槍炮固可兼習，本業豈可全忘？」同時也考慮更新考試內容的安全因素及其對清廷統治造成的潛在威脅，對新式武器流入民間充滿顧慮，認爲「考試之時改爲洋槍，則必聽學武者皆得蓄藥彈而後可以如此，則軍火之禁不能不馳，恐民間轉多不靖。」〔註113〕從武科舉取士角度看，保守派的主張無疑是落伍的，阻礙了武舉取士質量，但從維護統治的角度看，其擔心並非毫無道理，從這一時期的國內外環境看，外部經歷了英法俄等帝國主義列強的入侵和不斷的壓迫盤剝，內部則有聲勢浩大的太平天國和捻軍等農民起義，還有西南、西北地區回民的少數民族叛亂，加之八旗軍和綠營已經腐朽頹廢、難堪大用、漢族地主所領導的地方團練勢力急劇膨脹，身爲滿族的清廷統治者對漢族存在著固有的防範心理，保守派較爲穩妥的維持現狀的建議更容易取得最高統治者贊同。從實際來看，也是保守派的主張最終佔據了上風。自洋務運動興起的 1861 年至最終破產的 1895 年，武科舉儘管成爲社會熱議改革的話題，但是並未出現一道來自最高統治者的改革上諭，可見武科舉變革的條件尚未成熟。

　　其次，武科舉變革的呼聲高漲，從民間人士到封疆大吏，不同的出身背

〔註112〕錢伯城編，中華文史論叢，第五十二輯〔M〕，上海：上海古籍出版社，1993：148。
〔註113〕武試亟宜變通說〔N〕申報，1890 年 11 月 19 日。

景者都開始關注到武科舉的變革之中。在鴉片戰爭至洋務運動的二十年間，有關武科舉改革的呼聲較爲零散，僅有魏源、馮桂芬等最早覺醒的一批開明知識分子和徐鼐、祁埰等極個別官吏關注到武舉取士存在的問題。而自 1861 年洋務運動興起後的三十年間，越來越多的人參與到武科舉變革的討論中來，具體情況參見表 5-2-2。從表中可以看出，專門涉及武科舉改革內容的奏摺有 9 次，相關著作和公開刊物列出專文或者專章討論武科舉變革的出現過 9 次，涉及的人員來源非常廣泛，既有王韜、鄭觀應等民間的知識分子，也有唐文治、陳啓泰、張佩綸、潘衍桐等地方及中央一般官員乃至李鴻章、丁日昌、沈葆楨等封疆大吏。廣泛的社會參與使得有關武科舉變革的討論不斷升溫，成爲了當時一個備受關注的話題。

表 5-2-2：洋務運動時期武科舉改革問題參與情況統計表

年　份	參與類型	主要參與內容／題目名稱	參與者	職　　務
1864年	奏摺	考試增設槍炮	陳廷經	兵部侍郎
1869年	奏摺	武科分三類取士	丁日昌	江蘇巡撫
1874年	奏摺	另設洋務一科儲備武備人才／《籌議海防摺》	李鴻章	直隸總督
1875年	奏摺	主張仍用弓矢、反對新開科目／《會議海防事宜奏摺》	王家璧	大理寺少卿
1875年	公開刊物	武科士子兼習槍炮、輪船製造和駕駛／《論武科》	申　報	——
1876年	著作	武科分三類取士／《上丁中丞》	王　韜	民間知識分子
1878年	奏摺	停罷武科／《請停武鬧片》	沈葆楨	兩江總督
1882年	公開刊物	武科弓矢刀石不易改革／《武科不宜變通說》	申　報	——
1883年	奏摺	武科增設水師一科／《奏陳擴充海防管見摺》	陳啓泰	山西道監察御史
1883年	著作	武科廢弓刀石改槍炮／《變法自強中》	王　韜	民間知識分子
1884年	著作	武科分三類取士／《考試》	鄭觀應	民間知識分子
1884年	奏摺	武科考試改用槍炮／《擬請武科改試洋槍摺》	張佩綸	左副都御史
1884年	奏摺	武科改槍炮防止流弊辦法／《奏請開藝學科》	潘衍桐	國子監司業
1885年	公開刊物	武科僅試弓矢的弊端／《西友論中國武試》	申　報	——
1890年	著作	武科和文科歸於一途／《去學校積弊以興人材論》	王　韜	民間知識分子
1890年	公開刊物	武科考試改試槍炮／《武試急宜變通說》	申　報	——

| 1891年 | 公開刊物 | 武科增設槍炮《取材異同說》 | 申　報 | —— |
| 1894年 | 奏摺 | 武科與學堂合併《請挽大局以維國運摺》 | 唐文治 | 戶部江西司主事 |

資料來源：陳學恂，中國近代教育史教學參考資料（上冊）〔M〕，北京：人民教育出版社，1986。

　　此外，武科舉改革建議的內容豐富但成效有限。相比於之前對於外部世界的懵懂，洋務運動興起之時，從「器物」層面需要學習西方開始成為社會共識。洋務派領導下的大量新式軍工企業的興辦和新式軍隊的籌建，使清王朝基本走出了鴉片戰爭初期閉目塞聽的狀態，對武備人才的培養更加關注和重視，改革武科舉的建議也更為豐富和具體。在從武科舉考試的內容方面，無論是朝中大臣還是民間知識分子，都意識到傳統弓矢難以適應時代戰爭的要求，將新式槍炮考核納入武科舉考試內容成為了諸多建議的焦點，既有主張在考核士子弓矢外增設槍炮的呼聲，也有主張完全廢止弓矢而單純用槍炮考核的主張。在武科舉人才考核維度方面，開始逐漸嘗試擺脫原有的單一以膂力大小、射術精湛與否作為衡量標準的選拔模式，賦予了武科舉取士更多的使命，把軍事人才逐步細分為軍事指揮人才、軍事技術人才和軍事戰鬥人才，無論丁日昌、王韜還是鄭觀應，儘管在三類人才內容的具體表述上存在微小的差異，但基本主張是一致的。在武生素質方面，開始從入口處關注武生質量。原有武科考試對於武士子自身的學識並無嚴格要求，導致許多武生「詢以韜略，非特茫然不知，蓋並有目不識丁，當應試之時，覓人槍替以默武經者矣。」〔註114〕因此改革者呼籲將武生自身條件納入考核範疇之中，如鄭觀應提出武科應考士子「必須讀書明理，文字清通，方能入選。」〔註115〕

　　綜上所述，洋務運動時期的武科舉改革建議，無論是關於從單一的人才培養模式變革為各類的人才培養體系，還是涉及槍炮考試內容和具體考核方法以及對武科士子素質所提出的要求等，都有一個明顯的特點，就是武舉的改革始終或明或暗服務於洋務運動發展的需要。但由於此時對於西方的學習尚未上升到制度和思想的層面，使得大部分主張和建議難免有「頭痛醫頭腳痛醫腳」之不足，從層次上看也未能涉及武科考試需要變革的本質要素，從

〔註114〕唐文治，請挽大局以維國運摺（改武科部分），中國近代教育史資料彙編洋務運動（一）〔M〕，上海人民出版社版，1894：682。

〔註115〕朱有瓛主編，盛世危言卷一，中國近代學制史料，第一輯（下冊）〔M〕，上海：華東師範大學出版社，1986：11。

建議上看過多關注眼前的需要而未能充分考慮改革實施後的效果。是故洋務運動時期針對武科變革的各種建議層出不窮卻未能有一項眞正得到實施也就不足爲奇了。

三、甲午戰爭到武科舉變革及廢止

甲午戰爭失利後，北洋水師的全軍覆沒和馬關條約的簽訂在進一步將中國推向半殖民地半封建深淵的同時，也在客觀上宣告了洋務運動的破產。深受刺激的朝野各界人士開始從不同的方面尋找原因，對西方的學習也開始從技藝逐步轉向制度和思想。而在武科舉變革領域，有一個觀念已經開始逐漸被認同，那就是單純從技術層面變革武科舉內容已經不能夠眞正挽救時局，「若改試槍炮，亦一時權宜之計，非久安長治之策也。」〔註116〕這一時期，越來越多的人發現只有興辦新式武備學堂才是培育近代軍事人才之正途，武科舉的變革呼聲也日益高漲。

1895 年，康有爲在《上清帝第二書》中首次涉及武科舉的變革，他在考察西方各國情況之後發現「泰西之所以富強，不在炮械軍兵，而在窮理勸學……才智之民多則國強，才智之士少則國弱。」〔註117〕在此基礎上提出「宜改武科爲藝科，令各省、州、縣遍開藝學書院。凡天文、地礦、醫律、光重、化電、機器、武備、駕駛分立學堂，而測量、圖繪，語言，文字皆學之。」〔註118〕選取十五歲幼童入學堂學習，按照成績分別授予秀才、舉人、進士等功名。雖未明確出現廢止武舉的字樣，但變革建議的力度之大，與徹底革廢原有武科所差無幾。

與康有爲相對模糊籠統的建議不同，朝廷的中央和地方官員則都提出了較爲明晰的武舉改革辦法，如順天府尹胡燏棻呼籲從兩個方面入手進行改革，一是建立一支新式武裝，「通飭各省一律改練近年新出之西法」，仿照西方軍事制度對武舉進行改革，在《上變法條陳自強書》中提出先在直省設立武科武備學堂，將「行取各州縣武生武舉，考其漢文通順，年力精壯者」和

〔註116〕格致新報館，近代中國史料叢刊三編（231）格致新報〔M〕，臺北：文海出版社，1987：257。

〔註117〕北京大學校史研究室，北京大學史料，第一卷〔M〕，北京：北京大學出版社，2000：19。

〔註118〕朱有瓛主編，中國近代學制史料，第一輯（下冊）〔M〕，上海：華東師範大學出版社，1986：470。

「都守以下候補各員，其有漢文通順，情願投入學堂，充當學生者」一體辦理，選令入塾，選派西方教員「爲之教習。三年後，由洋教習考給文憑，然後分派入營，充當哨官。其學問尤傑出者，充當營官。」二是變革原有的武科鄉試考選方式，改爲「以槍炮命中爲去取」，以期達到「將才輩出，不患有兵而無官」〔註119〕的目的。陝甘總督陶模在《奏培養水陸軍人才勉圖補救摺》則明確提出「舊有武科得人本少，倘謂弓矢無益而改習火器，則家家可置槍炮，流弊尤甚，似應將舊例武科一律停止」〔註120〕的主張，這也是自沉葆楨1878 年請停武科之後第二次有高級官員公開提出武科革廢的建議，其較之前的建議進步之處在於，陶模提出了一套全新的武科選拔方案，將武科舉納入到學校考核之中，並分爲水軍和陸軍兩類，根據不同類型學堂的學習情況分別授予各級功名稱號，具體情況見表 5-2-3 和表 5-2-4。

表 5-2-3：陶模所奏武科水軍功名授予情況表

功　名	水軍秀才	水軍舉人	水軍進士	其它獎勵
標準	水師學堂學生，勤習天文、海道、御風、布陣、修造汽機、演放水雷諸法，遊歷外洋，果能清通水軍兵法各論	水軍秀才中「擇其優者」	水軍舉人中擇其最優者	如文理較長明白治體，量授文職，與文進士一體優待
考核官員	駐洋大臣	辦理海軍南北洋大臣	王大臣	

資料來源：王雲五編，清朝續文獻通考（二），卷一○九、學校十六〔M〕，上海：商務印書館，1936：8679。

表 5-2-4：陶模所奏武科陸軍功名授予情況表

功　名	生源	陸軍秀才	陸軍舉人	陸軍進士	其它獎勵
標準	武備學堂學生	精熟內外場校閱技藝條對兵法	陸軍秀才中擇其優者	陸軍舉人中擇其最優者	如文理較長明白治體，量授文職，與文進士一體優待
考核官員		司道	南北洋大臣	王大臣	

資料來源：王雲五編，清朝續文獻通考（二），卷一○九、學校十六〔M〕，上海：商務印書館，1936：8679。

〔註119〕任繼愈，鄭振鐸，中華傳世文選，晚清文選（上變法條陳自強書）〔M〕，長春：吉林人民出版社，1998：422。

〔註120〕華東師範大學《教育科學叢書》編委會編輯，中國近代學制史料，第一輯（上冊）〔M〕，上海：華東師範大學出版社，1983：502。

此後，翰林院侍講學士秦綬章奏請將「武科考試改弓石刀矛爲槍炮，並加試策論。」御史孫賦謙在 1896 年九月和 1897 年也兩次上奏指出「請停試刀石而改槍炮以儲將才」，但很快被兵部分別以「武場改試槍炮，與私藏火器之禁有礙、武科重技藝而不重文字，若兼試策論，不免有槍替之弊，仍屬有名無實」〔註121〕和「火器爲士子演習所必需，官不能禁其私藏，倘借睚眥小怨滋生事端，恐啓紛爭之釁」〔註122〕爲理由予以駁斥。

面對強大的反對聲音，主張武科變革者開始轉換思路，採取妥協的辦法提出建議。1897 年，麥孟英首先明確指出武科考試的地位相對不高，「中國之武員，固以行伍出身爲正途」，以及考試內容的不足之處，「步箭之好整以暇，不足取勝於行間也。馬箭之便捷輕利，不足以逞志於戎行也。拔刀飛舞，則笨重而不適於用，架石投入，則鹵莽而反誤厥事。」認爲在實戰之中弓箭刀石一無所用，惟致力槍炮而已。但對武科原有的部分考核方式仍持積極肯定的態度，如「馬箭一場，箭雖無用，而亦可見其馳驟之良否，刀石一場刀石雖不足制勝，猶足以覘其力量之大小，均尚可以不廢。」〔註123〕主張僅僅將步箭考試替換爲槍炮「使共幼而習之，壯而試之，合式而後取之。」這一主張與單純考試槍炮的建議相比，最大的優點就在於肯定了「騎射」和「技勇」考試對於武科士子的作用，防止應試者只研究槍炮而忽視身體鍛鍊。但這種妥協的建議未能得到積極反響。

到 1897 年底，科舉變革出現新的局面，除原有的科目改革外，新的考試科目得以開設，貴州學政嚴修奏請設立經濟特科，受到朝廷重視並在總理衙門和禮部復議後正式設立。作爲科舉改革的重要成果，經濟特科的成立在社會上產生了很大震動，帶來一系列教育改革的同時，也啓發了武科舉改革者創立新式武科的想法。在經濟特科於 1898 年 1 月 27 日通過的當日，兵部尚書榮祿就上書提出開設武備特科的想法，提出在舊式武科仍然施行的情況下，另增一項武備特科，從考試模式和內容、錄取名額到及第授官等方面做出詳細籌劃。在考試模式與內容上，「每省延聘兼通西法精通於操練教習數十人，就地教練，一歲之後，可成精兵，足以充役。二年作爲武生，選其才武

〔註121〕潘向明，清史編年，第十一卷，光緒朝（上冊）〔M〕，北京：中國人民大學出版社，2000：856。
〔註122〕（清）于寶軒，皇朝蓄艾文編〔M〕，臺北：臺灣學生書局，1965：3282。
〔註123〕高時良，中國近代教育史資料彙編——洋務運動時期教育〔M〕，上海：上海教育出版社，1992：659。

聰穎者，每省設一武備學堂，挑入學習重學、化學、格致、輿地諸學，分炮隊、馬隊、工程隊諸科，限以三年，由各省督撫，詳加考試。凡考列優等者，作爲武舉人……立將此項特科武舉人，咨送京師大學堂，限以三年，由兵部奏請欽派王大臣考試，分別優等者，作爲武進士。」〔註124〕在取士名額方面，採用從舊有武科分撥名額的做法，使新式武備特科和原有武科各占一半，「其三年一試之武科，暫准照舊舉行，但須酌減舊額一半，以期相濟爲用……武進士其名數與常年會試中額各得其半，仍恭候廷試。」在武備特科及第士子的出路上，做出謀劃「以侍衛守備分用。屆時並令各路軍營，自哨長以上，均用此項武舉人武進士人員充補。俾得效力行間，以備干城之選。」〔註125〕

榮祿的建議旨在通過武備特科的設立改變武舉習所非用的弊端，達到武科所選士子「年富力強，無老弱濫竽充數、弓馬嫻習，教練易成、有志上進，與謀衣食者不同、姓名鄉里，有籍可稽，無逃亡之弊、有室有家，散則歸農，不至流爲盜賊。且近在鄉里，養兵之費自輕」〔註126〕等多項目的，造就適應時代發展的新式人才。這種綜合中西武備人才培養制度、將西方人才培養的具體做法糅合進中國原有武科考試形式中，並在此基礎上循序漸進地變革武舉的做法受到許多文武大臣的支持，上書不久後，其它大臣便相繼發表對籌建武備特科的建議。例如，給事中高燮曾在《議設武備特科摺》中，進一步對武備特科參與者提出要求，主要涉及武備特科的教習和士子兩個方面。在甄選武備特科教習方面，提出「令內外三品以上大員。各舉所知，不拘文武，不拘已仕未仕。」並詳盡確定了五個錄取標準：其一爲「嫻韜略兼貫中法西法」、其二爲「熟輿地工測繪」、其三爲「練身體善擊刺」、其四爲「習洋槍洋炮及中國擅長火器」、其五爲「精製造創新械」。除了第五項可以兼習外，其它四項要求「闕一不可」。然後使被保薦者到京城參加考試，合格者可成爲武備學堂的教習，如果「教有成效，准予超擢。」在選拔士子方面，要求「京師設武備學堂遍及於各行省」，武生先在當地武備學堂學習二年，然後選拔其優秀者進入京師武備學堂再學習一年，「三年學成請欽派王大臣一體考校」，按其成績高低，分別「充各營教習，或充哨官營官。」其中

〔註124〕楊家駱，戊戌變法文獻彙編（第二冊）〔M〕，臺北：鼎文書局，1973：461。
〔註125〕楊家駱，戊戌變法文獻彙編（第二冊）〔M〕，臺北：鼎文書局，1973：461。
〔註126〕楊家駱，戊戌變法文獻彙編（第二冊）〔M〕，臺北：鼎文書局，1973：461。

尤其穎異者可擔任出使大臣的隨員。希望通過武備特科內容的徹底革新，改變原有武舉所選士子「較量技勇，即成就可觀，不過得一兵之用而止」的弊病，以便更有效地拔取具備新式軍事經驗的軍事統帥，使「名將出乎期間」〔註127〕。

此後，順天府尹胡燏棻在《請酌設武科摺》中也提出設立武備特科、仿照西方軍事改革清朝武舉及軍制的構想，主要內容有四項：第一是考試內容改試槍炮「主改試槍炮，與榮祿原奏大致略同」〔註128〕、第二是錄取額數按照科目劃爲三份，「請以馬二炮二步六分成取中，先由兵部核定額數」〔註129〕、第三是設立「章程明備」的各級武備學堂系統，各省會設立大學堂、各府廳設立中學堂、各州縣設立小學堂、第四是改革內場程文考試「默寫《武經》一場，改試策論，取其熟習韜略，洞明行軍之法，方爲中選。」〔註130〕另外，對於「槍炮之名目，中靶之成數，教習之功課，考選之多寡」〔註131〕等方面的內容也提出了相應的建議。

榮祿、高燮曾、胡燏棻關於武備特科的建議得到了光緒帝的重視，下令「命軍機大臣會同督辦軍務王大臣、戶部議奏。」〔註132〕很快地，軍機大臣和兵部就對武備特科的設立問題進行了商討並作出回應，確立了武科改革的原則：「舉行之年限可稍遲，而中額不宜分發，應用之槍炮必劃一，而流弊亦宜預防。」〔註133〕在此基礎上提出了幾條修改意見。第一，武科童試不可以廢止，「若裁去童場，徑令赴省鄉試」，所謂就地教練學習新法的士子「必至人數寥寥。」〔註134〕第二，名額分配方面，由於「人情狃於守舊，難與圖新」

〔註127〕中國史學會主編，中國近代史資料叢刊，戊戌變法（二）〔M〕，上海：上海人民出版社，1957：332。
〔註128〕楊家駱，戊戌變法文獻彙編（第二冊）〔M〕，臺北：鼎文書局，1973：421。
〔註129〕楊家駱，戊戌變法文獻彙編（第二冊）〔M〕，臺北：鼎文書局，1973：421。
〔註130〕楊家駱，戊戌變法文獻彙編（第二冊）〔M〕，臺北：鼎文書局，1973：422。
　　　　（注：胡燏棻所奏原稿內容由兵部《議覆胡燏棻請酌設武科片》中整理而得）
〔註131〕楊家駱，戊戌變法文獻彙編（第二冊）〔M〕，臺北：鼎文書局，1973：422。
　　　　（注：胡燏棻所奏原稿內容由兵部《議覆胡燏棻請酌設武科片》中整理而得）
〔註132〕章開沅，清通鑒，同治朝，光緒朝，宣統朝（四）戊戌變法文獻彙編，第二冊〔M〕，長沙：嶽麓書社，2000：787。
〔註133〕高時良，中國近代教育史資料彙編，洋務運動時期教育〔M〕，上海：上海教育出版社，1992：662。
〔註134〕高時良，中國近代教育史資料彙編，洋務運動時期教育〔M〕，上海：上海教育出版社，1992：663。

如果名額舊制與新制各占一半的話，容易造成「用槍炮應試者不敷中額」的現象，因此主張「不必仍留舊額之半」，所有考試一律由新科錄取。第三，武科士子對新式槍炮的學習本為份內之事，因此不必「謂之特科」，同時規劃出改革的時間表：「鄉試自光緒二十六年庚子科為始，會試自光緒二十七年辛丑科為始，童試自下屆歲試為始，一律改試槍炮。」〔註135〕第四，對於原有的武科士子，仍允許其參加武科鄉、會試，但在駐防兵丁方面則區別對待，規定省城附近駐防兵丁可以參加，距離省城太遠的兵丁則不許報考。第五，由於「武備學堂之設，事極繁難，各省萬不能同時建齊，必有先後參差之處。」因此允許未設立武備學堂省份的士子自由地赴「他省學堂學習」，不過「應考則必須本籍」〔註136〕。第六，考試所用的槍炮應「各省必須劃一」且價值較廉、堅固耐久，選取「小口輕快槍、陸路快炮，擇其合用者指定名目」。第七，務必加強槍炮的管理。將武科士子和教習的姓名、學堂坐落、槍枝件數、炮位有無、槍炮名目等項信息均「按件報明該管州縣存案」。所有槍炮必須存放學堂並派教習或學長收管，不准士子私自攜回，既避免違反「私藏火器例禁」，又防止生變。第八，武備學堂的士子錄取不應全由武科而入。由於「武生雖有籍可稽，勝於招募，究不及兵勇人數之多。」因此「武生入堂肄業者，通核人數，不得過十分之四。其餘名額，留為他項人員肄業之資。」〔註137〕第九，有關新式武科士子的及第授官安置和「考試詳細章程及武備學堂規模一切未盡事宜」，令各衙門詳細核議。

軍機大臣會同兵部的詳議覆奏之後，光緒帝下詔改革武舉，主要包括三方面內容：一是不必使用武備特科的名稱，「國家設科，武備與文事並重，毋庸另設特科」，但改革的舉措「應參酌情形，變通舊制。」二是變革考試內容，「自光緒二十六年庚子科為始，會試自光緒二十七年辛丑科為始，童試自下屆為始，一律改試槍炮，其默寫武經一場，著即行裁去。」三是武科士子及第之後根據功名的大小分別安置，「武科考試槍炮，取中之後，武生可補勇缺，武舉可充哨官，其營用衛用之武進士，可充管帶，宜裁汰各營冗弱，將

〔註135〕高時良，中國近代教育史資料彙編，洋務運動時期教育〔M〕，上海：上海教育出版社，1992：666。

〔註136〕高時良，中國近代教育史資料彙編，洋務運動時期教育〔M〕，上海：上海教育出版社，1992：667。

〔註137〕高時良，中國近代教育史資料彙編，洋務運動時期教育〔M〕，上海：上海教育出版社，1992：667。

此項人員盡先充補，以付寓營制於武科之意。」〔註138〕自19世紀40年代以來，歷經半個多世紀的波瀾曲折，武舉的變革首次以上諭的形式得到肯定，這對於清末武科變革是一個重大突破，將槍炮作為考試內容的做法終於得到了最高統治階層的認可並公示於天下。

此後，一些更為激進的改革者不滿足於現狀，再次發出廢止武科的呼聲。如王豐曾的《停武科私議》認為槍炮考試乃「一時權宜之計，非久安長治之策也。」並援引德國武備人才選拔為例：「陸軍之善，首推德意志。考其兵制，若通顯武職，必由武學院考驗給憑，庶克陞轉……其取士固無所謂武科，其責人亦不專在槍炮。」〔註139〕認為將才應皆由學校而出，因此建議「將武科一律定止，著為令甲，省無用之費，添設武備學堂，集有用之才，蔚為朝廷梁棟。」此外，還有學者認為「戰陣之際，所以爭勝者不在兵而在將，將之所以能取勝者，在才能智勇。」而「改試槍炮，亦屬捨本求末……習練槍炮，乃營操之事耳，亦何必以之試上哉？」〔註140〕因此在《武科改槍炮答問》中提出「宜多設武備水師學堂，慎聘教習，以課聰穎子弟，學成則發往相宜之處試練。」由此培養優秀的軍事統帥以保證戰爭的勝利。曾在公車上書中提出要改武科為藝科的戊戌變法領導者康有為，此時的武科改革思想也發生了轉變。在1898年6月《停刀石武試改設兵校摺》中詳盡分析了舊式武科選拔的弊端：「雖今練軍，皆用洋槍，無用弓刀石者，既知不可用，而令數十萬之旗兵，百萬之武舉人生員童生，方當壯佼武勇之年，而敝精力，破身家，糜祿食於弓刀石至古舊無用之物，坐棄百餘萬武士之勇力年華，歲糜百餘萬人之祿食。」提出立即「停止弓刀步石之武試，及旗兵習弓矢者，並廣設武備學校」〔註141〕的主張。

與民間主張武科革廢的激進改革派相呼應，許多中央和地方的大臣也對武科改制詔書作出強烈的反響，其中尤以張之洞、王之春、瞿鴻機、廖壽豐等人最為典型。由於這些官員身處高位，考量的視野與角度較為開闊，因此建議多集中在針對改制內容提出相應的各種補充上。

張之洞看到了武科改新制的一個關鍵制約因素——武備學堂和合格新式

〔註138〕朱有瓛，中國近代學制史料，第一輯〔M〕，上海：華東師範大學出版社，1987：143。
〔註139〕高時良，洋務運動時期教育〔M〕，上海：上海教育出版社，1992：675。
〔註140〕高時良編，洋務運動時期教育〔M〕，上海：上海教育出版社，1992：675。
〔註141〕康有為，康有為戊戌奏稿〔M〕，臺北：文海出版社，1969：28～34。

教習人數之不足，指出「有武備學堂者共有四五省，一省亦只一堂。且武學教習甚難，不能不取材異地，故學堂之經費既巨，學生之額數無多，大率一堂不過數十人，又必須文理清通，氣習馴謹者，若各府各縣均設學堂，一時斷無許多之經費，亦斷無許多之教習。」現有各省武職官員中，「能教兵勇者或間有之，能將弁者決無其人。」即使有個別「稍能通曉一二能教兵勇者」已經非常珍貴，必然會留在防營，充任營官教習，「豈肯令其散往各屬教授武生、武童乎？」〔註142〕因此廣設學堂在短時間內難度非常大。同時注意到西方「各國軍政，有武學而無武科，其各等學堂，以次考校，發營錄用，即是中武科武試，從無不由學堂出身之官校，亦無不充軍營校之學生。」張之洞從當時中國實際情況出發，綜合借鑒西方軍事人才的培養模式後提出武科改革的道路——「將武營武學武科三事合而為一」，重點從武科應試資格確定和武舉考試內容改革兩個角度提出建議。

首先，在應考資格確定方面，規定具備各營兵丁身份者才有資格參加武試，「非現在營伍之兵勇，不准應武童試、非現在營伍之武生武舉，不准應武鄉試武會試。」〔註143〕同時對應試者年齡作出限定，「凡應武童武科，亦宜酌定年限，即武科從寬，亦不得過二十五歲。」其具體理由為：第一，各營伍之中有些兵勇資質不錯，「係曾經本營華洋教習教練，雖不能遽語精深，尚可得其粗淺」〔註144〕，且便於管理，「名籍易考，鈐束易施，所用槍炮發之本營自然一律。」第二，改為考試槍炮之後，由於「外洋火器價甚昂，平日練習，需用藥彈，為數尤巨」，普通民眾因難以承受而操練無具，容易導致考試效果差，而營伍兵勇參加武科舉，槍炮由所在軍隊購買，士子「由官借用」，只負擔彈藥的費用，必能提升訓練和考試效果。第三，在行伍之中「懸此一途，以為營弁兵勇進身之階，功名所在，則肄習日精，不待朝廷督責，將帥勸勉」〔註145〕，可以起到振奮軍心、督促軍旅之士上進的作用。

〔註142〕吳汝綸撰，吳汝綸全集〔M〕，合肥：黃山書社，2002：436。
〔註143〕清華大學歷史系編，戊戌變法文獻資料繫日〔M〕，上海：上海書店出版社，1998：799。
〔註144〕清華大學歷史系編，戊戌變法文獻資料繫日〔M〕，上海：上海書店出版社，1998：800。
〔註145〕清華大學歷史系編，戊戌變法文獻資料繫日〔M〕，上海：上海書店出版社，1998：800。

　　其次，在更新武舉考試內容方面，認爲「外洋諸國，從無不讀書、不明算、不能繪圖之將弁，亦無不識字之兵丁。」如果僅改習槍炮難以收到實效，因此在考試科目改革上要體現內外兼察原則，主張仿照馬步箭弓刀石武經三場之制，分三場進行考核：「頭場試槍炮準頭，兼令演試裝拆運動之法」、「二場試各式體操及馬上放槍、步下刺擊之技」、「三場試測繪、工程、臺壘、鐵路、地雷、水雷，與他戰法等學」〔註146〕。將三場成績綜合考校，確保所選士子「智勇兼優，將來遊膺將領，庶可勝任。」〔註147〕

　　張之洞的改革建議得到了四川布政使王之春的贊同，認爲「其所陳最爲祥備，大要令武生、武舉及願就武試之兵民，各皆入伍學習，於武科內兼寓軍制，既得一切行陣之宜，又無家藏軍火之弊，似亦變通盡利之一法。」〔註148〕光緒帝對此建議也頗爲重視，旋即批示由兵部會同總理衙門議奏。

　　禮部右侍郎瞿鴻機主張構建一套較爲詳盡的武舉分級取士體系：在各道建立武備分學堂吸納武童投考入學，按照不同學習內容進行考核並劃定等級，「以能知地形、測繪、輿圖及能製造槍炮者爲上等，打靶有準、堪充馬步炮隊、槍隊者爲次等。」〔註149〕學成之後的士子無庸由學臣校試，更無庸過府縣考，直接「稟由各省督撫核定，冊報兵部」後授予武生稱號、每個行省的省會設立武備總學堂，待三年大比時，「將各道學堂所取之上等，次等武生歸省會總學堂考驗」〔註150〕，擇其優者舉送至京師的武備大學堂，最終「由總理衙門取中進士聽候殿試，分別擢用」。〔註151〕

　　1898年7月，浙江巡撫廖壽豐上書《奏變通武科議設學堂》，對詔書有關武士子安置舉措中「武生武舉盡數入營，並營用衛用」的做法提出質疑，認爲在「武生、武舉良莠貧富老壯不齊一」情況下，應由各個府州縣進行甄選，

〔註146〕清華大學歷史系編，戊戌變法文獻資料繫日〔M〕，上海：上海書店出版社，1998：801。

〔註147〕佚名，戊戌變法檔案史料〔M〕，臺北：文海出版社，1986：217。

〔註148〕璩鑫圭，唐良炎，中國近代教育史資料彙編（學制演變）〔M〕，上海教育出版社，1991：28。

〔註149〕中國社會科學院近代史研究所近代史資料編輯部編，近代史資料，總八十三號〔M〕，北京：中國社會科學出版社，1993：28。

〔註150〕中國社會科學院近代史研究所近代史資料編輯部編，近代史資料，總八十三號〔M〕，北京：中國社會科學出版社，1993：28。

〔註151〕中國社會科學院近代史研究所近代史資料編輯部編，近代史資料，總八十三號〔M〕，北京：中國社會科學出版社，1993：28。

將「老病不勝任者則勒休兵除名」，保舉「素安分、不吸洋煙、身體結實、文義粗通年在三十歲以內者」入堂學習，留待「三年屆滿擦補額缺以外並可給予文憑。」〔註152〕

湖南巡撫陳寶箴主要圍繞武科參與資格提出兩點建議。首先針對詔書之中未限制各營伍兵士參加武科的規定，指出「人思自奮於功各而不甘於踐伏營壘」，如果武舉考試開設之時，兵勇無不爭趨赴考，恐導致省城附近「所屬之地段營伍為之一空。抑之，既與定章不符。聽之，又於地方不無妨礙。」因此提出名額限制的辦法，使各地營伍均「照定限分別去留凡兵勇十人准以三人應試」，選取「軀幹強壯年在三十歲以內者先行挑取」〔註153〕。以此既不妨礙兵勇的「進取之階亦不致有空營赴試之慮」。〔註154〕同時在一定程度上起到了保證生源質量的作用。

以總理內閣事務大臣慶親王奕劻為代表的總理各國事務衙門，在光緒二十四年七月二十七日奏請變革武舉，其奏章「博採眾論，綜其大要」，在張之洞、廖壽豐、陳寶箴等各督撫將軍學政等條議的基礎上，結合何鎮圭的「武試團練並行之說」與楊福臻的「學堂營制科舉合一之規」，從三個方面提出改革建議。首先是確定武科舉考試者的應試資格，即所謂「稽名籍」。規定「非水陸軍營有名籍者，不准應試、非水陸學堂有名籍者，不准應試、非練局有名籍者，不准應試。」〔註155〕所有「器具、演習、送考諸事」都由「管營官、教習團長」專門負責。其次是確定考試的程序和內容，即「嚴考試」。將武科考試分為內外場，在外場考試中，頭場「試馬槍疾馳兩次，每次三出共六出，中三槍以上為合式。」二場「試步槍六出，中三槍以上為合式。」三場「仍留技勇」，將弓刀石三項列為考試項目，將考試的功用等同於體操，「以練武人之勇而折其氣。」在內場考試時「試兵法論一道，輿地測算等學策問一道，以一論為完卷，字義通順，即可入選、策論俱佳者，外場雖遜，亦可取中。其中額任缺勿濫。」最後是採取措施防止考場因使用新式武器而出現「平時操場練習傷及行路、應試時人馬擁擠嚮背偶失其宜」的意外，即「杜

〔註152〕楊家駱編，戊戌變法文獻彙編，第二冊〔M〕，臺北：鼎文書局，1973：377。
〔註153〕清華大學歷史系編，戊戌變法文獻資料繫日〔M〕，上海：上海書店出版社，1998：970。
〔註154〕楊家駱編，戊戌變法文獻彙編，第二冊〔M〕，臺北：鼎文書局，1973：362。
〔註155〕中國第一歷史檔案館編，光緒宣統兩朝上諭檔，第二十四冊〔M〕，南寧：廣西師範大學出版社，1999：485。

流弊」。在規範考試用槍上，將槍的規格劃一，「擬用張之洞等議，馬、步概用單響毛瑟槍」〔註156〕，「平時演放空槍，應試時准用有彈之槍。」在防止冒名頂替上，令「各營，各學堂，各練局送考時，按名造具籍貫年貌清冊，臨場考試時用新樣戳記印臂，派大員驗年貌臂印相符，方准入試。」此外其它的一切關防，均和文舉考試相同。

　　以上總理各國事務衙門所提出的變革武舉建議，可以說是甲午戰爭以來各界人士改革武舉智慧的集大成者，代表著中國軍事轉向近代發展的趨勢。建議之中「盡改新章尚多窒礙，不如參酌舊制即可通行」〔註157〕的原則，展現出較為明顯的保守色彩，而「以中式方法變革為主，部分項目變為火器技術及西學科目」的做法則帶有中體西用、新舊調和的痕跡。

　　自甲午戰爭失利後，清末武科舉變革進入了一個前所未有的高潮期，各界人士從不同角度提出了很多的改革建議和主張，其中不乏適應時代潮流的真知灼見。但是這些舉措受到了保守派的不斷阻撓，更為不幸的是，在戊戌政變之後，慈禧太后重新出山執政，頒佈懿旨，徹底否定了之前所有的改革努力：「惟科舉之設，無非為士子進身之階，至於訓練操防，尤以營伍學堂為儲才之根本，所有武場童試及鄉會試，均著仍照舊制，用馬步箭刀弓石等項，分別考試。」〔註158〕隨著戊戌變法的夭折，被視為新政內容之一的武科舉改革舉措成為了政治鬥爭的犧牲品，最終全部宣告失敗。

　　1900 年，隨著義和團運動的失敗和八國聯軍入侵北京，清王朝企圖苟且偷生的迷夢被徹底粉碎。迫於嚴峻的國內外形勢，1901 年清政府被迫發佈上諭稱「世有萬古不變之常經，無一成不變之治法」，令內外臣工「參酌中西政要，舉凡朝章國故、吏治民生、學校科舉、軍政財政」如何興革，各抒己見，限兩個月內祥悉條議以聞，斟酌實行。〔註159〕湖廣總督張之洞、兩江總督劉坤一聯合上奏《變通政治人才為先摺》，再次提出「停罷武科」之議，指出武科雖與文科舉並立，但「輕重利弊迥然不同」，武科所考內容陳舊落伍「硬弓刀石之拙固無益於戰征，弧矢之利亦遠遜於火器。至於默寫武經大率皆係代

〔註156〕朱有瓛，中國近代學制史料，第一輯〔M〕，上海：華東師範大學出版社，1987：147。
〔註157〕朱有瓛，中國近代學制史料，第一輯〔M〕，上海：華東師範大學出版社，1987：147。
〔註158〕（清）朱壽朋，光緒朝東華錄〔M〕，北京：中華書局，1958：4245。
〔註159〕沈桐生，光緒政要（四），卷二六〔M〕，臺北：文海出版社，1985：28～29。

倩，文字且不知，何論韜略」，致選拔士子成效甚微：「軍興以來，以武科立功者概乎其未有聞。」〔註160〕

　　與此同時，針對社會上反對廢止武科的四種議論進行了逐一批駁。第一，對於「武生等可使改習槍炮」的主張，認為如果改習槍炮，則必然使槍炮一類利器散佈民間，會「流弊太大」，國家難有可行的防察之法，因此萬不可行。第二，對於武生可入武備學堂學習的看法，認為無論水師還是陸師學堂都對招生有著一定的要求，「皆必須曾讀書通文理」方可，而舊有武科之士子大多「不知學堂定法」，縱然「有西師善教」，也恐「精者不能解，粗者不能記，斷無受教之地」。〔註161〕第三，對於將武科定位於「收強梁不馴之人才」的看法，認為應考試者「大率小康之家，使之習武以博科目之榮」而已，且武科定位「本欲得良善守法之士，教以禮義，授以技能，以備干城腹心之用」，怎能做「搜羅不逞，加虎以冠」的事情？且天下盜賊土匪為數不少，豈能是武科所能網羅？即使卻有籠絡武士之意，「天下勇營甚多，其材武有力之輩，皆可容納」又何必非從武科一途？第四，對於有人列舉古今名將說明為將帥者未必盡能知書的說法，認為歷代名將如古之孫子、吳子、韓信、岳飛、戚繼光，今日之羅澤南、王鑫彭等，大多數是「學古能文之士」，縱然偶然有幾個「自兵勇起家」學問不高者，也經歷了長期戰爭生活的閱歷鍛鍊。即便如此，都難以「與強敵角勝」，更何況當今武科「所習皆與兵事無涉，既不曉槍炮之精，復不諳營陣之法」，取中武科後，大多「年齒已長，習氣已深」，很難有軍事實戰閱歷。基於以上的認識，張之洞、劉坤一認為舊有之武科既無法滿足對外征戰的需要，又難以獲得拔取真才的實效，反而因為功名發放過濫而增加社會治理難度，因此建議「武科小考、鄉、會試等場一切停罷。」〔註162〕

　　「時勢的急迫成為科舉制由漸變改革轉變為斷然廢除的直接重要推動力……歷史是無情的。」〔註163〕內憂外患中的清王朝終於下決心停罷武科，1901 年七月十六日頒佈上諭：「武科一途，本因前明舊制，相沿已久，流弊滋多，而所習硬弓刀石及馬步射皆與兵事無涉，施之今日亦無所用，自應

〔註160〕璩鑫圭，唐良炎編，學制演變〔M〕，上海市：上海教育出版社，1991：18。
〔註161〕璩鑫圭，唐良炎編，學制演變〔M〕，上海市：上海教育出版社，1991：20。
〔註162〕璩鑫圭，唐良炎，中國近代教育史資料彙編（學制演變）〔M〕，上海：上海教育出版社，1991：19。
〔註163〕劉紹春，晚清科舉制的改革與廢除〔J〕，社會科學輯刊，2001（5）：115。

設法變通，力求實際。嗣後武生童考試及武科鄉會試，著即一律永遠停止。」
〔註164〕

綜上所述，1895 年甲午戰爭失敗和馬關條約簽訂後，面對愈發嚴峻的國內外形勢，清廷的國內的有識之士更爲迫切地意識到社會革新的必要性。甲午海戰中清政府最精銳的北洋水師全軍覆沒，客觀上宣告了洋務運動徹底破產，也使人們認識到僅從經濟和軍事技術層面學習西方的做法難以從根本上將中國帶出困境，進而開始發出社會制度變革的呼聲。在這樣的社會背景下，武科舉的改革進入了第三個階段，關於武科舉的改革建議層出不窮，參與人數之廣、內容之豐富、反響之強烈都達到了新的層次，據胡思敬的記載，從戊戌變法到清末新政時期各地封疆大臣討論武科改革情況時，僅針對武科改試槍炮一項，就有「前後凡二十餘奏，言人人殊。」〔註165〕這一階段的武科舉變革呈現出前所未有的新特點。

其一是武科改革關注點由微觀走向宏觀。在甲午戰爭之前，受當時注重學習西方技術的國內大環境影響，有關武科舉的改革多集中在如何更新考試內容和方法、劃定應試者標準等微觀領域，採取的多爲保持原有武科制度不變的前提下，對考試內容進行微調、糅合進新式軍事技術考核來提升取士效能的做法。而甲午戰爭之後，各界意識到西方列強的強盛不僅在於技術的領先，「泰西之所以富強，不在炮械軍兵，而在窮理勸學」，「才智之民多則國強，才智之民少則國弱。」〔註166〕對於西方的學習遂由原有的新式軍事技術引進向軍事人材培養方式轉變，武科的變革開始深入到更爲基礎的制度變革層面，出現了一批從整體上革新現有武舉取士甚至完全構建新式選拔模式的建議，如康有爲的「改武科爲藝科」建議，陶模的「停止舊有武科」、將取士之途完全納入新式武備學堂內部的方案，榮祿、高燮曾、胡燏棻等呼籲的開設武備特科以及張之洞「將武營、武學、武科三事合而爲一」的構想等。

其二是注重武舉在收取士子人心方面的作用。武科舉作爲一種軍事選拔制度，在選拔人才的同時還兼具爲習武之人開關仕進之路的作用，在清王朝統治的歷史長河中扮演了重要角色，也確實選拔出了一批傑出的人才。因此，許多改革者並不希望將這一行之有效的考核方式徹底放棄。沈葆禎曾主

〔註164〕續修四庫全書編纂委員會，續修四庫全書（817）史部・政書類〔M〕，上海：上海古籍出版社，1995：33。

〔註165〕戊戌履霜錄・政變月記，卷一〔M〕，上海：上海古籍出版社，1996：24。

〔註166〕湯志鈞，康有爲政論集〔M〕，北京：中華書局，1981：131。

張將武科人員「其有志向者或兵或勇，任其所託，早得窺見行陣真際，以自奮於功名，樸厚者歸農，無從沾染習氣」〔註167〕。麥孟英「竊以為中國之武員，固以行伍出身為正途，然既考試一途，則亦必收之以為用」，在新式軍事學堂普遍開設的背景下，力圖將舊式武科舉體系下的人才融合進新式軍事教育體系，使之能夠參與新式的人才選拔。康有為提議「廣設武備學校。先於京津，遍於各省……其舊武舉人生員咸聽入校，其生童願補練兵者聽。」〔註168〕何鎮圭也上書條陳，希望「將武科、團練合之為一。」王之春主張「武生、武舉及願就武試之兵民，各皆入伍學習，於武科內兼寓軍制，既得一切行陣之宜，又無家藏軍火之弊，似亦變通盡利之一法。」〔註169〕軍機處和兵部則認為「擇武生之才識聰穎者，或年力富強有志觀光自願入堂肄業者，酌照省分大小核定人數。」〔註170〕就連呼籲廢止武科舉的張之洞和劉坤一，也對舊式武科人才的出路作出了籌劃，「其舊日之武進士武舉兵部差官一律發標學習……武生年壯有志者，令其講求武學以備應募入伍之用，疲老者聽其改業。」〔註171〕

其三是武科舉變革呼聲達到最高潮，武科改革群體的社會地位進一步提升，改革所帶來的影響逐漸加大，最高統治階層也對武舉變革作出積極回應。在鴉片戰爭至洋務運動時期，武科舉改革的代表人物多由民間知識分子、地方中層和極少數封疆大吏組成。而甲午戰爭之後，呼籲進行武科舉變革的代表從民間集中到官方，自地方中層官員居多逐漸變為地方握有實權的封疆大吏以及中央的大學士、親王占主體，具體人員情況下表5-2-5所示。

表5-2-5：清末武科舉變革群體中的高級官員

姓　名	官職名稱	品　級
奕　訢	和碩恭親王、總理各國事務衙門王大臣	親　王
奕　劻	慶親王、總理各國事務衙門王大臣	親　王

〔註167〕高時良編，洋務運動時期教育〔M〕，上海：上海教育出版社，1992：652。
〔註168〕朱有瓛，中國近代學制史料，第一輯〔M〕，上海：華東師範大學出版社，1986：146。
〔註169〕（清）王之春，王之春集〔Z〕，長沙：嶽麓書社，2010：90。
〔註170〕高時良編，洋務運動時期教育〔M〕，上海市：上海教育出版社，1992：663。
〔註171〕璩鑫圭，唐良炎，中國近代教育史資料彙編（學制演變）〔M〕，上海：上海教育出版社，1991：19。

榮　　祿	總理各國事務大臣、兵部尚書、協辦大學士	從一品
陶　　模	陝甘總督	從一品
高燮曾	都察院左都御史	從一品
譚繼洵	湖廣總督	從一品
張之洞	湖廣總督	從一品
劉坤一	兩江總督	從一品
黃淮森	雲南巡撫	從二品
瞿鴻襪	內閣學士	從二品
廖壽豐	浙江巡撫	從二品
陳寶箴	湖南巡撫	從二品
胡燏棻	順天府尹	正三品

資料來源：筆者根據《清史稿》、《清文獻通考》等史料整理而得。

　　從表中可以看出，甲午戰爭之後的武科舉變革者從品級上看，包括 2 名親王、6 名一品大員、4 名二品官員和 1 名三品官員、從職務上看，有總理各國事務大臣、兵部尚書、總督、巡撫、內閣學士、順天府尹等等。這些對於清王朝發展舉足輕重的人士關注武科舉變革、一方面說明此時武科舉已經到了不變不可的境地，另一方面由於其較高的影響力，所提建議也得到了最高決策層的重視，武科改良方面的武備特科之籌議與改試槍炮之推行，最終都以上諭等正式授權的方式得以頒佈、張之洞和劉坤一有關武科停罷的奏摺也最終促使武科舉走向終結。

　　甲午戰爭後的武科舉改革，開始擺脫原有變革中局限於考試內容和方式的現況，認識到制度的革新才是武科發展的真正出路，逐步探索出多種變革的方法，並產生了一定的作用。但是武科改革也面臨巨大阻力：一是客觀條件不允許，當時清政府難以建立完備的新式軍事教育和人才選拔培養體系、二是主觀上保守派的反對力量過於強大，儘管眾多朝中大臣、封疆大吏、親王甚至皇帝本人都意識到武科舉存在的弊病，並且有較為強烈的改革意願，在革新的最高潮時期，也已然頒佈改革政令，但以慈禧太后為首的頑固派實際掌控了朝政，最終在其強硬的反對下未能將改革舉措繼續推行。武科舉就這樣失去了最後一次跟上時代發展潮流的機會，不得不非常遺憾地走向命運的終點。

第三節　清代武科舉廢止的原因與反思

　　1901 年 7 月，光緒帝發佈詔書：「武科一途，本因前明舊制，相沿既久，流弊滋多，而所習硬弓、刀、石及馬、步射皆與兵事無涉，施之今日亦無所用，自應設法變通，力求實用。嗣後武生童考試及武科鄉會試，著即一律永遠停止。」〔註 172〕這條廢止武科舉的政令頒行之時，世人恐怕沒有意識到，一道看似普普通通的上諭，為武科舉這篇存續延綿千年、氣勢磅礴宏大的雄偉壯麗樂章所畫上的，不再是唐宋時期達到曲中的休止符，而是全曲的終止符。武科舉的停罷早在唐代和宋代就已經出現，唐德宗、唐憲宗先後都頒佈過「停罷」武舉的詔令，五代十國時期一直未開設武舉，宋代直到立國近百年後的仁宗朝才重設武科，到元代整整一代不再開設⋯⋯武科考試在其產生和發展的歷程中屢遭磨難，每次卻都能安然度過危機，即使多次出現中止現象最終也能恢復施行，重新煥發出勃勃生機。生命力如此頑強的武科舉進入清代以來，卻在短短的幾十年間從歷史的巔峰墜落谷底成為絕唱，無可挽回地走向徹底終結。其原因主要有以下幾個方面。

一、取士選拔手段落伍

　　作為一項以選拔軍事人才為目的的制度，武科舉在其存續的千餘年中，主要的選拔方式有外場的馬步箭、弓刀石考試和內場的程文策試。這兩類考核的內容自唐代創立以來一直延續至清代，始終沒有太大的變化。在清代之前的冷兵器時代，武科舉的這種取士內容確實能夠拔取一些馬步箭技藝出眾、弓刀石勇力過人的傑出武備人才。但到了清代中後期，社會形勢發生了很大的變化，熱兵器開始從幕後走向臺前，逐漸成為戰爭的主角。面對「千年未有之變局」，武科舉日趨僵化的選拔手段開始跟不上社會發展的潮流，無論內場考試還是外場考試，其選拔人才的方式和內容都難以適應時代的發展，正如榮祿所言：「武備之設，原期得折衝禦侮之才。自火器盛行，弓矢已失其利，習所非用，與文科舉時文試帖之弊略同」。〔註 173〕

　　武科舉選士內容的落伍，首先表現在外場考試選拔方式上。雖然火藥是古代中國人的四大發明之一，但是真正把火藥發展成為戰爭中主要武器的卻

〔註 172〕朱有瓛編，中國近代學制史料，第一輯〔M〕，上海：華東師範大學出版社，1987：152。
〔註 173〕朱壽朋，光緒朝東華錄〔M〕，北京：中華書局，1984：4015。

是西方人。從十三世紀火藥傳入西方開始，歐洲國家就致力於將其用於武器的研製，進入近代後，隨著西方科技的巨大發展，歐洲各資本主義國家對於近代火器的研製有了不小的提升，尤其在英國工業革命後，機器大工業代替工場手工業使軍事製造業的產能得到極大提升，以槍炮為標誌的熱兵器開始推廣。火器的使用帶動了軍事的發展。到十九世紀時，歐美和日本等資本主義國家都開始進行武器裝備的全面升級，大量的新式槍炮、火器被引進和使用於戰爭。在實戰中檢驗新式軍事裝備的基礎上，歐洲各國對火器的研製也有了突飛猛進的發展。到鴉片戰爭時期，英軍部隊的火槍、大炮、戰艦等相比於清朝已經處於絕對的領先地位，雙方的實力差距對比從表 5-3-1、圖 5-3-1 和圖 5-3-2 中有較為清晰的展現。

　　如圖表所示，清代軍隊雖然也使用槍支，但是仍使用火繩點火的兵丁鳥槍和需要兩人才能使用的抬槍，在靈便性、射程、射速等方面都與英軍的不怕風雨、擊發靈便、射速高的燧發槍有著不小的差距。根據兵器史學家計算，清軍步兵火器的威力不及英軍一半。而且鳥槍還需要刀矛弓箭手的保護，尚未脫離冷兵器的使用。在火炮、戰艦和火藥等領域，除了英國之外，法國的夏賽撥擊針後膛槍和德國的毛瑟槍等開始被引進和使用於戰爭中。隨著近代火器的普及，西方國家早已將對火器的使用作為軍事人才選拔的一個重要內

表 5-3-1：鴉片戰爭時期中英軍裝備輕武器槍對照表

英　　　　　國		清　　　朝
博客式滑膛槍	布倫斯威克擊發槍	兵丁鳥槍
口徑 15.3mm	口徑 17.5mm	口徑　　-mm
槍重 4.3kg	槍重 4.1kg	槍重 5.4kg
槍長 116.6cm	槍長 142cm	槍長 203cm
射程 220m	射程 330m	射程 150m
初速 400m/s	初速 360m/s	初速　　-m/s
彈重 35g	彈重 53g	彈重　　-g
發射速度 2～3 次／分鐘	發射速度 3～4 次／分鐘	發射速度 0.3 次／分鐘
殺傷力理論指數：43	――――	

資料來源：筆者根據《中國古代兵器圖集》、《中國近代軍事改革》相關資料整理而得。

圖 5-3-1：英軍博客式滑膛槍

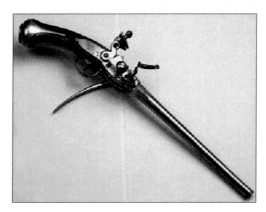

資料來源：http://baike.baidu.com/picview/history/12216313/0/d4239b351e989f2a90ef39a6.html#
albumindex=0&picindex=3。
http://tupian.baike.com/s/%E7%81%AB%E6%9E%AA/xgtupian/1/0?target=a2_82_80
_0130000024997012744802421150.jpg。

圖 5-3-2：清朝金陵製造局造擡槍

資料來源：http://szw.chinawuxi.gov.cn/wxrw/wxss/6348176.shtml。

容。而此時清朝的武科舉所考試的卻還是自唐宋沿襲下來的馬步箭、弓刀石
之類應冷兵器時代戰爭對士兵的要求而設置的內容。武進士所習的馬步射、
拉硬弓、掇大石，被時人提出了較爲尖銳的批評：「步箭之好整以暇，不足取
勝於行間也、馬箭之便捷輕利，不足以逞志於戎行也、拔刀飛舞，則呆重不

適於用、揨石則魯莽誤厥事。」〔註174〕張之洞、劉坤一也認爲「硬弓刀石之拙，固無益於戰征，弧矢之利，亦遠遜於火器」〔註175〕，選拔考試內容單一陳舊，遠遠落後於時代的發展，直接導致選拔出的武進士僅有一些冷兵器操作的技術，不具備參加近代化戰爭的經驗和戰術，更無法適應新時期對於軍事指揮家的要求。

在清中前期對付同爲冷兵器裝備的武裝力量時，武科士子尚可以憑藉一身弓馬刀槍的好武藝和勇敢機智經常取得勝利。但到清末面臨新式槍炮裝備的外國侵略者，身處「兩軍尚未交綏，而炮聲如霹靂而來，開花之彈，離數里而能燃水底之雷，擊巨艦而立碎」的戰爭環境下，手持弓箭、武藝高強的武科士子的抵抗力量幾乎爲零，「縱使弓開百石，力舉千鈞，發矢擅穿楊之技，馳馬具逐電之能，而亦無所施其技巧矣」〔註176〕。陳耀卿在《論中國宜重武功》中說得更明確，武科取士用來評定武進士的刀石、弓箭「固昔日之妙技」、「昔年之利器也」，而如今爲末技和鈍器，即使弓箭能十發九中，刀石可一舉千鈞，也只能用於緝小竊、捕小賊，如果遇到以軍火從事大盜活動的人，便不足以相持。徐鼎也曾根據軍營奏報，指出「凡我將士之殺賊，及不幸死於賊者，則槍炮十居其七，刀矛二三，至弓矢幾無聞焉。」〔註177〕儘管這一時期武進士中也曾出現葛雲飛、鄧輔良、馬福祿之類英勇抗敵的優秀代表，但由於他們所仰仗的克敵手段已經被時代大潮遠遠拋下，僅靠愛國熱情和戰鬥精神根本無法彌補軍事技術上差距的鴻溝，與清前中期平定三藩、鎮壓大小金川，平叛準格爾等諸多戰爭中武科士子輝煌的表現形成了強烈反差。冷兵器時代那些武科前輩們叱吒疆場的形象過於高大，清末的武士子怎麼奮鬥都只是個渺小的影子，根本無法與前輩們記載在史料檔案中的輝煌相提並論。

選士內容落伍的另一個表現是內場的程文考試要求逐步降低。縱觀清朝一代，武科的內場考試要求不斷下降：清初武科舉內場考試作爲獲取功名重

〔註174〕高時良，中國近代教育史資料彙編——洋務運動時期教育〔M〕，上海：上海教育出版社，1992：658。

〔註175〕璩鑫圭，唐良炎，中國近代教育史資料彙編（學制演變）〔M〕，上海：上海教育出版社，1991：18。

〔註176〕戴逸編，戊戌百日志〔M〕，北京：北京燕山出版社，1998：184。

〔註177〕徐鼎，《上大府請武場添試火器箋》，皇朝經世文編續編，卷六十六，禮政・貢舉〔M〕・臺北：文海出版社，1972：649。

要的參考依據備受重視，順治時定考試內容爲出自《武經七書》和《四書》的「策二篇、論一篇」，題目選自四書和兵書、到康熙四十八年（1709年）將內場改爲策一篇、論二篇，策題出自《孫子》、《吳子》、《司馬法》三部兵書，論題只從《論語》、《孟子》中出，考試難度有所降低、乾隆二十六年（1762年）只留《武經七書》作爲考試內容，要求士子作論一篇、策一篇、到嘉慶年間，由於應考的武科士子多不能文，出現一些內場策論不合格而導致外場成績突出者無法通過考試，因此在嘉慶十二年將武鄉會試改爲默寫武經一段約百餘字，只要不是不能書寫或書寫錯亂者即能通過。到了清代的中晚期，內場考試不僅和重視程文的宋代武科無法相提並論，就是與清代初期對於內場的要求也相去甚遠。在考試的方式上，內場考試採用唐代之後文科舉就已很少使用的「墨義」，容易造成士子不潛心研究理論和關注時勢，考試內容的不斷縮小更是讓士子們完全把精力放在死記硬背之上。

全祖望在《右科取士規制議論》中，分析唐宋明時期武科舉得士原因並指出軍事理論素養對於軍事人才選拔的重要性時，認爲「今之重弓馬而輕策論不亦失歟？」〔註178〕瞿鴻機對此也提出批評「臣伏思武科弓矢刀石，所習既非所用，默寫武經，率爲欺飾，光屬具文」〔註179〕。王豐曾詳細描述了內場考試的僵化給士子帶來的極大惡果：「習武者平日既不講詩書，《武經》一卷，尚屬茫然、倉猝間亦焉能豁然貫通？」〔註180〕內場考試標準的一再放寬，使得參加武科舉考試的士子們軍事理論素養急劇下降，雖然內場程文考核水平的高低未必能完全代表士子實戰中運籌帷幄的能力、考策論水平高不一定能成爲將帥之才，但不可否認，這是通向將帥之路的充分條件，沒有一定的軍事理論修養、空有一身武藝是不可能勝任軍事指揮尤其是高級軍事指揮崗位的。帶兵打仗本身就是一個實踐積累的過程，而武舉人僅僅參加幾場考試就能獲得都司、守備、游擊等軍隊中層職位，實戰經驗很少，先天條件本身就已不足，再不注重文化素質積累，想奮鬥成就一番事業其難度勢如登天。

如果說清代中前期武舉出身之人，大多成爲驍勇之戰將，而非運籌帷握

〔註178〕（清）全祖望撰，全祖望集彙校集注〔M〕，上海：上海古籍出版社，2000：1558。
〔註179〕中國社會科學院近代史研究所近代史資料編輯部編，近代史資料，總八十三號〔Z〕，北京市：中國社會科學出版社，1993：27～28。
〔註180〕高時良編，洋務運動時期教育〔M〕，上海：上海教育出版社，1992：674。

之將才的話，那麼到了清朝後期，近代軍事戰爭的發展使得武科士子完全無法滿足戰爭要求，成為既非運籌帷幄之才亦無驍勇戰將之能的平庸之輩。

二、清末選士人員過多、仕進之路擁塞致武科吸引力下降

通過控制武科舉來強化君權、加強君主專制是歷代武科舉的共性。清代的武科舉每三年舉行一次「正科」，遇到國家重大慶典時還特設「恩科」，終清一代，武會試和殿試有 109 科之多。由於清代軍事人才選拔分為行伍和科舉兩個途徑，「武職以行伍出身者為正途。考試之功名，行伍中人皆輕視之，不過衛所標前，聊充員數而已」〔註181〕，在康熙年間就有不得人的現象，「各衙門效力人員至推薦時每有弓馬生疏，年力衰邁之人」〔註182〕，到雍正、乾隆時期這種現象更為普遍。乾隆帝認為武舉的一等由於人數較少，授予官職比較容易，而「其二等數十人，三等多至二餘人，每年選用不過三四人，甚為雍滯」〔註183〕。嘉慶、道光之後，武舉士子的入仕之路就更為狹窄，一方面綠營兵空額現象嚴重，難以容納這麼多的軍官，另一方面，隨著太平天國、捻軍等農民起義的加劇，傳統的八旗和綠營兵腐朽不堪難以禦敵，以曾國藩的湘軍、李鴻章的淮軍為代表的地方團練勢力興起，綠營雖還是國家的經制兵，但經過裁汰又進一步縮編，而綠營正是吸納武舉人員的主要渠道，綠營兵的萎縮，自然使武舉人才的雍滯進一步加劇。

此外，由於帝國主義入侵導致出現大量的賠款，清政府廣設納貢和捐官等異途，使武科舉選拔出來的人才長期候補，難以入仕。而此時參與武科舉的天下士子人數卻並不少，據兵部尚書榮祿的不完全統計，「查應試武童，每縣少則百餘人，多或數百人、千人不等，約而計之，縣以二百人為率，合計天下數可三四十萬。」〔註184〕由於報考人數眾多，武科士子錄取的名額不斷增加，以武進士為例，清代武進士的錄取人數，與武舉人按各省分配名額不同，一直沒有定額，通常隨著國家軍事形勢的變化而變化。清初順治多征

〔註181〕高時良編，中國近代教育史資料彙編——洋務運動時期教育〔M〕，上海：上海教育出版社，1992：659。

〔註182〕王雲五，清朝通典，卷二十一，選舉四，萬有文庫，第四集〔M〕，上海：商務印書館，1935：2147。

〔註183〕張勇堅，武科存廢與軍事教育的近代化〔J〕，復旦學報哲學社會科學版，1988（1）。

〔註184〕遲雲飛，清史編年，第十二卷，光緒朝，宣統朝〔M〕，北京：中國人民大學出版社，2000：48。

戰，加上出於籠絡新進歸附的人才需要，武進士錄取人數常在 200 人以上，康熙年間由於平定三藩、大小金川、準格爾的反叛，需要大量基層軍官補充，每科錄取武進士人數在 100 人左右，到清代乾隆中期以後，由於國家承平日久，儘管絕大多數科份武進士人數都控制在 100 人以下，個別科分甚至只有二三十人如乾隆四年乙未科 28 人、乾隆五十二年丁未科 36 人、道光六年丙戌科 31 人、咸豐三年癸丑科 25 人、咸豐十年庚申科 26 人，但武進士也很難立即謀求到職位。這一矛盾隨著清後期武進士的錄取人數激增變得更為突出，自同治十三年甲戌科開始，武進士人數人數猛增到 135 人，為咸豐末年的四倍多，至清光緒二十四年戊戌科十科武舉中，除了光緒十六年庚寅科武進士人數為 57 人，其餘大部分科目武進士錄取在一百二十人以上，具體人數見表 5-3-2。

表 5-3-2：清晚期武殿試錄取人數表

武科舉年份	錄取人數
同治十三年（1874 年）甲戌科	135
光緒二年（1876 年）丙子科	107
光緒三年（1877 年）丁丑科	142
光緒六年（1880 年）庚辰科	121
光緒九年（1883 年）癸未科	135
光緒十二年（1886 年）丙戌科	119
光緒十五年（1889 年）乙丑科	130
光緒十六年（1890 年）庚寅科	57
光緒十八年（1892 年）壬辰科	155
光緒二十年（1894 年）甲午科	123

資料來源：王鴻鵬等，中國歷代武狀元〔M〕，北京：解放軍出版社，2002：457。

武科錄取人數急劇增加的同時，能夠提供的武職官員崗位數卻沒有相應的大幅增長，這就使得武舉錄取人數多與官位少的矛盾更加突出、武科人才雍滯現象加重，大量武科士子不能順利入仕，只能在候補就任官員的過程中耗費寶貴的光陰。武科與文科性質不同，文科進士年歲越長，積累的經驗閱歷越豐富，越容易勝任職位的要求，故雖然也存在大量候補的現象，但並未

產生很大的弊端。即武科進士任職受到年齡的制約比較大，對於身體的要求非常嚴格，年長後身體狀態下滑，又沒有積累實踐軍事鬥爭經驗，更無法適應戰爭需要，如康熙在四十五年（1706 年）諭令中所說：「大約年少則血氣強，年老則血氣衰，凡將軍提督總兵尚未年少時，冒奉讁越險阻，而年齒漸高，設一旦有事，使之率兵而行，其欲奮勇效命如前，何可得焉？」〔註 185〕大量武進士空耗了年歲，很多人遲至二三十年之久才被錄用，甚至出現「投營幾及十年不得一差」〔註 186〕的現象。武進士尚且如此，那些武舉人、武秀才們的境況可想而知。齊如山的《中國的科名》，對清末武科士子入仕之途的壅塞所做的詳細記錄也印證了這一點：

> 不過武會試的人，向來不十分多。因為非武舉不許會試，各省武舉人雖很多，但道路太遠，盤費很多，倘無較大希望者，誰也不肯受這個罪這種情形與文舉人會試相同，前面已經談過，但此則更甚，因為果能中了文進士，則飛黃騰達的機會很多，至少也可以剩幾文錢，回家享福，中了武進士，就是得了乾清門的轄，也不過是一個閒散差使，尤其沒有錢可掙，這種情形，誰還肯幾千里出來會試呢？只是離北平近的幾省。人數自然很少，就是得了乾清門的轄，也不過是一個閒散差使，尤其沒有錢可掙。而武舉人更慘，在鄉里的武舉人，在太平不打仗的年頭，沒有這種機構，則可以說是無事可做。〔註 187〕

由於武科舉取士人數過多，加之人才的需求和安置難以妥善解決，其籠絡天下習武士子之心、防止民間造反方面的作用也日益降低。

三、武科士子自身素質低下

清代晚期武科舉沒落的另一個不可忽視的原因在於武科參與者即武科士子整體素質的低下。外場考核內容的陳舊，使得習武士子缺乏掌握新式軍事技能的條件和動力，導致其投身軍隊後沒有突出的才幹、內場程文考試的僵化，又使得武科士子不像文科士子那樣在備考過程中，能潛移默化受到傳統

〔註 185〕林鐵鈞，史松，清史編年，第三卷（康熙朝）〔M〕，北京：中國人民大學出版社，1988：283。

〔註 186〕高時良，中國近代教育史資料彙編——洋務運動時期教育〔M〕，上海：上海教育出版社，1992：657。

〔註 187〕齊如山，中國的科名〔M〕，瀋陽：遼寧教育出版社，2005：105。

儒家文化的薰陶、仕進之路的擁塞使得大量的及第武士子難以入仕，被迫接受無限期候補或者流落民間的境遇，這三方面的原因彙聚到一起，直接導致清代中後期武科士子非但沒有如武科初設之時所希冀的那樣成為「定國安邦」人才，相反地很多武科士子還「恃頂戴為護符」成為了社會穩定的破壞因素。

由於重文輕武的社會傳統觀念根深蒂固，加之武科士子來源群體的素質不高，許多「衣冠之族」不屑從事武舉。此外，投身武科需要一定的經濟基礎作為保障，「試事之費十倍於文，寒素不能與……武試有教師壟斷，非其素識，無門可人，窮鄉僻壤不得與。」〔註188〕導致大部分武士子都是「非鄉曲土豪即閭閻無賴，平日逞其驕擴強悍之性。」從知識儲備上來看，武科舉考試要求過低，「所試之事，不外射箭、掇石、演刀諸務，雖有默經一經，然潦草塞責。」〔註189〕因此武科士子「大抵皆鄉野粗鄙之子，性笨如牛，而兇橫如狼虎，」〔註190〕其中不乏目不識丁、倩人捉刀者。「中國之兵勇，實兼浪子、盜騙、乞丐三者之長而有之者也。兵勇既皆分利，其應武試者，若武童、武生、武舉、武進士之流，更不待論。」〔註191〕這種論斷雖有誇大的成分，但也確實在一定程度上反映了當時武科舉士子的情況。

由於士子來源素質不高，參加考試的時候就容易滋生事端，擾亂社會秩序，張之洞曾描述武科士子參加考試時的情況：「自咸豐軍興以來，其由武舉、武進士立功著稱者，實屬寥寥，此輩恃符武斷，如虎而冠，魚肉鄉民，窩庇匪盜，每遇歲試鄉試，武童武生聚集省城府城，必滋生無數事端。街市店鋪，日有戒心，訛詐逞兇，防範隱忍，待至場畢人散，則彼此相慶，各省官商士民，無不以為巨患，萬口一辭。」〔註192〕待入仕之後，那些能夠順利在軍隊中謀取職位的「歸標效力者，尚能束手自愛，勉就範圍而無事。」〔註193〕但仕途的擁塞又使得相當多的士子無法得到安置。由於仕進無望，這些人本身孔武有力又「恃頂戴為護符」，再加以沒什麼學問和知識，其中「無事家居」

〔註188〕鄭大華，中國啟蒙思想文庫，採西學議——馮桂芬，馬建忠集〔M〕，瀋陽：遼寧人民出版社，1994：70。

〔註189〕論中國教育之法不及泰西中〔N〕，申報，1895年4月9日。

〔註190〕論武試之宜慶〔N〕，申報，1897年11月28日。

〔註191〕梁啟超，《新民說》〔M〕，鄭州：中州古籍出版社，1998：155。

〔註192〕張之洞，廢除武科舉，《續修四庫全書》編纂委員會，續修四庫全書（817）史部・政書類〔M〕上海：上海古籍出版社，1995：32。

〔註193〕朱壽明，光緒朝東華錄〔M〕，北京：中華書局，1958：582。

又不潔身自愛者逐漸成爲社會的閒散人員，難免出現越軌的行爲，日期長了就「橫向霸道，武斷鄉曲，魚肉善良，無所不爲了。」〔註194〕

擾亂社會秩序的表現之一是士子參與賭博。《申報》曾記載「有大城縣武童數人賃居通州衛民房，於夜間私開賭局，招人聚賭。」〔註195〕還有會試或者鄉試進行武舉的闈性之賭博——「彼買開姓者，以必得爲期，於是故買冷姓，訪得有某姓最冷，中則厥彩最厚，乃千方百計訪求某姓之人，其人果能讀書作文，自己可以入場，則必爲之買關節、走腳路、若其人而目不識丁，則千方百計爲之管謀，不惜資本爲之雇槍手、辦頂冒，蓋其人獲離，則所中之彩除去所耗用之外，尚有贏餘……不僅小試爲然，而鄉試、會試亦有似此辦法。不獨文試爲然，即武試亦有諸弊」〔註196〕。還出現因涉賭而導致的社會治安問題，「有因賭而肇火者……有因賭而揮刃者，聚賭拆梢打架日有所聞」〔註197〕。《申報》在1892年9月19日《北通州紀事》中記載：「本地人吳、景二姓入內賭博，嗣後算帳，兩相醒凝，與參賭的武童發生爭執，武童恃其力大，將吳、景二人打傷，吳心裏不復，袖藏利刃，找武童尋仇，刺傷武童二人後逃跑。」〔註198〕

擾亂社會秩序的表現之二是與土匪勾結作亂或者從事其它違法活動。有些武科士子中的「驍雄悍鷙之徒，輒多不喜束縛」〔註199〕，與土匪勾結破壞社會秩序。如1895年山東披縣補用都司、武生李承卿勾結土匪王作仁等聚眾海濱作亂，「號以網魚爲業，強奪地畝，淫掠婦女」。此事影響很大，朝廷命令當時的山東巡撫李秉衡，「將李承卿等首從各犯嚴拿，務獲懲辦。」〔註200〕還有一些武科士子從事走私貨物等行爲，如「晉江武童攜帶貨物路經泉州南門外新橋鰲卡，被局中巡丁查獲，彼此爭論，繼以用武，武童黨類甚多，巡丁力不能敵，大受損傷」〔註201〕在走私過程中有時出現因衝突甚至釀成人命情況，如「淮安府應試武生甲乙者，夾帶私鹽數包，藉充旅費，舟抵揚州某

〔註194〕閱報紀武生不法事因論武試之亟宜裁革〔N〕，申報，1900年12月20日。
〔註195〕北通州紀事〔N〕，申報，1892年9月19日。
〔註196〕書廣東試事後〔N〕，申報，1892年1月22日。
〔註197〕禁賭篇〔N〕，申報，1894年2月25日。
〔註198〕北通州紀事〔N〕，申報，1892年9月19日。
〔註199〕馮桂芬，謝俊美主編，校邠廬抗議〔M〕，鄭州：中州古籍出版社，1998：188。
〔註200〕朱壽朋，光緒朝東華錄〔M〕，北京：中華書局，1958：3555。
〔註201〕武童肇事〔N〕，申報，1886年6月30日。

螯局，不服盤查，揚帆遷去，局勇鼓鏢追之，相離約數十，武燃放空槍，將以助威，不料匆忙中誤裝鉛彈，洞穿甲乙二人肋骨，登時斃命」〔註202〕此外，武科士子從事「開場賭博，扛幫掐訟」〔註203〕、「築私錢，放高利貸」〔註204〕等活動的也層出不窮。

　　武科士子的種種劣跡，對武科發展本身有不小的衝擊。時人曾認為鄉間多一武夫，則附近一方均受無窮之累，是武夫者於國家則毫無所用，而於民間則大有所害。齊如山曾在回憶錄中寫到「鄉里的武舉人……開賭場、築私錢，窩強盜，放高利貸。所以鬧得武舉這兩個字，在鄉間成了一種很壞的名詞。誰聽到誰搖頭。」〔註205〕張之洞，劉坤一主張停罷武科的上書中也將武科士子自身素質的低下列為一項重要的理由，「凡武生武舉武進士之流，不過恃符豪霸，健訟佐鬥，抗官擾民。既於國家無益，實於治理有害，此人人能言之。」〔註206〕

四、水師、武備學堂等新式軍事教育機構的衝擊

　　鴉片戰爭的爆發，使中國被迫捲入時代發展的潮流中，但受制於傳統文化中「自我中心」的思維定勢和「內夏外夷」文化觀念的影響，清政府仍然用傳統的價值尺度和思維方式來判斷西方國家的這次侵略，並沒有領悟到這場戰爭所傳來的諸多新信息。之後二十年中，社會政治經濟等各個方面幾乎沒有發生顯著改變，在軍事人才的選拔上仍然以原有的武科制度和行伍取士為主。第二次鴉片戰爭後，英法聯軍攻破北京，侵略矛頭直插中國心臟，清王朝統治根基動搖，受到很大的震動。在內憂外患的交相煎迫下，清朝統治岌岌可危，加上八旗、綠營日益腐朽衰敗的嚴酷現實，促使清政府中一些眼光較敏銳的重臣大員痛苦思考探索著擺脫困境的出路，「現在時局多艱，國勢積弱，各直省伏莽未靖，蠢動堪虞，非練兵無以衛國，亦非練兵無以保民。」〔註207〕在意識到學習西方近代知識的必要性後，這些中央和地方實權派將關注點聚焦到學習外國軍事技術、開展中國近代化軍事教育上來，以

〔註202〕武生公憤〔N〕，申報，1891年22月24日。
〔註203〕閱報紀武生不法事因論武試之亟宜裁革〔N〕，申報，1900年12月20日。
〔註204〕齊如山，中國的科名〔M〕，瀋陽：遼寧教育出版社，2006：105～107。
〔註205〕齊如山，中國的科名〔M〕，瀋陽：遼寧教育出版社，2006：107。
〔註206〕朱有瓛，中國近代學制史料第一輯〔M〕，上海：華東師範大學出版社，1987：151。
〔註207〕來新夏，北洋軍閥（一）〔M〕，上海：上海人民出版社，1988：365。

引進西方近代武器爲肇始，在全國掀起了一場以軍事自強爲主要內容的洋務運動。洋務運動從其產生之初就帶有濃厚的軍事色彩，而無論近代軍事工業的創立，還是新式武器裝備海軍、陸軍以及之後的軍制改革，都是以近代科技作爲基礎的，屬於中國傳統社會體系之外的舶來品。近代軍事體系初步的成形，使得傳統軍事教育難以培育人才的弊端彰顯出來，而清政府又沒有現成的人才儲備，原有的「以騎射爲本，右武左文」、「以槍炮爲先，刀矛弓箭次之」〔註208〕的軍事教育理念又無法滿足實際需要。在這種情況下洋務派不得不另起爐竈，以西方的近代教育形式創辦新式軍事學堂便成爲迫切需要。

1866 年左宗棠創辦福建船政局的同時創辦了福建船政學堂，開創了中國近代新式軍事教育的先河，一大批軍事院校和輔助軍事院校開始陸續設立。1874 年李鴻章在上海設立的江南製造局中附設操炮學堂，1880 年，李鴻章從福建船政學堂中受到啓發，認爲開辦海軍學堂是培養海軍軍官的根本途徑，「伏思水師爲海防務，人材爲水師根本，而學生又爲人材之所自出，泰西各國水師強盛，皆以學堂爲根基」，〔註209〕於是在天津設立水師學堂，「以開北方風氣之先，立中國兵船之本」〔註210〕。中法戰爭後，各地督撫也紛紛上奏興辦海軍和武備軍事學堂。李鴻章認爲「查泰西各國講究軍事，精益求精，其兵船將棄必由水師學堂，陸營將棄，必由武備書院造就而出，故韜略皆以素裕，性習使然」、〔註211〕「選將儲才之法，尤爲至要至急。陸軍不乏戰將，而深暗利器操法用發者頗少，臣固有創設武備學堂之請，冀後起者源源不絕。」〔註212〕1885 年，他在天津又率先開辦了中國第一所陸軍軍官學校——北洋武備學堂。兩廣總督張之洞對此也有同識，「竊維古今人才，皆出於學……外洋諸國於水陸兩學皆立專學……若魂應時制變，固非設學不可。」〔註213〕

〔註208〕福建師範大學歷史系，福建地方史研究室編，鴉片戰爭在閩、臺史料選編〔M〕，福州：福建人民出版社，1982：232。
〔註209〕（清）李鴻章著，李鴻章全集〔M〕，長春：時代文藝出版社，1998：1983。
〔註210〕（清）李鴻章著，李鴻章全集〔M〕，長春：時代文藝出版社，1998：1982。
〔註211〕（清）李鴻章，李文忠公全書，奏稿五十二〔M〕，臺北：文海出版社，1966：8。
〔註212〕中國史學會主編，中國近代史資料叢刊，洋務運動〔M〕，上海人民出版社版，1961：11。
〔註213〕高時良，中國近代教育史資料彙編，洋務運動時期教育〔M〕，上海市：上海教育出版社，1992：453。

1887 年張之洞在廣州設立了廣東水陸師學堂，既培養海軍人才，又培養陸軍人才。此後，中國近代軍事教育進入一個高潮期，沿海各省相繼創辦的各類新式軍事學堂似雨後春筍冒出來，如表 5-3-3 所示。

表 5-3-3：鴉片戰爭後至武科舉廢止前清代主要軍事類學堂

年代	朝　　代	名　　　稱	創辦人	學堂類型	創辦地點
1866	同治五年	福建船政學堂	沈葆禎	水師技術	福建馬尾
1874	同治十三年	江南製造局之操炮學堂	李鴻章	陸軍技術	上海
1876	光緒二年	廣東實學館	張樹聲	後勤保障	黃埔
1876	光緒二年	大連水雷營學堂	李鴻章	水師技術	天津機器局東
1880	光緒六年	天津電報學堂	李鴻章	後勤保障	天津機器局內
1880	光緒六年	天津水師學堂	李鴻章	水師軍官	天津機器局河東
1881	光緒七年	天津醫學學堂	李鴻章	醫學	
1881	光緒七年	旅順魚雷學堂	李鴻章	水師技術	旅順口魚雷營
1885	光緒十一年	天津武備學堂	李鴻章	陸軍軍官	大光明橋東河沿
1886	光緒十二年	廣東黃埔魚雷學堂	張之洞	水師技術	黃埔魚雷局
1887	光緒十三年	廣東水陸師學堂	張之洞	水師軍官	
1887	光緒十三年	昆明湖水師學堂	載　豐	水師軍官	頤和園昆明湖左
1889	光緒十五年	山東威海衛水師學堂	丁汝昌	水師軍官	威海衛
1890	光緒十六年	江南水師學堂	曾國荃	水師軍官	南京儀鳳門
1891	光緒十六年	威海衛水師學堂	丁汝昌	水師軍官	威海衛
1890	光緒十六年	奉天旅順口魚雷學校	不　詳	水師技術	旅順口魚雷營
1891	光緒十七年	山海關水雷營學堂	葉志超	水師技術	山海關
1894	光緒二十年	山東煙臺海軍學堂	不　詳	水師軍官	煙臺
1895	光緒二十一年	江南陸師學堂	張之洞	陸軍軍官	南京儀鳳門
1896	光緒二十二年	直隸武備學堂	袁世凱	陸軍軍官	保定
1897	光緒二十三	湖北武備學堂	張之洞	陸軍軍官	武漢
1897	光緒二十三	浙江武備學堂	廖壽豐	陸軍軍官	杭州
1898	光緒二十四年	江南製造局之工藝學堂	林誌道	後勤保障	上海
1898	光緒二十四年	貴州武備學堂	王毓藻	陸軍軍官	貴陽寶黔局

1898	光緒二十四年	陝西武備學堂	魏光燾	陸軍軍官	西安西關貢院
1898	光緒二十五年	安徽武備學堂	鄧華熙	陸軍軍官	安定撫署演武廳
1898	光緒二十五年	山西武備學堂	胡聘之	陸軍軍官	太原教場道東
1899	光緒二十六	雲南武備學堂	李經羲	陸軍軍官	昆明承華圃東側
1898	光緒二十八	江蘇武備學堂	丁魁山	陸軍軍官	蘇州盤門外

資料來源：筆者根據《晚晴兵制五，軍事教育志》、《清末新軍編練沿革》、《中華民國史資料叢稿專題資料選輯第二輯》、《中國近代學制史料》等資料匯總整理而得。

這些近代軍事學堂的創建，對於原有的武科舉制度產生了很大的衝擊，具體來看主要有以下四個方面。

第一是改變了武科舉考試僅能從陸地上選拔軍事人才的局限，兼顧海軍和陸軍人才的培養。在近代以來的歷次對外戰爭中，清政府的海防卻十分空虛，無論是兩次鴉片戰爭時期東南臨海各個重鎮的防線屢屢被打穿，還是中法戰爭陸軍獲勝卻因海軍拖後腿而「不敗而敗」，抑或中日甲午海戰北洋水師基本上全軍覆沒被迫割讓臺灣，都因海防的虛弱付出了慘重的代價。近代屢次海戰的失利不僅凸顯了清政府在水上軍事人才方面的極度缺乏，同時也體現出武科舉選拔人才範圍的局限性。傳統武科舉考量的「馬步箭、弓刀石」等內容，都是爲陸軍人才所設，沒有涉及水軍人才的選拔。儘管在武科舉中增設水師科目屢次被提及，近代學者魏源就曾呼籲「今宜於閩、粵二省武試增水師一科。有能造西洋戰艦、火輪舟，造飛炮、火箭、水雷、奇器者，爲科甲出身，由水師提督考取，會同總督拔取送京驗試，分發沿海水師教習技藝……不以工匠、舵師視在騎射之下，則爭奮於功名，必有奇材絕技出其中。」〔註214〕陳啓泰也建議「武試亦可別設水帥一科，凡有能造戰艦、炮臺、火器及熟悉風濤。沙線、駕駛、測量兼用槍炮有準的者，由各省考取，咨送總理衙門驗試，如有成效，即以擢補海防各職。」〔註215〕陶模則提出在水軍之中設立秀才、舉人、進士等功名以激勵士子。但這些建議都未能施行。在洋務運動時期所建立的新式學校絕大多數都屬於水師學堂，這些新式軍事學堂的創建，有效地彌補了武科舉單純選拔陸軍人才做法的不足，爲近代海軍發展進行了最初的人才儲備。

〔註214〕魏源，海國圖志〔M〕，鄭州：中州古籍出版社，1999：101。
〔註215〕中國史學會主編，中國近代史資料叢刊（洋務運動）〔M〕，上海：上海人民教育出版社，1986：219～223。

　　第二是新式軍事學堂在招生要求、學習內容、師資隊伍、培養方式上相比於武科舉有明顯的先進性。武科舉外場考試馬步箭弓刀石、內場默寫《武經七書》百餘字的做法對於參加考試士子的要求相對較為簡單，只要身家清白、能夠具備最基本書化素養者即可以參加。而各類新式軍事學堂在生員的資格認定上更為細緻，要求的條件也高出很多，大部分學堂希望所招收的士子能夠通曉文義、資質聰穎、身體強健、年齡在 25 歲以下，具體如表 5-3-4 所示。

表 5-3-4：清末部分軍事學堂生源資格要求表

學堂名稱	年　　齡	特　　點	出身與籍貫
福建船政學堂	十餘歲	粗解文義	民間
江南製造局之操炮學堂	不詳	聰穎子弟	原廠畫圖學生、廣方言館學生、各廠匠童
廣東實學館	12～15 歲	身家清白有志肄業者	廣東本地
天津水師學堂	13～17 歲	已經讀書數年，讀過兩三經，能作小講半篇或全篇、體氣充實、資性聰穎年貌文理相符	天津本籍，鄰縣或外省寄籍，良家子弟
天津武備學堂	18～25 歲	精健聰穎、略通文義	淮軍弁兵，家庭出身不拘
廣東水陸師學堂	16～30 歲	通曉外國語文、歷練、膽氣素優、已讀詩書，能文章者	博學館舊生、軍營武弁、文生
昆明湖水師學堂	──	通曉文義、年力精壯滿族青年	京師健銳營、外火器營官兵之子弟
江南水師學堂	13～20 歲	已讀二三經，能做策論、習英文、英譯、資質聰穎、體氣強壯耐勞苦	不拘省份身價清白非籍外國不信奉異邪教者
江南陸師學堂	13～20 歲	文理通順，能知大義的聰穎子弟	不限
直隸武備學堂	──	聰穎幼丁、能通文意者	工程營正兵
湖北武備學堂	──	文生員必有華文根底、文理通暢、體質堅壯，志氣樸誠、武生員文理粗通	文武舉貢生員、文武候補候選員弁、官紳世家子弟，無論本省外省。
浙江武備學堂	25 歲以下	略識文字，身體健壯	浙江省內防營哨長營書勇丁
貴州武備學堂	30 歲以下	文生精通漢文，身體健壯、武生略通漢文	舉貢生監、武弁武生
陝西武備學堂	──	識字多、文理通順、懂測量法（上等）	陝西省武舉、武生、武童、官員子弟

		心思靈敏、臂力過人槍炮射擊較好者（次等）身體強壯，有上進心者（又次等）	
安徽武備學堂	——	聰敏健壯	舉貢監生及文武候補員弁，士紳子弟
山西武備學堂	16～25 歲	——	文武世家、官幕紳商子弟及各營兵勇
江蘇武備學堂	——	識字者	江蘇防營勇丁、官紳子弟文武舉貢生監

資料來源：朱有瓛，中國近代學制史料，第一輯上，華東師範大學出版社，1983：540～550。

　　在學習內容上，陸軍軍事學堂大多分為內堂和外場操練兩大類。內堂教授的課程通常包含史學、掌故、兵法、輿地、軍器、算學、圖繪、步兵操典、槍支保存法、體操教範、數學、世界地理、衛生、測繪、戰術、營壘等，外場則主要以步操、槍操、柔軟體操、器械休操、行軍、打靶、步隊、馬隊、工程隊之分陣法作為教學內容。水師軍事學堂主要傳授造船、機輪涉及駕駛、槍炮、水雷、外國語、算術、代數、幾何、平弧三角、測量等方面的知識，這些教學內容基本上包羅了當時軍事科學中技術、工程、後勤等各個方面。相比之下，武科舉所考核的射箭、開弓、舉石就顯得十分落伍。

　　除了招生要求和學習內容上比武科舉更嚴格和更豐富之外，新式軍事學堂在教師的選派上也很有特色，不少學堂都從英國、德國、法國聘請教員。在培養方式上，軍事學堂的創辦者們大多主張要將學生放到實踐中鍛鍊，如沈葆禎認為從學堂培養出來的學生「未敢信其能否成材，必試之風濤，乃足以規其職號，否則即實心講求，譬之談兵紙上，臨陣不免張皇。」〔註216〕李鴻章也主張學堂學生「出學當差數年，可仍回原學，再加精鍊，按年考試，去取極嚴，是以將才輩出。」〔註217〕在這種思想指引下，軍事學堂的學生不僅在課堂上學習各種先進的課程，還必須參加實際的訓練以檢驗日常學習的成果和積累戰爭經驗。這種理論與實踐相結合的做法收到一定的成效，如

〔註216〕朱有瓛編，中國近代學制史料〔M〕，上海：華東師範大學出版社，1983：444。
〔註217〕李鴻章撰，吳妝倫編，李文忠公全書，奏稿五十二〔M〕，上海：上海古籍出版社，1995：7。

1891 年的熱河叛亂，天津及山海關武備學堂選派學生前往鎮壓，用實戰驗證了軍事現代化教育的成果，結果令李鴻章非常滿意，在上奏中稱他們「屢獲勝仗，頗，著成效」〔註 218〕甲午戰爭中，聶士成統領的武毅軍重用北洋武備學堂畢業生，取得了多次打敗日軍的佳績，「甲午軍前，凡戰術軍儲，多資以擘畫。是役惟公軍獨全，且屢與敵抗有戰績。」〔註 219〕在八國聯軍侵華時，北洋武備學堂肄業生也表現出較好的戰鬥力，例如黃星海，北洋武備學堂炮科肄業，八國聯軍之役，天津炮戰，星海率水師營天津炮臺以測算精密，予聯軍重大打擊，在外人記載中頗為痛心。

　　第三是新式軍事學堂另開一條由學堂直接入仕的道路，對原有武科入仕的做法是一種衝擊，在一定程度上扭轉了社會重文輕武的風氣。進入近代之前，清朝的武職官員入仕途徑主要有兩條，一是行伍之中立有軍功者得到提拔，而是武科考試獲取功名後進入部隊。由於中國自古以來就存在重道而輕藝、重文而輕武，視科舉及第為正途的傳統觀念，受制於這種傳統觀念，在新式軍事教育創辦之初，人們對新興的軍事學堂基本上不屑一顧。生源問題因此曾一度成為困擾軍事教育發展的一大難題。武備學堂所招收的學生多為出身寒微的貧家子弟或者並無多少文化的兵勇，如湖廣總督張之洞在招考武備學生章程中所說：「惟向來學堂所教，多係俊秀幼童及各營兵勇，文理既昧，氣質亦粗，斷難領會精要，且資地寒微，出身尚遠，數年之中，斷不能遽膺文武官職，安望其展轉倡率，廣開風氣。」〔註 220〕最為明顯的例子是福州船政學堂，在開始招生時為了招夠學生，招生條件不得不一再放寬，最終也只有貧苦之家的孩童才願報考，需要到香港等地拓展生源。其它同一時期興辦的軍事學堂在人才培養上也都比較慘淡。學堂的學員也難有很好的出路，如天津武備學堂的畢業生，按照規定畢業之後「咨送回營當差……其考列優等者、遇有哨官、哨長缺出，先盡拔補。如本係哨長、記升哨官、本係哨官、循資作為幫帶」。〔註 221〕但在實際就職時卻備受排擠，「學生畢業，無指揮軍校之權，僅僅當軍營之教習，賞罰不屬，而日聯於其側，大為軍中所

〔註 218〕吳汝綸編，李文忠公（鴻章）全集〔M〕，臺北：文海出版社，1984：2145。
〔註 219〕卞孝萱，唐文權，辛亥人物碑傳集〔M〕，北京：團結出版社，1991：300～
　　　　304。
〔註 220〕陳山榜編，張之洞教育文存〔M〕，北京：人民教育出版社，2008：134。
〔註 221〕姚錦祥，論北洋武備學堂的歷史地位及其影響〔J〕，南京師大學報，1992
　　　　（1）：120。

排斥。故甲午以前學生無能用者」。〔註222〕曾協助李鴻章辦理洋務達 30 年之久並具體負責該校招生和分配事宜的周馥也說武備學生分發回營後「各老將視之不重」。許多學堂學生仍然把參加科舉考試當成正路。張之洞在廣東設立水陸師學堂時對學生的出路問題曾作出妥協，規定「在堂者一律仍准應文武試，以開其上進之程。」〔註223〕

重文輕武思想和學堂士子出路不好的雙重影響，直接導致了「世家有志上進者皆不肯就學」〔註224〕，企求科舉進仕的官宦士子，並不願意投考毫無前途的新式武備學堂。然而中法戰爭和甲午戰爭的連續失利，使人們認識到「整軍禦侮，將材為先」，僅僅有新式的軍事技術和設備不足以抵禦外侮，培養出有韜略的新式軍事人才是決定戰爭勝負的關鍵。武備學堂學員的出路也隨之大為拓展，清廷在戰敗不久即開始編練新軍，至 1895 年 2 月，練成十營共 5000 餘人，號「定武軍」，袁世凱接辦後將其更名為新建陸軍。在軍官的選拔提用上，他著力延攬、培養武備學堂畢業生，吸收段祺瑞、馮國璋、陳光遠、王占元、張懷芝、陸建章、曹錕等 130 餘名「學有根底之學生，使督率營伍，研究操法」。〔註225〕其中馮國璋和段祺瑞、王士珍一起被稱為「北洋三傑」，成為袁世凱建練新軍的三根支柱。據統計新軍的高中下級軍官幾乎全被武備學堂畢業生所壟斷。與此同時張之洞在 1895 年 12 月仿照德國陸軍編制所編練的自強軍中，也開始啓用天津、廣州兩處武備學堂出身的學生擔任副營官、副哨官之職。

除了直接參軍之外，武備學堂的畢業生還大量充實到軍事教員隊伍中，19 實際末 20 世紀初，作為新式軍事人才培養基礎的新軍學堂大量創建，如光緒二十一年（1895 年）張之洞在南京創辦了江南陸師學堂，次年袁世凱創辦了直隸武備學堂，張之洞又在武昌設立了湖北武備學堂。此後直到光緒三十年（1904 年），浙江、貴州、陝西、安徽、山西、江蘇、四川、福建、江西、廣東、甘肅、湖南、河南等省都陸續辦起了武備學堂。各地武備學堂的興起

〔註222〕鄭志廷，張秋山，保定陸軍學堂暨軍官學校史略〔M〕，北京：人民出版社，2005：16。

〔註223〕羅爾綱，晚清兵志，第五卷，軍事教育志，第六卷，兵工廠志）〔M〕，北京：中華書局，1999：8。

〔註224〕朱有瓛，中國近代學制史料，第一輯〔M〕，上海：華東師大出版社，1986：498。

〔註225〕中國社會科學院近代史研究所中華民國史組編，中華民國史資料叢稿專題資料選輯・第二輯・清末新軍編練沿革〔M〕，北京：中華書局，1978：19。

與擴大，需要大量的軍事教員，北洋武備學堂等新式軍事學堂的畢業生已經供不應求，他們憑藉掌握著新式軍事知識和社會背景的優勢，已經將武科出身的舊式軍官完全甩在後面。

就這樣，隨著軍校畢業生在軍隊中任職和軍事學堂中充任軍官的日漸增多，逐步堵塞了由「平日所習皆與兵事無涉，既不曉槍炮之情，復不諳營陣之法」的武科應試者在軍隊中的進身之路，使得武舉選拔軍官的封建任官制度失去了存在的意義，在一定程度上推動了武舉制度的廢除。

五、清代武科舉首要功能定位於籠絡士子而非選拔真才

清代中後期武科舉在選拔內容上固守著馬步箭和弓刀石，變革一直未能真正施行，其中確實有清代統治者夜郎自大閉目塞聽、出於對祖宗成法的宗教性崇拜和對自己軍事力量的盲目自信等原因。但除此之外，還有更深層次的因素。

清朝滿族統治者對於騎射弓馬的民族傳統心存熱愛，但是對新式火器也並非盲目排斥，早在康熙二十年至二十一年（1681～1682 年）清廷在鎮壓三藩的叛亂時已採用火器作戰〔註226〕並取得了一定的勝利。康熙帝由此認識到火器威力之強大，在康熙二十七年（1688 年）設立漢軍火器兼大刀營。到16世紀中葉，火槍已傳入中國。雍正五年曾下令兵部制定各省的軍器編制：各省一律以鳥槍、弓箭、藤牌、大炮為主要的兵器，將鳥槍列在首位，內陸省份每一千名士兵配備鳥槍 300 杆，沿海沿邊省份每一千名士兵配備 400 杆。乾隆四十二年（1777 年）兩江總督高晉提出過請求將二場技勇中舞刀一項裁汰，改為演放鳥槍的奏請，不過很快被皇帝直接駁斥：「鳥槍一項，原係制勝要器，而民間斷不宜演習多藏，民間壯內有鳥槍手，恐日久或致滋事，武科改用鳥槍，考驗準頭，則應試之武生勢必常時習學打靶，凡應禁之火藥、鉛丸，俱難禁民間私相售賣、且一縣中添無數能放鳥槍之人，久而傳習漸多，於事實為有礙，所奏斷不可行，不必復交部議，將此諭令知之。」〔註227〕儘管清廷在中前期一直禁止武科中加入熱兵器的考試內容，但並不代表清軍沒有意識到新式軍事裝備的重要作用。事實上，在鴉片戰爭之初，清軍中就已經裝備了前裝滑膛炮、兵丁鳥槍、抬槍等熱兵器。洋務運動的興起又引進更

〔註226〕（清）魏源，聖武記‧卷二‧藩鎮〔M〕，臺北：世界書局，1980：135。
〔註227〕張習孔，田珏主編，中國歷史大事編年第五卷——清近代，北京：北京出版社，1997：303。

多的新式武器，同時開辦大量的軍事工業。由此可見，清王朝對於新式武器的認識並非一無所知，而是十分清楚新式火器對於軍事戰爭的重要性。

　　既然如此，清政府在軍隊中廣泛地吸收西方先進的軍事技術、制度的同時卻為何在武科舉之中一直固守著冷兵器時代「馬步箭、弓刀石」的取士傳統呢？其中一個重要的原因就在於武科舉的定位。清代的武科舉雖然以選拔軍事人才為目的，但其存在的意義並不局限於此。科舉制度本身因政治而生，其長期存在使下層平民和在野精英看到了實現人生理想的希望，在一定程度上保障了社會穩定。作為取士制度中與武備和軍事人才密切相關的武科舉在維護統治方面就更為重要。從武科舉的考試形式設定來看，外場馬步箭、弓刀石的考核標準設置都比較公平合理，士子參加考試的成績能夠一目了然，內場程文測試在嘉慶朝之後改為默寫武經七書一段約百餘字後，考官主觀上的判卷誤差也基本消除，可以說，武科舉有效克服了其它選才方式的主觀性、隨意性。胡適對此曾做出了較高的評價：「這種制度確實十分客觀、十分公正，學子們若失意考場，也極少埋怨考試制度不公……它是一個公正的制度，即使是最貧賤家庭的男兒也能通過正常的競爭程序而爬升到帝國最榮耀、最有權力的職位上。」〔註228〕清王朝作為大一統王朝，「考慮得最多的話語就是穩定，或者說如何保證長治久安以至國祚綿長。……而諸如經濟發展、知識增長這樣一些只有近現代社會或文明才具有的標誌性話語不會成為包括古代中國在內的古代東方文明的核心問題。」〔註229〕

　　當然，除了武科舉本身的特點和清統治者渴望穩定的意願外，還有很多現實因素制約了清代晚期武科舉的改革。

　　首先，武科的實施在一定程度上可以制約以漢族為主體的地方實權派。太平天國運動時，八旗和綠營就已經腐朽不堪，難以承擔起鎮壓起義軍的作用，清政府被迫允許漢族大地主組織地方軍事武裝，各地的「團練」蓬勃興起，其中尤以曾國藩的湘軍和李鴻章的淮軍最為出色。進入到十九世紀末期，在近代軍事變革者中主導了改革進程的地方督撫權勢進一步增大，其中，李鴻章以湘軍、淮軍為班底形成的「北洋海軍軍事集團」和袁世凱以北洋新軍為班底構成的「新建陸軍軍事集團」，雖然名義上隸屬清朝中央政府，而實際在很大程度上各自具有行使地方權的相對獨立性，成為影響中國政治的重要

〔註228〕胡適，胡適全集（第三十八集）〔M〕，合肥：安徽教育出版社，2003：199。
〔註229〕吾淳，古代中國科學範型〔M〕，北京：中華書局，2002：17。

勢力。地方督撫勢力的增強，加之其本身大都是漢人，使清政府感受到很大的威脅，開始找尋各種制約和平衡的手段來進行牽制，曾經仿傚地方實權派的做法也建立針對滿族子弟的新式軍事學堂——昆明湖水師學堂，但是實際效果不佳。而武科舉由於廣泛的社會參與性和考核面向習武士子的特殊性，被看做是制衡地方的一個有效手段。因此無論是洋務運動時期將各類新式軍事學堂納入武科體系以提升軍事類學堂的社會吸引力的呼聲，還是張佩綸、沈葆楨等朝臣呼籲廢止舊式武科的主張，均被清政府的中央統治者以「不識大體」等言辭將其斥退。

其次，清統治者對武科士子存在「既利用又防範」的矛盾心理。這一點在武科考試內容改革中體現得尤為明顯。武科舉的存在，使得普通平民擁有一躍而成國家軍隊中層官員的機會，這些習武人才被選拔出來後，將成為一批對中央更為忠心的軍事力量。一方面，保持原有馬步箭、弓刀石、默寫武經等考核手段，由於要求比較低，更容易吸引士子投身科考。另一方面，由於考試內容落伍於時代必然會出現武科取士難以得人的現象，雖然清廷統治者意識到新式軍事器械和軍事教育對於武備人才選拔的重要作用，但考慮到其統治基礎不牢固，太平天國和捻軍起義所造成的巨大動盪還歷歷在目，各地雖無大亂，卻「陬滋邊隅，亂萌時有」，官軍依靠武器的精良再加上「亂民無敢抗拒之資」〔註230〕，才將動亂鎮壓下去。若開設新式槍炮考試，則等於宣佈解除火器禁令，使新式火器流入民間合法化。此舉如果被民間會匪遊勇等不法之徒「假以利器，一有意外，糾結橫行，頃刻亂作」，〔註231〕則將產生難以估量的社會動盪。因此，清政府在衡量採用舊式考試科目使武科舉發展嚴重滯後於實戰需要且無法獲得真才與進行改革卻要承擔可能帶來的造反風險這兩個弊端時，最終出於維護統治的考慮，兩害相權取其輕，在武科舉的政策制定上貫徹守舊的原則直至武科舉廢除。

此外，清末政治角逐之中保守派的勝利最終決定了武科改革的走向。「科場有如個人文化素養和智力水平較量的戰場，有時也是政治集團和派別進行政治角力的場域。」〔註232〕清代晚期的武科舉也已經不僅僅是一項單純的軍事人才選拔制度，它被捲入了清末的政治鬥爭之中，成為各個派系間鬥爭的

〔註230〕高時良編，洋務運動時期教育〔M〕，上海：上海教育出版社，1992：669。
〔註231〕高時良編，洋務運動時期教育〔M〕，上海：上海教育出版社，1992：670。
〔註232〕劉海峰，科舉學導論〔M〕，武漢華中師範大學出版社，2005：335。

戰場之一。早期洋務派代表人物李鴻章提出在原有武科舉之外別設一科拔取人才，丁日昌主張變通武科爲三途取士，都遭到了王家璧爲首的頑固派反對，最終未能實施。此後各地主張維新的官員和保守派的大臣多次論戰，內容涉及武備特科建立，武科分技術、工程、戰鬥三科取士，考試科目更新、廢止弓刀改試槍炮乃至武科徹底廢止、由軍事學堂選拔人才等等諸多內容，但都未能得到朝廷的積極回應。維新運動時在皇帝的干預和支持下頒佈武科舉考試改試槍炮的政令，將清末武科變革活動推向了最高潮，但由於朝政的實際掌權者是慈禧太后，僅在不到半年後便將改革的舉措全部否定，最終使武科舉的改革政令成爲一紙空文。

通過以上諸多原因可以看出，武科舉在清代晚期性質已經發生改變，拔取眞才的終極目的讓位於籠絡士子的現實需要，武科改革舉步維艱，使得武科舉的發展嚴重滯後於實戰需要，通過彎弓射箭、舞刀舉重考場選拔出的武科士子到炮火轟鳴、槍林彈雨的戰場上指揮作戰，其影響力必然日趨式微。這一點從武科士子之翹楚——武狀元的軍旅仕途境遇可以觀察出些許端倪。自道光二十年（1840 年）起，共舉行二十八科武科舉，在二十八個武狀元中只有兩人官至總兵、一人官至副將、三人官職參將，剩下的二十二科武狀元最高經歷也僅爲及第後按照規定授予的頭等侍衛，未能在軍隊中作出突出貢獻，並且其生平大多不可詳考，這樣的表現與中前期近五十名武科士子官至一品大員形成了鮮明對比。

自 1840 年鴉片戰爭以來，在武科舉急需變革以救亡圖存的時代，朝野上下愛國人士圍繞如何振興武備，維護國家獨立自主展開了激烈的探討，提議變革的內容涵蓋了武科考試內容、標準的設定即錄取後的培養與使用，經費籌集等等諸多方面。但這些順應歷史發展潮流的改革拖了半個多世紀，始終沒有一項能眞正實行。當所有的變革嘗試歸於失敗後，武舉最終徹底退出歷史舞臺的結局是無法挽回的了。

武科舉的廢止，從另一個角度來看，在一定程度上爲整個科舉制度的廢止起到了探路者和試金石的作用。科舉制度進入到清代末年，對於社會發展的阻礙作用愈發明顯。儘管當時世人已經意識到科舉制度的革廢是一個不可逆轉的潮流，但到底廢止後結果如何、會不會帶來社會的巨大動盪以致激起民變？這些都是無法預知的。士子的落第遭遇，可能導致其心靈扭曲，行爲失矩。「其小者是害其自身，其大者則危害社會，將社會施於其身的不公正全

部反施之於社會。」〔註233〕歷史上由於士子科考屢次不中，而造反朝廷的事例屢見不鮮，如：「唐末黃巢以不得舉進士遂作亂賊」，通過發動黃巾起義以泄當年失意之恨。「南唐樊若水以不得舉進士遂獻渡江之策於宋祖以取南唐」〔註234〕、北宋的張元「以殿試被黜投元昊以亂宋邊」〔註235〕、元代長時間沒有實行科舉考試，開科之後漢人錄取名額又少得可憐，吉時被取中也只能充任低級官吏，沒有出路的士子便走上了反抗之路紛紛投奔到反元的起義大軍中。朱元璋深知士人的力量而將劉基、朱升、宋謙等盡攬於麾下，使元朝不足百年而亡國，與此不無關係、晚清洪秀全僅僅因為屢次應試不第，從而萌生對清王朝和孔孟儒學的不滿，發動金田起義和建立的太平天國，幾乎將清王朝統治推翻，雖然最終被鎮壓，但清王朝遭此沉重一擊，更是搖搖欲墜。如果在清末內憂不斷外患頻繁之時將科舉完全停罷，如此大規模斷送士子的仕進之途，會不會激起大量民變而直接導致清朝統治土崩瓦解？出於對文科舉廢止的種種顧慮，加上文科是中國士紳仕進之途，而科舉出身的士紳們是當時社會的實際掌握者，他們的命運影響著社會的命運，朝廷對於廢除甚至批評文科舉向來慎之又慎。

廢止武科舉面臨的情形就完全不同。中國是個重文輕武的國家，清末武科出身的士子在社會上無足輕重，不足以動搖社會。因此近代人士對武舉的批評大膽而尖刻，武舉改革所遇到的困難遠比文舉少，使得它客觀上起到試探社會反應的作用。根據武科廢除後的史料記載，它也的確成功的完成了這項歷史使命。武科的革廢在一定程度上宣告了宣佈了文科舉亦非不可以改變，客觀上推動了清末科舉廢止的進程。1903 年袁世凱、張之洞在上疏《奏請遞減科舉摺》中提到「科舉一日不廢，即學校一日不能大興……聖朝亦嘗毅然罷武科，停捐納矣，於人情並無不順，而天下頌聖明。當酌量變通，為分科遞減之法。」〔註236〕武科舉廢止幾年後，文科舉也終於退出了歷史舞臺。民間的反應也說明武科舉廢除確實起到了使世人相信文科舉同樣可以廢除的作用，曾親歷科舉的柯逢春在其《鵝塘老人回憶錄》就有「現在國家武科已

〔註233〕王炳照，徐勇，中國科舉制度研究〔M〕，石家莊：河北人民出版社，2002：105。

〔註234〕《論士習》，申報，1876 年 10 月 27 日。

〔註235〕《論士習》，申報，1876 年 10 月 27 日。

〔註236〕璩鑫圭編，中國近代教育史資料彙編學制演變〔M〕，上海：上海教育出版社，1990：525。

廢，文科也必廢……次年科舉廢，考試停，我就地設館啓蒙度日，果不出先
生所料。」〔註237〕的記載。

綜上所述，清代晚期整個社會處在「數千年未有之變局，面臨數千年未
遇之強敵」的動蕩局面中，以上五條不利因素無論單獨列出哪一條，都會對
武科舉制度的存在產生巨大的衝擊，而所有的因素卻在短短數十年內集中爆
發，後果就更可想而知了。自唐代興起存在了上千年的武科舉制度，就像一
位拳擊運動員，曾一次次被打倒，又一次次頑強地站起來，展現挽強的生命
力，然而，自 1840 年起面對持續一個甲子的連續組合拳打擊，使其在 1901
年支持不住再度倒下，從此再也沒有能夠重新站立起來。

六、清代武科舉的反思

武科舉就其本質而言是一種軍事人才選拔制度。清代的武科士子選拔經
歷了中前期和後期兩個截然不同的階段，其表現也大相徑庭。前期武科士子
表現出色，無論在及第人數、任職授官還是社會影響方面都完全超越了前代，
許多士子投身平定叛亂、維護統一的戰爭中並發揮了重要的作用，達到了歷
代武科士子功用的頂峰。但就是這樣一個集千年武科舉之大成的制度，到清
後期由於外場選拔不適應時代發展以及內場考核不斷降低要求，直接導致武
進士軍事影響力的下降，短短幾十年時間就迅速淪落爲可有可無的附庸，最
終走向消亡。1901 年 8 月，光緒帝頒佈上諭：「武科一途，本因前明舊制，相
沿既久，流弊滋多，而所習硬弓刀石及馬步射皆與兵事無涉，施之今日亦無
所用，自應設法變通，力求實用。嗣後武生童考試及武科鄉會試，著即一律
永遠停止。」〔註238〕自此綿延千餘年、跨越唐宋明清四個朝代的武科舉制度
正式終結，對於清代武科士子的選拔也隨著武科舉的停廢而完全湮沒在歷史
的長河中，然而它帶給我們今天對於人才選拔特別是軍事人才選拔的思考卻
遠遠沒有結束。縱觀清代武進士由盛轉衰直至消亡的歷程，對於我們今天軍
事人才的選拔主要有以下四方面的啓示。

首先是武備人才選拔內容應該與時俱進。清代末期武科舉整體沉淪的一
個重要原因是自身無法適應時代發展的需要。武科舉選拔手段的陳舊，使武

〔註237〕溫州市政協文史資料委員會編，鵝塘老人回憶錄溫州文史資料第七輯〔M〕，
　　　　溫州：溫州市政協文史資料委員會，1991：228。
〔註238〕陳元暉，中國近代教育史資料彙編學制演變〔M〕上海：上海教育出版社，
　　　　1991：5。

進士仍以馬步箭、舞刀、掇石爲練習內容，完全與軍事發展的方向脫節。時代的發展不斷對人才提出更高的要求，今天很實用的方法和手段到明天也許就會非常落伍，清末期武科士子所習的馬步箭在清中前期可以適應戰爭需要並建立戰功，到近代卻淪落到毫無用武之地的地步就是一個很生動的例證。無論任何時代的人才選拔制度，如果其內容不能根據時代的發展要求進行改革，就很可能重蹈清末武科士子的覆轍，歷史悲劇的重演並非只在歷史中出現。

其次是控制好人才選拔的規模，防止出現因選拔數量過大而導致的人才浪費現象。清末大量增加武科士子錄取人數，而空缺的職位遠遠滿足不了現實的需要，導致許多武科及第者不能爲國效力，在候補缺額中空耗歲月，影響了其作用的發揮。既造成了資源浪費，又滋生了一些社會問題。當今處在和平年代，軍事編制規模要小於戰爭狀態，軍事人才的培養和選拔更需統籌考慮，既要節約資源經費，又要提高人才的產出，防止出現大量培養少數選拔造成資源浪費和少數培養少數選拔造成人才產出過低兩個傾向。在人才的選拔上注意提高標準、控制數量，將有限的資源用於優先保證高技術人員培養和任用。這樣才能更好地保證人才培養的質量，提高軍事人才特別是軍事指揮人才的質量。

再次，對於軍事人才的選拔工作要重視選拔內容的全面性。新時代對於軍事人才特別是軍事指揮人才的要求，已經遠遠超過了軍事技能的範圍，擴展到了軍隊的領導藝術以及對地形、交通、氣象有豐富知識儲備等諸多方面，僅僅擁有過硬的軍事技能已然不可以成爲合格的軍事指揮人才。清代武科士子選拔忽視對考生軍事理論水平考核的重要性、不斷降低對內場的要求最終導致其由盛轉衰，就是一個鮮活的教訓。當前部隊向高校開放，在高校進行人才選拔是一個很好的嘗試，有助於軍事指揮人員整體素質的提升。但要注意高校大學生進入軍隊後的適應問題，能不能保證不流失，使這些知識分子適應部隊，是使其發揮自己的優勢爲部隊作出更大貢獻的關鍵。

最後，重視軍事人才的待遇工作。清代武科選拔受重文輕武社會風氣影響嚴重，「武科一途，衣冠之族不屑與。」〔註239〕武科士子地位低下，導致很多及第者不願投軍效力，造成軍事指揮儲備人才大量流失，嚴重威脅了國家

〔註239〕馮桂芬著，戴揚本評注，校邠廬抗議（洋務運動的理論綱領）〔M〕，鄭州：
中州古籍出版社，1998：188。

的安全和穩定。今天對於軍事人才的選拔要吸取這一歷史教訓，從經濟和社
會地位方面提高軍事人才的待遇，在社會上形成一種重視軍事人才的風氣。
只有解決了最基本的問題，才能讓軍事人才降低後顧之憂，完全把精力投入
到軍隊建設上來，更好地提升軍事水平，維護國家安全與穩定。

結　語

　　以武選士的做法在我國已有數千年的歷史。上溯至原始社會末期即存在選拔勇力之士以維護本群安全的現象，至部落時期又爲保衛和爭奪財物而進行武備人才的培養。在夏商等國家形態的朝代建立之後，拔取武士成爲了國家選士生活中必不可少的一項內容，春秋戰國這些動盪的年代自不必說，各個諸侯國爲爭奪人才而廣加招攬，至秦漢等大一統時代，也對武備人才的選拔保有足夠的重視，其屢次下詔的做法，也體現了武選的影響。魏晉以來，世卿世祿制度對於武選的衝擊，使面向民間的武備人才的選拔基本停滯，唐代武科舉的開創，實現了以武選士的跨越式發展，從根本上改變了以往沒有形成制度的弊端，以武取士走上了制度化軌道，宋明以降，將武科舉在考試規程、取士內容、名額分配等方面不斷完善，爲清代武科舉鼎盛時期的到來奠定了堅實基礎。縱覽遠古至明末的各類武選，類型各有不同、方式手段迥異、內容差別巨大，但其核心內涵卻始終一以貫之，即不斷追求更有效的優秀人才選拔方式。進入清代以來，武科舉在之前歷代的基礎上逐步發展完善，達到了武科舉取士的巔峰。

　　綜上所述，武科舉肇興於唐，發展於宋明，至清代成爲進士科之外最爲重要的科舉取士手段，在科舉史中佔據舉足輕重的地位，具有重要的研究價值。武科舉延續一千兩百餘年，幾乎貫穿科舉發展的始終，由於受到重文輕武傳統觀念的影響，武科舉又長期處於被歧視與忽視的邊緣化狀態，無論進士名單等成果的呈現，還是武科舉考試運行規律的探析，都與其在歷史中所佔有的獨特地位相去甚遠。地位的重要和研究的落差，正是本領域研究的必要性和緊迫性之所在。

　　本書運用制度史的視角，運用歷史法、文獻法、比較法和統計法等多種研究方法，從力圖展現清代武科舉考試的整體風貌及其內涵。通過對歷代武選的回顧與分析，爲清代武科舉研究提供必要觀照，從清代武科舉規制與人物的雙重角度入手，探討了其運行狀況、科場群體、考試防弊、興衰變革。

　　首先，本書分別對清代武科舉中的武童試、武鄉試、武會試、武殿試四個層級進行專門探討，對不同層級武科舉考試的時間、地點、應試資格、考試內容、取士名額分配、錄取標準、及第與落榜士子待遇等內容進行深入分析，較爲完整地考察了清代武科舉的基本運行歷程。其次，本書將關注點放在清代武科舉考試的兩個重要參與群體——考官和考生上。在武科舉的考官群體研究方面，分別從武鄉試、會試、殿試三個不同層次入手，探究其任用與委派的原則、方法，並根據清代武鄉試錄、同年齒錄、武會試錄、武進士登科進呈錄等史料，對各級考官的職務情況、科舉出身、籍貫分佈、民族成分等進行量化分析，從中歸納出各級武科舉考官的整體特點。在武科舉考生群體研究方面，以武進士爲例探討了清代武科舉士子的地理分佈情況，分別對鼎甲進士和其它武進士進行統計分析，根據清代武科舉中武進士和武舉人的年齡情況考察武科舉士子平均及第年齡及其結構，且從不同朝代、不同地域、不同成績三個角度分析武進士和武舉人在及第年齡上的差異性，還探討了武科士子的社會貢獻，分別從政治、軍事和社會生活三個角度入手，揭示武科士子在強化君權加強君主專制、擴大統治基礎消弭各地反抗、參與鎮壓各地動亂保障統治穩定、參與抵禦外族侵略維護國家統一、捐資辦學堂勸諭兵卒和屬民向學、鼓勵屯田墾荒、化民成俗革除積弊倡導新風等各領域的諸多優異表現。最後，本研究探討了清代武科舉在中後期從鼎盛逐漸走向衰落並最終徹底停罷的歷程。在對清代晚期武科變革歷程分析的基礎上，歸納出清代武科舉最終無法避免徹底消亡命運的諸多原因，如取士手段落伍、武科士子入仕之路擁塞、武科士子自身素質低下、新式軍事學堂衝擊、武舉自身定位失策等等。在此基礎上進行反思，爲當今人才選拔提供啓示和借鑒。

　　對於清代武科舉的研究，難以通過一本書而窮盡。受筆者的資料、閱歷和自身學識修養所限，本書在清代武科舉研究領域還有很多尚未能夠深入探討的地方，尤其是關於清代武科舉的國際與國內影響研究幾乎未有涉及。越南、朝鮮等東亞國家在清代時期也曾開設武科舉取士，清代武科舉與這些國

家的武科舉之間的關係亟待探討、在國內影響方面，清末的太平天國在建立後也曾仿照清朝開設科舉，其中便包括武科舉考試，但學界相關研究成果並不多見，概言之，對於這些科舉考試的探討等等。綜上所述，清代武科舉研究這一課題具有重要的學術價值與較大的研究空間，也存在爲當代軍事、體育、武術等多方面人才選拔與培養提供借鑒和參考的現實意義，是一個值得包括筆者在內的科舉學研究者繼續耕耘的領域。

附錄：清代武會試知武舉官員名錄

清代武科舉會試知武舉官情況統計表

公元	科　　目	姓　名	部　門	職　務	籍　貫	功　　名
1685	康熙二十四年	馬世濟	兵部	右侍郎	鑲紅旗奉天	廕生
1688	康熙二十七年	成其範	兵部	右侍郎	山東樂安	進士
1694	康熙三十三年	王維珍	兵部	左侍郎	遼東錦州	進士
1703	康熙四十二年	屠粹忠	兵部	右侍郎	浙江鎮海	進士
1706	康熙四十五年	曹鑑倫	兵部	左侍郎	浙江嘉善	進士
1709	康熙四十八年	李先復	兵部	右侍郎	四川南部	舉人
1715	康熙五十四年	梁世勳	兵部	右侍郎	陝西西安	一品廕生
1718	康熙五十七年	梁世勳	兵部	右侍郎	陝西西安	一品廕生
1736	乾隆元年	孫國璽	都察院	左都御史	漢軍正白旗	進士
1737	乾隆二年	孫國璽	兵部	左侍郎	漢軍正白旗	進士
1739	乾隆四年	吳應棻	兵部	右侍郎	浙江湖州	進士
1742	乾隆七年	汪由敦	兵部	左侍郎	安徽休寧	進士
1745	乾隆十年	歸宣光	兵部	右侍郎	江蘇常熟	舉人
1748	乾隆十三年	王會汾	兵部	左侍郎	江蘇無錫	進士（傳臚）
1751	乾隆十六年	裘日修	兵部	左侍郎	江西新建	進士
1752	乾隆十七年	裘日修	兵部	左侍郎	江西新建	進士

1754	乾隆十九年	于敏中	兵部	右侍郎	江蘇金壇	進士（狀元）
1757	乾隆二十二年	程景伊	兵部	右侍郎	江南武進	進士
1760	乾隆二十五年	熊學鵬	兵部	左侍郎	江西南昌	進士
1761	乾隆二十六年	張映辰	兵部	右侍郎	浙江錢塘	進士
1763	乾隆二十八年	蔡長澐	兵部	右侍郎	福建漳浦	進士
1766	乾隆三十一年	蔣　檙	兵部	左侍郎	江蘇常熟	進士
1769	乾隆三十四年	宋邦綏	兵部	右侍郎	江蘇蘇州	進士
1771	乾隆三十六年	蔣元益	兵部	右侍郎	江蘇常州	進士
1772	乾隆三十七年	周　煌	兵部	左侍郎	四川涪州	進士
1775	乾隆四十年	周　煌	兵部	左侍郎	四川涪州	進士
1778	乾隆四十三年	周　煌	兵部	左侍郎	四川涪州	進士
1780	乾隆四十五年	蔡　新	吏部	尚書	福建漳浦	進士
1781	乾隆四十六年	曹文埴	兵部	右侍郎	安徽歙縣	進士（傳臚）
1784	乾隆四十九年	紀　昀	兵部	左侍郎	直隸獻縣	進士
1787	乾隆五十二年	汪承霈	戶部	右侍郎	安徽休寧	舉人
1789	乾隆五十四年	汪承霈	戶部	右侍郎	安徽休寧	舉人
1790	乾隆五十五年	姜　晟	刑部	左侍郎	江蘇元和	進士
1793	乾隆五十八年	吳省欽	工部	左侍郎	江蘇南匯	進士
1795	乾隆六十年	張若淳	刑部	左侍郎	安徽桐城	貢生
1796	嘉慶元年	李　潢	兵部	右侍郎	湖北安陸	進士
1799	嘉慶四年	劉秉恬	兵部	右侍郎	山西洪洞	舉人
1801	嘉慶六年	初彭齡	刑部	右侍郎	山東萊陽	進士
1802	嘉慶七年	劉鐶之	兵部	左侍郎	山東諸城	進士
1805	嘉慶十年	萬承風	禮部	右侍郎	江西修水	進士
1808	嘉慶十三年	邵自昌	兵部	左侍郎	順天大興	進士
1809	嘉慶十四年	邵自昌	兵部	左侍郎	順天大興	進士
1811	嘉慶十六年	帥承瀛	禮部	右侍郎	湖北黃梅	進士（探花）
1814	嘉慶十九年	顧德慶	吏部	右侍郎	山西陽曲	進士
1817	嘉慶二十二年	曹師曾	兵部	右侍郎	江西南昌	貢生

1819	嘉慶二十四年	曹師曾	兵部	右侍郎	江西南昌	貢生
1820	嘉慶二十五年	王引之	吏部	右侍郎	江蘇高郵	進士
1822	道光二年	朱士彥	兵部	右侍郎	江蘇寶應	進士
1823	道光三年	朱士彥	兵部	右侍郎	江蘇寶應	進士
1826	道光六年	賈允升	兵部	右侍郎	山東黃縣	進士
1829	道光九年	朱士彥	兵部	左侍郎	江蘇寶應	進士
1832	道光十二年	姚元之	內閣	學士	安徽桐城	進士
1833	道光十三年	龔守正	兵部	右侍郎	浙江仁和	進士
1835	道光十五年	史譜	兵部	右侍郎	山東樂陵	進士
1836	道光十六年	姚元之	刑部	右侍郎	安徽桐城	進士
1838	道光十八年	沈岐	禮部	左侍郎	江蘇如皋	進士
1840	道光二十年	魏元烺	兵部	右侍郎	直隸昌黎	進士
1841	道光二十一年	朱嶟	兵部	左侍郎	雲南通海	進士
1844	道光二十四年	趙光	內閣	學士	雲南昆明	進士
1845	道光二十五年	羅文俊	工部	左侍郎	廣東佛山	進士（探花）
1847	道光二十七年	黃琮	兵部	右侍郎	雲南昆明	進士
1850	道光三十年	孫葆元	兵部	左侍郎	直隸鹽山	進士
1852	咸豐二年	趙光	兵部	左侍郎	雲南昆明	進士
1853	咸豐三年	李維翰	禮部	右侍郎	山東即墨	舉人
1856	咸豐六年	車克愼	兵部	右侍郎	山東濟寧	進士
1859	咸豐九年	畢道遠	兵部	左侍郎	山東淄博	進士
1860	咸豐十一年	王發桂	都察院	左都御史	直隸清苑	進士
1862	同治元年	齊承彥	刑部	左侍郎	直隸天津	進士
1863	同治二年	桑春榮	內閣	學士	浙江紹興	進士
1865	同治四年	殷兆鏞	內閣	學士	江蘇吳江	進士
1868	同治七年	黃倬	兵部	右侍郎	湖南善化	進士
1871	同治十年	黃倬	禮部	左侍郎	湖南善化	進士
1874	同治十三年	夏同善	兵部	右侍郎	浙江杭州	進士
1876	光緒二年	童華	都察院	左都御史	浙江鄞縣	進士

1877	光緒三年	童　華	都察院	左都御史	浙江鄞縣	進士
1880	光緒六年	許應騤	兵部	左侍郎	廣東番禺	進士
1883	光緒九年	薛允升	刑部	左侍郎	陝西長安	進士
1886	光緒十二年	廖壽恒	兵部	右侍郎	江蘇嘉定	進士
1889	光緒十五年	白　桓	兵部	右侍郎	順天通州	進士
1890	光緒十六年	廖壽恒	禮部	右侍郎	江蘇嘉定	進士
1892	光緒十八年	徐樹銘	工部	右侍郎	湖南長沙	進士
1894	光緒二十年	徐樹銘	兵部	右侍郎	湖南長沙	進士
1895	光緒二十一年	徐樹銘	兵部	右侍郎	湖南長沙	進士
1898	光緒二十四年	楊　頤	兵部	左侍郎	廣東茂名	進士

資料來源：筆者根據《清代職官年表》、《清實錄》、《清代武會試錄》等史料整理而得。

參考文獻

一、古籍文獻

1. 《康熙九年武進士登科進呈錄》（清康熙刻本）。
2. 《康熙十二年武進士登科進呈錄》（清康熙刻本）。
3. 《康熙十二年武進士登科進呈錄》（清康熙刻本）。
4. 《康熙三十九年武進士登科進程錄》（清康熙刻本）。
5. 《康熙四十二年武進士登科進程錄》（清康熙刻本）。
6. 《康熙四十五年武進士登科進程錄》（清康熙刻本）。
7. 《康熙五十一年武進士登科進程錄》（清康熙刻本）。
8. 《康熙五十七年武進士登科進程錄》（清康熙刻本）。
9. 《乾隆十三年武進士登科進程錄》（清乾隆刻本）。
10. 《乾隆十六年武進士登科進程錄》（清乾隆刻本）。
11. 《乾隆十七年武進士登科進程錄》（清乾隆刻本）。
12. 《乾隆二十二年武進士登科進程錄》（清乾隆刻本）。
13. 《乾隆四十五年武進士登科進程錄》（清乾隆刻本）。
14. 《嘉慶六年武進士登科進程錄》（清嘉慶刻本）。
15. 《嘉慶十年武進士登科進程錄》（清嘉慶刻本）。
16. 《嘉慶二十四年武進士登科進程錄》（清嘉慶刻本）。
17. 《道光九年武進士登科進程錄》（清道光刻本）。
18. 《道光十三年武進士登科進程錄》（清道光刻本）。
19. 《道光二十一年武進士登科進程錄》（清道光刻本）。
20. 《道光二十七年武進士登科進程錄》（清道光刻本）。

21. 《咸豐二年武進士登科進程錄》（清咸豐刻本）。

22. 《咸豐六年武進士登科進程錄》（清咸豐刻本）。

23. 《咸豐九年武進士登科進程錄》（清咸豐刻本）。

24. 《同治元年武進士登科進程錄》（清同治刻本）。

25. 《同治四年武進士登科進程錄》（清同治刻本）。

26. 《光緒九年武進士登科進程錄》（清光緒刻本）。

27. 《光緒十八年武進士登科進程錄》（清光緒刻本）。

28. 《光緒二十年武進士登科進程錄》（清光緒刻本）。

29. 《光緒二十一年武進士登科進程錄》（清光緒刻本）。

30. 《康熙二十四年武會試錄》（清康熙刻本）。

31. 《康熙二十七年武會試錄》（清康熙刻本）。

32. 《康熙三十三年武會試錄》（清康熙刻本）。

33. 《康熙四十二年武會試錄》（清康熙刻本）。

34. 《康熙四十五年武會試錄》（清康熙刻本）。

35. 《康熙四十八年武會試錄》（清康熙刻本）。

36. 《乾隆十年武會試錄》（清乾隆刻本）。

37. 《乾隆十三年武會試錄》（清乾隆刻本）。

38. 《乾隆十九年武會試錄》（清乾隆刻本）。

39. 《乾隆二十二年武會試錄》（清乾隆刻本）。

40. 《乾隆三十四年武會試錄》（清乾隆刻本）。

41. 《嘉慶元年武會試錄》（清嘉慶刻本）。

42. 《嘉慶七年武會試錄》（清嘉慶刻本）。

43. 《嘉慶十三年武會試錄》（清嘉慶刻本）。

44. 《嘉慶二十四年武會試錄》（清嘉慶刻本）。

45. 《道光十三年武會試錄》（清道光刻本）。

46. 《道光二十一年武會試錄》（清道光刻本）。

47. 《道光二十五年武會試錄》（清道光刻本）。

48. 《道光三十年武會試錄》（清道光刻本）。

49. 《咸豐六年武會試錄》（清咸豐刻本）。

50. 《咸豐九年武會試錄》（清咸豐刻本）。

51. 《咸豐十一年武會試錄》（清咸豐刻本）。

52. 《同治元年武會試錄》（清同治刻本）。

53. 《光緒二十年武會試錄》（清光緒刻本）。

54. 《光緒二十一年武會試錄》（清光緒刻本）。

55. 《康熙五十年福建武鄉試錄》（清康熙刻本）。

56. 《雍正二年陝西甘肅兩河武鄉試錄》（清雍正刻本）。

57. 《雍正七年江南武鄉試錄》（清雍正刻本）。

58. 《乾隆三十三年廣東武鄉試錄》（清乾隆刻本）。

59. 《乾隆四十二年福建武鄉試錄》（清乾隆刻本）。

60. 《道光八年山東武鄉試同年齒錄》（清道光刻本）。

61. 《道光十九年廣西武鄉試錄》（清道光刻本）。

62. 《道光二十九年廣西武鄉試錄》（清道光刻本）。

63. 《道光二十九年山東武鄉試同年齒錄》（清道光刻本）。

64. 《道光十四年四川武鄉試錄》（清道光刻本）。

65. 《道光十五年四川武鄉試錄》（清道光刻本）。

66. 《咸豐十一年廣東武鄉試同年齒錄》（清咸豐刻本）。

67. 《咸豐十一年廣西武鄉試錄》（清咸豐刻本）。

68. 《同治三年四川武鄉試錄》（清同治刻本）。

69. 《同治四年浙江武鄉試錄》（清同治刻本）。

70. 《同治五年福建武鄉試錄》（清同治刻本）。

71. 《同治六年廣東武鄉試錄》（清同治刻本）。

72. 《同治六年廣西武鄉試錄》（清同治刻本）。

73. 《同治六年江南武鄉試錄》（清同治刻本）。

74. 《同治六年四川武鄉試錄》（清同治刻本）。

75. 《同治六年湖北武鄉試錄》（清同治刻本）。

76. 《同治九年福建武鄉試錄》（清同治刻本）。

77. 《同治九年廣東武鄉試錄》（清同治刻本）。

78. 《同治九年貴州武鄉試錄》（清同治刻本）。

79. 《同治九年湖北武鄉試錄》（清同治刻本）。

80. 《同治九年湖南武鄉試錄》（清同治刻本）。

81. 《同治九年江南武鄉試錄》（清同治刻本）。

82. 《同治九年江西武鄉試錄》（清同治刻本）。

83. 《同治九年廣西武鄉試錄》（清同治刻本）。

84. 《同治九年陝西武鄉試錄》（清同治刻本）。

85. 《同治十年雲南武鄉試錄》（清同治刻本）。

86. 《光緒元年廣西武鄉試錄》（清光緒刻本）。

87. 《光緒十五年浙江武鄉試錄》（清光緒刻本）。

88. 《光緒二十年雲南武鄉試錄》（清光緒刻本）。

89. （唐）魏徵等撰，隋書〔M〕，北京：中華書局，1973。

90. （宋）王銍、王栐撰，燕翼詒謀錄〔M〕，北京：中華書局，1981。

91. （宋）蘇軾，蘇軾全集〔M〕，上海：上海古籍出版社，2000。

92. （元）脫脫等撰，宋史〔M〕，北京：中華書局，1985。

93. （元）馬端臨，文獻通考〔M〕，北京：中華書局，1986。

94. （清）張廷玉等撰，明史〔M〕，北京：中華書局，1974。

95. （清）趙爾巽等撰，清史稿〔M〕，北京：中華書局，2006。

96. （清）張廷玉等撰，清朝文獻通考〔M〕，浙江古籍出版社，1988。

97. 清實錄〔M〕，北京：中華書局，1985。

98. 章開沅主編，清通鑒〔M〕，長沙：嶽麓書社，2000。

99. （漢）司馬遷，史記，卷四十七，孔子世家十七〔M〕，北京：中華書局，1959。

100. （戰國）韓非子著，劉建生編，韓非子精解〔M〕，北京：海潮出版社，2012。

101. 章行，山海經〔M〕，上海：上海古籍出版社，2007。

102. （宋）范曄著，後漢書〔M〕，北京：團結出版社，1996。

103. 左丘明著，焦傑校點，國語〔M〕，瀋陽：遼寧教育出版社，1997。

104. （清）孫希旦撰，沈嘯寰、王星賢點校，禮記集解〔M〕，北京：中華書局，1989。

105. 馮國超主編，商君書〔M〕，長春市：吉林人民出版社，2005。

106. （元）馬端臨，文獻通考〔M〕，杭州：浙江古籍出版社，1988。

107. 季旭升編，古文觀止〔M〕，北京：中央編譯出版社，2006。

108. （漢）班固，漢書，卷十，成帝本紀〔M〕，北京：中華書局，1962。

109. （晉）陳壽著，裴松之注，三國志〔M〕，天津：天津古籍出版社，2009。

110. （宋）司馬光撰，資治通鑒（第 2 卷）〔M〕，北京：當代中國出版社，2001。

111. （唐）房玄齡，晉書，卷三，帝紀第三〔M〕，北京：中華書局，1974。

112. 簡修煒等著，六朝史稿〔M〕，上海：華東師範大學出版社，1994。

113. （唐）魏徵著，隋書〔M〕，北京：中華書局出版社，2000。

114. （宋）宋敏求編，洪丕謨等點校，唐大詔令集〔M〕，上海：學林出版社，1992。

115. （宋）歐陽修，新唐書，卷四四，選舉志（上）〔M〕，北京：中華書局，1975。

116. （宋）王溥，唐會要，卷五九，兵部侍郎〔M〕，北京：中華書局，1955。

117. （宋）李燾，續資治通鑒長編，卷四十七〔M〕，北京：中華書局，1990。

118. （清）畢沅著，續資治通鑒，卷一百七〔M〕，長沙：嶽麓書社，1992。

119. （元）脫脫著，宋史〔M〕，北京：中華書局，2000。

120. （宋）李心傳撰，建炎以來朝野雜記〔M〕，北京：中華書局，2000。

121. 四庫未收書輯刊編纂委員會，四庫未收書輯刊玖輯玖冊〔M〕，北京：北京出版社，2000。

二、當代著作

1. 劉海峰，科舉學導論〔M〕，武漢：華中師範大學出版社，2005。

2. 劉海峰，科舉制與科舉學〔M〕，貴陽：貴州教育出版社，2004。

3. 李世愉，清代科舉制度考辯〔M〕，瀋陽：瀋陽出版社，2005。

4. 章中如，清代考試制度〔M〕，臺北：黎明書局，1931。

5. 傅增湘，清代殿試考略〔M〕，臺北：大公報社，1933。

6. 鄧嗣禹，中國考試制度史〔M〕，南京：中國考試制度史考選委員會，1936。

7. 章中和，清代考試制度資料〔M〕，臺北：文海出版社，1968。

8. 黃光亮，清代科舉制度之研究〔M〕，臺北：嘉新水泥公司文化基金會，1976。

9. 劉兆璸，清代科舉〔M〕，臺北：東大圖書公司，1984。

10. 張亞群，科舉革廢與近代中國高等教育的轉型〔M〕，武漢：華中師範大學出版社，2005。

11. 鄭若玲，科舉、高考與社會之關係研究〔M〕，武漢：華中師範大學出版社，2007。

12. 劉海峰，中國考試發展史〔M〕，武漢：華中師範出版社，2002。

13. 楊學爲編，中國考試通史〔M〕，北京：首都師範大學，2004。

14. Le P. Etienne ZiS. J. Siu [0].Pratique des examens militaires en Chine〔M〕, taipei: cheng wen publishing company 1971.

三、學位論文

1. 樊藝紅，武舉制人才與當代武術專業人才選拔培養模式的比較研究〔D〕，河南大學，2011。

2. 許繼瑩，唐代武舉制度初探〔D〕，西北師範大學，2007。

3. 謝建平，明代武舉與社會〔D〕，華中師範大學，2002。

4. 佟紅梅，清代八旗蒙古武舉探析〔D〕，內蒙古師範大學，2009。

5. 王曉勇，清代武科進士研究〔D〕，河北師範大學，2010。

6. 顏井平，清代武舉初探〔D〕，揚州大學，2009。

7. 楊帥，發展與歧途——右文政策下的宋代武舉〔D〕，山東大學，2007。

四、期刊論文

1. 劉鍵，論「武選」的緣起與功能〔J〕，南京體育學院學報，1999（3）。

2. 吳詠梅，武舉制度的歷史淵源及現實意義〔J〕，湖北社會科學，2006（5）。

3. 王樹宏，中國歷代武舉制度述略〔J〕，瀋陽體育學院學報，2005（2）。

4. 苟鵬，我國最早的軍官選拔制度——武舉〔J〕，文史雜誌，1987（3）。

5. 許友根，古代武舉的實施與存廢特點〔J〕，鹽城師專學報，1992（3）。

6. 管益農，中國古代的武舉制度〔J〕，華夏文化，1995（4）。

7. 劉建平，中國歷代武舉制度述略〔J〕，武術科學，2004（3）。

8. 董立兵，對中國古代武舉制度發展歷程探析〔J〕，科技信息，2008（33）。

9. 陳煦，論中國武舉制度的發展路徑及其流變〔J〕，體育科技文獻通報，2010（4）。

10. 許友根，武舉是科舉中一項內容〔J〕，體育文化導刊，1988（5）。

11. 魯威，重文輕武徒具虛名的武科考試〔J〕，中國高校招生，2000（4）。

12. 許友根，古代武舉及其對體育發展的影響〔J〕，體育文化導刊，1991（1）。

13. 阿柱，古代武舉與現代體育高考〔J〕，體育文史，1998（3）。

14. 王俊琦，武舉的武藝〔J〕，中華武術，2000（2）。

15. 漆春亭，武舉制之啓示〔J〕，成才之路，2007（36）。

16. 李勝恒，論武舉制度對我國武術發展的影響〔J〕，武術科學，2007（2）。

17. 張銀行，淺談武舉制與武術功力大賽〔J〕，武術科學，2007（1）。

18. 李龍，中國古代軍隊中武術教育及武舉制探究〔J〕，武術科學，2007（3）。

19. 王豔，我國武舉制度下的體育興衰〔J〕，體育文化導刊，2010（6）。

20. 王燕，武舉制度與中國體育文化發展探微〔J〕，雲夢學刊，2010（9）。

21. 劉冬，武舉制對當代武術人才培養模式的啓示〔J〕，中華武術，2011（4）。

22. 許友根，武舉考試外場器械述略〔J〕，鹽城師專學報，1995（1）。

23. 楊愛華，「武科應試器械」考論〔J〕，軍事體育進修學院學報，2006（3）。

24. 韓榮鈞，武舉考試與孫子兵法〔J〕，濱州學院學報，2007（5）。

25. 全榮，沉默在鄉村的武舉石〔J〕，尋根，2010（1）。

26. 陳文，越南黎朝的武舉制度考〔J〕，暨南學報，2007（3）。

27. 周興濤，朝鮮李朝武舉考略〔J〕，東疆學刊，2009（1）。

28. 任小燕，南京文科舉地名與武科舉地名差異比較及其成因分析〔J〕，科教文匯，2008（10）。

29. 許友根，武則天爲何創設武科舉〔J〕，體育文化導刊，1988（1）。

30. 王聖洪，唐朝武舉制度的創立〔J〕，閩江學院學報，2004（3）。

31. 陳小龍，唐代武舉的創立及其影響〔J〕，咸陽師範學院學報，2008（4）。

32. 曹司雨，武則天與武舉創立〔J〕，搏擊，2009（6）。

33. 陳志學，唐代武舉述論〔J〕，四川大學學報哲社版，1988（4）。

34. 盛奇秀，唐代武舉小考〔J〕，山東大學學報哲社版，1988（2）。

35. 許友根，唐代武舉初探〔J〕，鹽城師專學報，1990（1）。

36. 潘孝偉，唐代的武舉〔J〕，安慶師範學院學報，1990（1）。

37. 周興濤，唐代武舉考論〔J〕，山西師大學報社科版，2009（3）。

38. 林伯原，論唐代武舉的建立及到兩宋的發展〔J〕，體育科學，1989（1）。

39. 李英，唐朝「武科制」的社會學分析〔J〕，軍事體育進修學院學報，2006（4）。

40. 曹青軍，唐朝武舉制度及其影響〔J〕，體育文化導刊，2010（9）。

41. 肖獻軍，武舉制度對唐詩的影響〔J〕，重慶社會科學，2010（4）。

42. 劉琴麗，從出土墓誌看唐代的武貢舉〔J〕，中國史研究，2003（3）。

43. 許友根，〈登科記考補正〉新增武舉史料辨析〔J〕，大連大學學報，2008（2）。

44. 小朱，著名武舉郭子儀〔J〕，體育博覽，2008（9）。

45. 許友根，唐代武舉及第者考述〔J〕，湖北職業技術學院學報，2011（3）。

46. 朱希偉，簡論宋代武舉〔J〕，體育文史，1996（4）。

47. 李英，宋代武科考論〔J〕，山東體育學院學報，2007（2）。

48. 李秋華，宋代武舉二題〔J〕，菏澤學院學報，2007（8）。

49. 周興濤，宋代武舉三題〔J〕，貴州大學學報，2007（5）。

50. 周興濤，宋代武舉四題〔J〕，成都體育學院學報，2007（6）。

51. 孫會文，宋代武舉制發展考論〔J〕，武術科學，2010（8）。

52. 金瑩，探源宋朝武舉制度的歷史發展〔J〕，蘭臺世界，2011（8）。

53. 文定旭，宋代武舉弊端淺析〔J〕，貴州文史叢刊，2000（5）。

54. 宋桂梅，論宋代武舉選拔制度的利弊及對武舉制度的影響〔J〕，和田師範專科學校學報，2006（5）。

55. 周勇，論宋代武舉崇文抑武的異化特徵〔J〕，陝西師範大學繼續教育學報，2007（3）。

56. 敬繼紅，從武舉和武學制度看武道彷徨〔J〕，軍事體育進修學院學報，2011（2）。

57. 陳芳，宋代武舉制度的異化現象與原因〔J〕，武術科學，2010（11）。

58. 李英，宋代「武科」中的體育文化解讀〔J〕，廣東體育學院學報，2006（3）。

59. 周興濤，宋代武舉武學與社會生活〔J〕，科舉學論叢，2010（2）。

60. 周興濤，宋代武舉人的詩歌創作〔J〕，科舉學論叢，2011（2）。

61. 莫朝邁，金朝的武舉制度〔J〕，中華武術，1997（5）。

62. 蘭婷，金代武舉與武學教育〔J〕，黑龍江民族叢刊，2007（5）。

63. 趙廣華，明朝武舉探略〔J〕，許昌師專學報，1991（3）。

64. 晁中辰，明代的武舉制度〔J〕，明史研究，1993（3）。

65. 李建軍，明代武舉制度述略〔J〕，南開學報哲社版，1997（3）。

66. 晁中辰，明代武舉制度考論〔J〕，文化學刊，2007（5）。

67. 王凱旋，明代武舉考論〔J〕，科學社會戰線，2008（11）。

68. 陳長文，明代鄉試錄武舉鄉試錄的版本及度藏〔J〕，大學圖書館學報，2010（6）。

69. 張祥明，明代武舉新論〔J〕，齊魯學刊，2011（3）。

70. 陸保倫，清代武舉制度述略〔J〕，徐州師範學院學報，1990（2）。

71. 王俊奇，康熙年間的武舉科考〔J〕，成都體育學院學報，1998（1）。

72. 馬明達，清代的武舉制度〔J〕，西北第二民族學院學報，1999（4）。

73. 許友根，有關清代武舉制度的兩個問題〔J〕，歷史檔案，2003（3）。

74. 馬明達，清代的武舉制度〔J〕，武當，2004（5）。

75. 張全海，清初武科考試研究〔J〕，體育科學，2006（2）。

76. 李兵，清代武舉制度舊影〔J〕，科舉學論叢，2011（2）。

77. 王俊奇，乾隆時期的武舉科考〔J〕，體育文史，1994（6）。

78. 許友根，武科考試中的逸聞趣事〔J〕，中華武術，1994（1）。

79. 王澈，乾隆朝武科史料選編〔J〕，歷史檔案，1995（4）。

80. 佟紅梅，清代武舉外場考試述略〔J〕，內蒙古社會科學，2009（3）。

81. 張永江，八旗蒙古與清代的武科及翻譯科考試〔J〕，內蒙古社會科學，1990（1）。

82. 張勇堅，武科存廢與軍事教育的近代化〔J〕，復旦學報，1988（3）。

83. 許友根，清末廢武科探因（上）〔J〕，鹽城師專學報，1997（1）。

84. 許友根，清末廢武科原因再探〔J〕，鹽城師專學報，1998（1）。

85. 龍炳峰，清代武舉制度之變革與廢止〔J〕，臺東師範學報，2003（14）。

86. 鞠北平，制度功能的喪失與異化〔J〕，理論界，2008（6）。

87. 魏燁，1897～1898 年清代武舉制度的變革〔J〕，體育學刊，2009（1）。

88. 王青波，簡述晚清武舉制度廢除的原因〔J〕，大眾文藝，2009（19）。

89. 李君華，清朝武舉制度的結束對中國武術發展的影響〔J〕，體育與科學，2011（3）。

90. 李超，清末武舉制度廢除與地方督撫的關係〔J〕，太原師範學院學報，2011（4）。

91. 劉萍萍，太平天國的武舉及其現代意義〔J〕，濰坊教育學院學報，2006（4）。

92. 莫朝邁，太平天國武科〔J〕，中華武術，1995（5）。